DESENVOLVIMENTO DE SOFTWARE I
CONCEITOS BÁSICOS

D451 Desenvolvimento de software I : conceitos básicos /
Organizadores, Fabio Yoshimitsu Okuyama, Evandro
Manara Miletto, Mariano Nicolao. – Porto Alegre :
Bookman, 2014.
x, 223 p. : il. color. ; 25 cm.

ISBN 978-85-8260-145-7

1. Informática – Desenvolvimento de software. I. Okuyama,
Fabio Yoshimitsu. II. Miletto, Evandro Manara. III. Nicolao,
Mariano.

CDU 004.41

Catalogação na publicação: Ana Paula M. Magnus – CRB 10/2052

FABIO YOSHIMITSU OKUYAMA
EVANDRO MANARA MILETTO
MARIANO NICOLAO

Organizadores

DESENVOLVIMENTO DE SOFTWARE I
CONCEITOS BÁSICOS

2014

© Bookman Companhia Editora, 2014

Gerente editorial: *Arysinha Jacques Affonso*

Colaboraram nesta edição:

Editora: *Verônica de Abreu Amaral*

Assistente editorial: *Danielle Oliveira da Silva Teixeira*

Capa e projeto gráfico: *Paola Manica*

Processamento pedagógico: *Aline Juchem*

Leitura final: *Susana Gonçalves*

Editoração: *Techbooks*

Reservados todos os direitos de publicação à
BOOKMAN EDITORA LTDA., uma empresa do GRUPO A EDUCAÇÃO S.A.
A série Tekne engloba publicações voltadas à educação profissional, técnica e tecnológica.

Av. Jerônimo de Ornelas, 670 – Santana
90040-340 – Porto Alegre – RS
Fone: (51) 3027-7000   Fax: (51) 3027-7070

É proibida a duplicação ou reprodução deste volume, no todo ou em parte, sob quaisquer formas ou por quaisquer meios (eletrônico, mecânico, gravação, fotocópia, distribuição na Web e outros), sem permissão expressa da Editora.

Unidade São Paulo
Av. Embaixador Macedo Soares, 10.735 – Pavilhão 5 – Cond. Espace Center
Vila Anastácio – 05095-035 – São Paulo – SP
Fone: (11) 3665-1100   Fax: (11) 3667-1333

SAC 0800 703-3444 – www.grupoa.com.br
IMPRESSO NO BRASIL
PRINTED IN BRAZIL

Autores

Evandro Manara Miletto (Org.)
Bacharel em Informática pela Universidade da Região da Campanha (URCAMP). Mestre em Ciência da Computação pela Universidade Federal do Rio Grande do Sul (UFRGS). Doutor em Ciência da Computação pela UFRGS. Professor do Instituto Federal de Educação, Ciência e Tecnologia do Rio Grande do Sul (IFRS).

Fabio Yoshimitsu Okuyama (Org.)
Bacharel em Ciência da Computação pela Universidade Estadual de Londrina (UEL). Mestre em Ciência da Computação pela UFRGS. Doutor em Ciência da Computação pela UFRGS. Professor do IFRS.

Mariano Nicolao (Org.)
Bacharel em Informática pela Pontifícia Universidade Católica do Rio Grande do Sul (PUCRS). Mestre em Ciência da Computação pela UFRGS. Doutor em Ciência da Computação pela UFRGS. Pós-doutor em Informática na Educação pela UFRGS. Professor do IFRS.

Alex Dias Gonsales
Bacharel em Informática pela Universidade Federal de Pelotas (UFPEL). Mestre em Ciência da Computação pela UFRGS. Professor do IFRS.

Carlos Fernandes
Licenciado em Física pela UFRGS. Especialista em Análise de Sistemas pela PUCRS. Mestre em Educação em Ciências e Matemática pela PUCRS. Analista de Tecnologia da Informação da UFRGS. Professor do IFRS.

César Augusto Hass Loureiro
Bacharel em Tecnologia da Informação pela Universidade Luterana do Brasil (ULBRA). Mestre em Ciência da Computação pela UFRGS. Professor do IFRS.

Fabrícia Py Tortelli Noronha
Bacharel em Tecnologia em Processamento de Dados pela Universidade Católica de Pelotas (UCPEL). Especialista em Administração de Marketing pela ULBRA. Professora do IFRS.

Tanisi Pereira de Carvalho
Bacharel em Informática pela PUCRS. Mestre em Ciência da Computação pela UFRGS. Professora do IFRS.

Apresentação

O Instituto Federal de Educação, Ciência e Tecnologia do Rio Grande do Sul (IFRS), em parceria com as editoras do Grupo A Educação, apresenta mais um livro especialmente desenvolvido para atender aos **eixos tecnológicos definidos pelo Ministério da Educação**, os quais estruturam a educação profissional técnica e tecnológica no Brasil.

A **Série Tekne**, projeto do Grupo A para esses segmentos de ensino, se inscreve em um cenário privilegiado, no qual as políticas nacionais para a educação profissional técnica e tecnológica estão sendo valorizadas, tendo em vista a ênfase na educação científica e humanística articulada às situações concretas das novas expressões produtivas locais e regionais, as quais demandam a criação de novos espaços e ferramentas culturais, sociais e educacionais.

O Grupo A, assim, alia sua experiência e seu amplo reconhecimento no mercado editorial à qualidade de ensino, pesquisa e extensão de uma instituição pública federal voltada ao desenvolvimento da ciência, inovação, tecnologia e cultura. O conjunto de obras que compõe a coleção produzida em **parceria com o IFRS** é parte de uma proposta de apoio educacional que busca ir além da compreensão da educação profissional e tecnológica como instrumentalizadora de pessoas para ocupações determinadas pelo mercado. O fundamento que permeia a construção de cada livro tem como princípio a noção de uma educação científica, investigativa e analítica, contextualizada em situações reais do mundo do trabalho.

Cada obra desta coleção apresenta capítulos desenvolvidos por professores e pesquisadores do IFRS cujo conhecimento científico e experiência docente vêm contribuir para uma formação profissional mais abrangente e flexível. Os resultados desse trabalho representam, portanto, um valioso apoio didático para os docentes da educação técnica e tecnológica, uma vez que a coleção foi construída com base em **linguagem pedagógica e projeto gráfico inovadores**. Por sua vez, os estudantes terão a oportunidade de interagir de forma dinâmica com textos que possibilitarão a compreensão teórico-científica e sua relação com a prática laboral.

Por fim, destacamos que a Série Tekne representa uma nova possibilidade de sistematização e produção do conhecimento nos espaços educativos, que contribuirá de forma decisiva para a supressão da lacuna do campo editorial na área específica da educação profissional técnica e tecnológica. Trata-se, portanto, do começo de um caminho que pretende levar à criação de infinitas possibilidades de formação profissional crítica com vistas aos avanços necessários às relações educacionais e de trabalho.

Clarice Monteiro Escott
Maria Cristina Caminha de Castilhos França
Coordenadoras da coleção Tekne/IFRS

Sumário

capítulo 1
O que é informática? 1
Afinal, o que é informática? 2
Um pouco de história 5
Como funcionam os computadores 10
    Parte física: hardware 12
    Parte lógica: software 14
        Aplicações comerciais 15
        Utilitários 17
        Aplicações pessoais 17
        Aplicações de entretenimento 17
O computador e os números 19
Redes e Internet 23
Fundamentos de programação: o que é
preciso para ser um programador 28
    Programação: principais conceitos 28
        Compilação e interpretação 28
        Níveis das linguagens de
        programação 29
Como desenvolver um programa? 29
    Critérios para um bom programa 32
        Clareza 32
        Endentação 32
        Comentários no código 32
        Modularidade 33
    Como se tornar um bom programador? 34
A informática e o mercado de trabalho 37
    Análise de sistemas 38
    Desenvolvimento de software 38
    Redes de computadores 38
    Sistemas para Internet 38

capítulo 2
Algoritmos I 43
O que é algoritmo? 44
    Tipos de algoritmos 44
Formas de representação de um algoritmo 44
    Fluxograma 45
    Português estruturado ou portugol 45
        Identificadores 47
        Variáveis 47
        Tipos de dados 47
        Declaração de constantes 48
        Declaração de variáveis 49
        Comando de atribuição 49
        Operadores matemáticos 50
        Linearização de expressões
        ou fórmulas 50
        Comando de entrada 51
        Comando de saída 51
        Teste de mesa 52
    Algoritmo sequencial 52
Comandos de seleção 55
    Seleção simples 55
        Vamos testar o algoritmo? 56
    Seleção composta 59
    Seleção encadeada 61
    Comando caso-seja 65

capítulo 3
Algoritmos II 71
Comandos de repetição 72
    Comando enquanto..faça 72
    Comando repetir..ate 76
    Comando para..ate..faça 80

Tipos de dados compostos 84
    Vetor 84
    Matriz 89
    Registro 92

capítulo 4
Linguagem C: parte I 97
Conceito de linguagem C 98
Como configurar meu ambiente para programar? 100
Criando seu primeiro programa 101
    Mensagens de erro na compilação 103
        Mensagem de erro: falta de ponto e vírgula 104
        Mensagem de erro: referência indefinida 104
Tipos de dados em C 105
Chamando funções em C 108
    Função printf 109
    Função de leitura scanf 114
    Funções matemáticas 115
Comandos if..else 116
Comandos switch..case 121
Comandos de repetição 124
Depurando no NetBeans 127

capítulo 5
Linguagem C: parte II 129
Matrizes e vetores na linguagem C 130
Vetores de caracteres: strings 135
Vamos criar nossas próprias funções 138
Criando seu próprio repositório de funções no NetBeans 143
Registros/estruturas em C 145
Ponteiros 147
    Passagem de parâmetros 150
Ponteiros e matrizes, ponteiros e estruturas 153
    Ponteiros e vetores/matrizes 153
    Matrizes de ponteiros 154
    Ponteiros e estruturas 155
    Ponteiros de ponteiros 156
Arquivos 159
    Acesso a arquivos 159
    Arquivos binários 161
Parâmetros em linha de comando 163
Alocação dinâmica de memória 166

capítulo 6
Estrutura de dados 171
Tipos abstratos de dados (TAD) 172
Pilhas e filas 174
    Pilhas 175
    Filas 179
    Fila dupla 184
    Fila de prioridades 185
Listas lineares 187
Listas lineares: implementação em vetor 190
    Inserir um nó 192
    Remover um nó 193
    Buscar um nó 193
    Percorrer a lista 194
Listas encadeadas 195
    Criar uma lista 197
    Testar se a lista está vazia 197
    Inserir um nó 197
    Remover um nó 198
    Buscar um nó 200
    Percorrer a lista 200
    Liberar a lista 201
Lista encadeada circular 201
Listas duplamente encadeadas 203
    Inserir um nó 204
    Remover um nó 205
Pilhas e filas representadas com listas encadeadas 206

capítulo 7
Sistema de banco de dados 211
Conceitos básicos 212
SGBD: sistema gerenciador de banco de dados 213
    Arquitetura de um SGBD 215
Modelagem de dados 216
    Projeto conceitual 217
    Projeto lógico 219
        Primeira forma normal (1FN) 220
        Segunda forma normal (2FN) 221
        Terceira forma normal (3FN) 222
    Projeto físico 222

Evandro Manara Miletto
Alex Dias Gonsales
Fabio Yoshimitsu Okuyama

capítulo 1

O que é informática?

Os computadores estão em todos os lugares. São complexos em sua composição e servem para diferentes propósitos, sendo frequentemente usados como ferramentas para as mais diversas finalidades. Conhecer e saber como funciona um computador torna seu uso mais fácil. Neste capítulo, você entrará em contato com os conceitos que fundamentam a área da informática. Será apresentado ao leitor, mesmo ao sem experiência, o conhecimento necessário para utilizar e programar computadores, explorando as suas capacidades de receber, processar, armazenar e mostrar dados.

Objetivos deste capítulo

» Reconhecer o que é informática, seus principais conceitos e sua importância.

» Listar os principais acontecimentos da história dos computadores.

» Descrever o processo de funcionamento dos computadores.

» Reconhecer os diferentes tipos e componentes de um computador.

» Identificar diferentes tipos de hardware e software.

» Identificar conceitos básicos de redes de computadores.

» Conhecer os fundamentos de programação de software.

» Identificar características sobre profissionais e mercado de trabalho de informática.

❯❯ Afinal, o que é informática?

Cada vez mais estamos conectados à informática. Em casa, no trabalho ou em momentos de lazer, a tecnologia se faz presente, em diversos níveis e em constante evolução, influenciando a forma como tratamos a informação e transformando, de maneira decisiva, as nossas vidas.

Muitas vezes, nem percebemos a quantidade de tempo que destinamos ao uso da informática. Por exemplo, quando realizamos transações bancárias, falamos ao telefone, usamos um elevador, aceleramos o carro, verificamos as horas no relógio digital, usamos a máquina de lavar roupas ou fazemos compras sem sair de casa, estamos usando a informática. Outros exemplos incluem o gerenciamento do trânsito, do metrô, dos aviões, a automatização das fábricas e indústrias, o controle de pontos eletrônicos, entre outros, que tornam inevitável o contato com o computador no mundo contemporâneo.

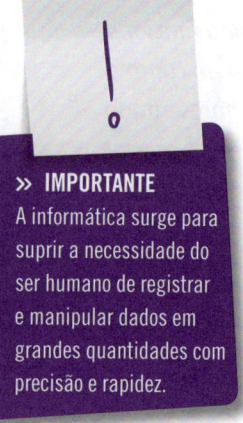

❯❯ **IMPORTANTE**
A informática surge para suprir a necessidade do ser humano de registrar e manipular dados em grandes quantidades com precisão e rapidez.

Estamos vivendo a **era da informação** em função do avanço tecnológico no processamento e transmissão de dados e das facilidades de comunicação proporcionadas pela evolução da informática, uma das áreas que mais influenciou os rumos do século XX. Através de computadores conectados à Internet, a sociedade de hoje tem acesso à informação instantânea de qualquer parte do mundo. As notícias dos jornais locais e nacionais, a previsão do tempo, o resultado dos últimos jogos, a cotação diária e instantânea da bolsa de valores são exemplos de informações e dados que estão sempre acessíveis.

Se, por um lado, a informática transforma a nossa sociedade com novos hábitos e formas de agir e de pensar, por outro, cria novas demandas que necessitam cada vez mais de novos profissionais de tecnologia sintonizados, atualizados e capazes de suprir essa crescente demanda. Daí, a necessidade de, em um primeiro momento, aprender a usar o computador e, depois, aprender a programá-lo, transformando-o em uma poderosa ferramenta de trabalho.

❯❯ **CURIOSIDADE**

O termo *informática*, em português, provém do termo francês *informatique*, criado por Philippe Dreyfus em 1962, e se origina da junção de parte das palavras **inform**ação + autom**ática** = informática.

Informática é a ciência que estuda o tratamento automático da informação por meio do computador. Em informática, os **dados brutos** (*raw data*) são coleções de itens ou valores simplesmente armazenados sem qualquer tratamento ou processamento. Dados, em um sentido mais amplo, podem ser ainda informações organizadas, normalmente resultantes da experiência ou observação de outras informações dentro de um sistema de computador.

Define-se **informação** como o resultado do processamento, manipulação e organização de dados, de forma que represente uma modificação (quantitativa ou qualitativa) no conhecimento do sistema (pessoa, animal ou máquina) que a recebe, dando significado a esse dado. Assim, o computador representa um agente fundamental para:

- Armazenar
- Classificar
- Qualificar
- Comparar
- Combinar
- Exibir informações em alta velocidade

>> EXEMPLO

Para exemplificar a relação existente entre dados brutos e informação, imagine os seguintes itens (dados brutos estruturados) em uma lanchonete:

Quantidade	Descrição	Valor unitário
2	Refrigerantes	R$ 2,00
1	Sanduíche	R$ 7,00
2	Sorvetes	R$ 4,50
2	Águas	R$ 1,50

Para saber o total gasto com esses itens em uma refeição, precisamos calcular/computar (**processamento e organização**):

- Computar o preço total de cada item.
- Multiplicar a quantidade pedida pelo preço do item (Por exemplo: 2 x R$ 2,00 = R$ 4,00).
- Somar o total de todos os itens (Total = R$ 23,00).
- Calcular o troco subtraindo o total consumido do valor recebido (Por exemplo: R$ 30,00 − R$ 23,00 = R$ 7,00).
- Organizar e imprimir.

(continua)

>> EXEMPLO *(continuação)*

Depois dos dados processados, temos a **informação** visualizada da seguinte forma:

Quantidade	Descrição	Valor unitário	Total do item
2	Refrigerantes	R$ 2,00	R$ 4,00
1	Sanduíche	R$ 7,00	R$ 7,00
2	Sorvetes	R$ 4,50	R$ 9,00
2	Águas	R$ 1,50	R$ 3,00
		Total:	R$ 23,00

Total recebido: R$ 30,00

Troco: R$ 7,00

A informática se ocupa, basicamente, de:

- Processar
- Armazenar
- Comunicar a informação ou dados

Processar implica cruzamento, tratamento e manipulação de dados com o objetivo de obter mais informações. Armazenar garante que os dados não se percam ou que sejam inadvertidamente modificados. Quando se armazenam dados, deve-se pensar em criar estruturas que permitam a sua futura recuperação, como uma base de dados por exemplo. Comunicar compreende desde a apresentação desses dados ao usuário, passando pela troca de dados entre diferentes computadores, com eventual transmissão através de redes de computadores.

Computador é, portanto, um dispositivo eletrônico pertencente ao universo da informática, capaz de tratar automaticamente variados tipos de informações e dados por meio do seu processamento, de acordo com regras específicas, para produzir resultados e armazená-los para uso futuro ou enviá-los a outros computadores.

A origem do computador está na união de várias áreas do conhecimento, como a matemática, a eletrônica e a lógica de programação. O desenvolvimento da tecnologia vem com a necessidade de calcular, de diversas formas, grandes quantidades de dados, obtendo resultados cada vez mais rápidos. Para entendermos um pouco mais sobre essa área do conhecimento que evolui rapidamente, é necessário conhecermos um pouco de sua recente e impressionante história.

>> DICA

Dispositivos móveis, como telefones celulares, smartphones, tablets, calculadoras, consoles, entre outros, também são considerados computadores.

>> Agora é a sua vez!

1. Qual é a função da informática em nossas vidas?
2. Qual é a principal diferença entre dado e informação?

>> Um pouco de história

A história da informática é precedida por uma série de evoluções de máquinas e teorias de outras disciplinas que formam a sua base. A necessidade de calcular e processar grandes quantidades de dados de acordo com regras preestabelecidas foi e tem sido a mola propulsora para a evolução da Tecnologia da Informação (TI).

Assim, em 1642, surge a primeira calculadora mecânica capaz de realizar operações básicas de soma e subtração, criada pelo físico, matemático e filósofo francês Blaise Pascal. Pascal, que trabalhava com seu pai em um escritório de coleta de impostos em Rouen, na França, criou a máquina para ajudá-lo nas atividades de contabilidade. Anos mais tarde, em 1970, seria criada, pelo suíço Niklaus Wirth, uma importante linguagem de programação estruturada que recebeu o nome de Pascal, em homenagem a Blaise Pascal.

A primeira calculadora mecânica foi aprimorada em 1671 pelo matemático alemão Gottfried Wilhelm Leibniz (1646-1726), que introduziu e documentou o conceito de realizar multiplicações e divisões através de adições e subtrações sucessivas. Em 1703, Leibniz desenvolveu a lógica em um sentido formal e matemático, utilizando o **sistema binário** (0 e 1), que futuramente daria origem à lógica binária.

Embora essas primeiras máquinas fossem capazes de realizar cálculos, ainda estavam longe de serem consideradas computadores pelo simples fato de receberem apenas números como entradas. Assim, não eram programáveis, pois não havia possibilidade de receberem instruções como entrada para manipular os números.

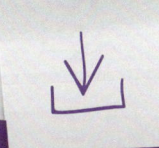

>> **DEFINIÇÃO**
Sistema binário ou de base 2 é um sistema de numeração posicional em que todas as quantidades se representam com base em dois números: zero e um (0 e 1).

Um marco importante ocorreu durante a Revolução Industrial na França, em 1801, quando o mecânico e tecelão francês Joseph Marie Jacquard (1752-1834) inventou o primeiro equipamento mecânico que recebia instruções como entrada. Tratava-se de um tear mecânico controlado por grandes cartões perfurados, cujas instruções produziam desenhos bonitos e intrincados em tecidos.

Inspirado nesse invento, o professor de matemática de Cambridge, Charles Babbage (1792-1891), desenvolve uma máquina semelhante – denominada máquina analítica ou engenho analítico – em que a fórmula de calcular pudesse ser controlada por cartões. A partir desse momento, começa o surgimento do computador moderno. Em 1837, surge um dos precursores do computador moderno, contendo as funcionalidades básicas de um computador, incluindo a importante característica de ser programável, o que representava um grande diferencial em relação à máquina analítica.

Uma importante colaboração nesse contexto foram os primeiros programas para a máquina de Babbage escritos pela matemática Ada Lovelace (1815-1852), que ficou conhecida como a primeira programadora da história. Posteriormente, Ada escreveu uma série de instruções, incluindo conceitos de sub-rotina, *loop* ou laço (repetição de sequências de instruções) e salto condicional, que a tornou a pioneira da lógica de programação.

» CURIOSIDADE

Uma linguagem de programação derivada de Pascal e destinada a usos confiáveis em situações críticas foi desenvolvida a pedido do departamento de defesa dos Estados Unidos. Foi denominada **Ada**, em homenagem a Ada Lovelace, e teve sua última versão em 2005.

» ASSISTA AO FILME
Acesse o ambiente virtual de aprendizagem e assista ao filme sobre a história do computador: www.bookman.com.br/tekne.

No campo da lógica, um dos fatos mais marcantes foi o nascimento da Lógica Simbólica, que deu origem ao sistema binário, em 1847, com a publicação do livro *The Mathematical Analysis of Logic*, pelo matemático e filósofo britânico George Boole. Outra grande contribuição de Boole, em 1854, foi o desenvolvimento da Teoria da Álgebra de Boole, precursora da Teoria dos Circuitos Lógicos.

Outro avanço importante sobre a maneira de processar dados ocorreu por volta de 1890, baseado na separação de cartões perfurados. Herman Hollerith (1860-1929) desenvolveu uma máquina para ser usada no censo americano, a qual usava a eletricidade e separava as informações sobre indivíduos em locais diferentes nos cartões. Essa máquina proporcionou a redução do tempo de processamento de sete anos para dois anos e meio. A empresa fundada por Hollerith tornou-se, em 1924, a International Business Machine, ou IBM como é conhecida hoje.

O engenheiro alemão Konrad Zuse (1910-1995) construiu, em 1936, o **Z1**, que é considerado um marco na história dos computadores por ser o primeiro computador eletromecânico. O Z1 funcionava a partir de relés, e dados eram lidos a partir de fitas perfuradas. Um fato interessante na época foi o desprezo do governo alemão pelo projeto, uma vez que o Z1 não poderia ser usado para a guerra.

Os norte-americanos, por sua vez, aproveitaram a época de guerra para desenvolver seus computadores. Assim, em 1937, os Estados Unidos, motivados pela Primeira Guerra Mundial, construíram outro computador eletromecânico, criado principalmente para calcular trajetórias de projéteis da Marinha e codificar/decodificar mensagens secretas, tendo sido finalizado apenas 10 anos mais tarde.

Porém, a base do que seria o computador atual surgiu durante a Segunda Guerra Mundial, quando a Marinha Americana, em conjunto com pesquisadores da Universidade de Harvard, desenvolveu o computador **Harvard Mark I**, projetado pelo Professor Howard Aiken, com base no calculador analítico de Babbage. O Mark I (Figura 1.1) ocupava aproximadamente 120 m³ e conseguia multiplicar dois números de 10 dígitos em três segundos, o que representava um grande avanço para a época.

Um projeto paralelo desenvolvido pelo Exército Norte-Americano resultou no primeiro computador à válvula da história. O **ENIAC** (*Eletronic Numeric Integrator And Calculator*), com desempenho mais avançado, conseguia realizar 500 multiplicações por segundo (Figura 1.2).

O projeto do ENIAC foi desenvolvido pelo engenheiro John Presper Eckert (1919-1995) e pelo físico John Mauchly (1907-1980), e finalizado apenas em 1946, após o final da Segunda Guerra Mundial. Pesava cerca de 30 toneladas e possuía em torno de 18 mil válvulas, o que representava um custo muito elevado de consumo de energia e manutenção, pois dezenas delas queimavam a cada hora.

» ASSISTA AO FILME
Acesse o ambiente virtual de aprendizagem e assista ao filme sobre a história do ENIAC.

Figura 1.1 Imagem do computador Harvard Mark I.
Fonte: The University Auckland (20--?).

Figura 1.2 Parte do computador ENIAC na Universidade da Pensilvânia.
Fonte: Vizion (2012).

>> CURIOSIDADE

A programação do ENIAC era complexa e limitava-se a ligar e desligar milhares de interruptores que assumiam o valor zero ou um. Para tanto, uma grande equipe de aproximadamente 80 funcionárias mulheres, denominadas computadoras, se encarregavam destas ações. Nesta época, os computadores ainda não tinham um sistema operacional e não armazenavam dados em memória.

A colaboração entre pesquisadores começa a acontecer e surge uma nova proposta, feita pelo matemático húngaro John Von Neumann, que possibilita também armazenar o programa em memória, além dos dados, visando a facilidade e rapidez para ser reprogramado. Essa importante proposta deu origem ao computador **IAS** *(Institute for Advanced Studies)*, e ficou conhecida como Arquitetura de Von Neumann, válida até os dias de hoje. Esta proposta tinha quatro características básicas:

- Codificar as instruções de uma forma possível de ser armazenada na memória do computador.
- Usar o chamado sistema binário em vez do sistema decimal usado no ENIAC.
- Armazenar as instruções na memória, bem como toda e qualquer informação necessária à execução da tarefa.
- Buscar as instruções diretamente na memória ao processar o programa em vez de fazer a leitura de um novo cartão perfurado a cada passo.

Com isso, Von Neumann propôs o conceito de programa armazenado, cujas vantagens seriam a versatilidade de programação e a automodificação, resultando em aumento de desempenho (rapidez).

Após o ENIAC, outros importantes computadores foram desenvolvidos baseados no seu projeto, ficando cada vez mais avançados. Alguns exemplos são o **EDVAC** (*Electronic Discrete Variable Computer*), o **ORDVAC** (*Ordnance Variable Automatic Computer*), o **SEAC** (*Standards Automatic Computer*) e o **UNIVAC** (*Universal Automatic Computer*), usado para o processamento dos dados dos censos da população americana.

O termo computador foi de fato instituído no final da década de 1940, por força da evolução e difusão das máquinas digitais. O pai da ciência da computação, como ficou conhecido o matemático e cientista da computação britânico Alan Turing (1912-1954), inventou a Máquina de Turing, um modelo teórico que posteriormente evoluiu para o computador moderno.

A fama dos computadores só acontece a partir dos meados da década de 1970, graças aos avanços tecnológicos e pesquisas científicas capazes de produzir circuitos elétricos cada vez mais aperfeiçoados, o que possibilita miniaturizar os computadores, tornando-os mais baratos e acessíveis e com maior poder de processamento. O Quadro 1.1 resume a evolução dos computadores a partir do surgimento do Z1 e ENIAC e de acordo com suas características e tecnologias.

Quadro 1.1 » **Gerações de computadores ao longo da história da informática e seus principais representantes e características***

1ª geração	Tecnologia de válvulas (1940-1955)
Uso de válvulas, programação a cada tarefa e uso restrito.	• 1943 – Mark I • 1945 – ENIAC • 1949 – EDVAC • 1951 – UNIVAC I • 1954 – IBM 650

(continua)

Quadro 1.1 » **Gerações de computadores ao longo da história da informática e seus principais representantes e características*** *(continuação)*

2ª geração	Uso do transistor (1955-1965)
Invenção do transistor por Bell Laboratories, em 1948, substituição das válvulas e dos fios de ligação por circuitos impressos e uso comercial.	• 1954 – IBM 1401 • 1955 – TRADIC
3ª geração	Circuitos integrados (1965-1980)
Uso de transistores, resistores e diodos em um único chip.	• IBM 360 • PDP-8 • INTEL 4004 (primeiro microprocessador)
4ª geração	Circuitos integrados em larga escala (1980-1990)
Diminuição do tamanho, circuitos de larga escala (LSI – *Large Scale Integration*), centenas de componentes no mesmo chip.	• 1976 – Apple I • 1981- IBM PC, o primeiro computador pessoal
5ª geração	Circuitos integrados em muito larga escala (1990 – hoje)
Integração de 10 milhões de componentes em um chip (VLSI – *Very Large Scale Integration*).	• Supercomputadores • Automação • Multimídia/ Era online • Videogames, smartphones, processadores Intel, Athlon, etc.

* Não há um consenso entre os pesquisadores sobre datas e gerações.

Fonte: Dos autores.

» Como funcionam os computadores

Um sistema computacional é constituído pela parte física, chamada de hardware, e pela parte lógica, chamada de software. Há ainda o componente humano, o usuário do sistema de computação, chamado de *peopleware*. O funcionamento de um sistema de computação requer quatro componentes principais:

- Entrada
- Processamento
- Saída
- Armazenamento

De uma forma geral, podemos considerar que o funcionamento dos computadores pode ser representado pelo esquema da Figura 1.3.

No esquema apresentado na Figura 1.3, chamamos de entrada (*input*) o meio de inserir dados ou comandos no computador de forma que ele possa usá-los. Esses dados são enviados para a unidade de processamento. Isso ocorre quando, por exemplo, digitamos algo no teclado, clicamos com o mouse, capturamos imagens ou tocamos em uma tela sensível ao toque (*touchscreen*).

Da mesma forma, saída (*output*) é o meio que o computador usa para, por exemplo, apresentar ou mostrar ao usuário as informações já processadas, podendo ser na tela do monitor, em papel ou sinais sonoros nas caixas de som. O processamento inclui todas as operações realizadas no processador – como cálculos, condições, comparações, testes, escrita, leitura – em conjunto com a memória do computador, um meio que armazena dados, mesmo que temporariamente. As setas na Figura 1.3 representam os fluxos dos dados entre os elementos.

Na prática, quando estamos editando algum arquivo no editor de texto e clicamos no botão *salvar* (ou na opção *salvar* do menu *Arquivo*), estamos interagindo com um dispositivo de entrada via teclado ou mouse e fazendo que instruções ou comandos sejam disparados, passando o documento por vários meios e conversões até que seja armazenado na memória do computador (temporária ou definitivamente).

Essas instruções ou comandos percorrem um caminho e passam por uma série de conversões que fazem um simples clique (uma comunicação de alto nível) ser entendido pela linguagem que o hardware do computador compreende: a linguagem de máquina composta por *zeros* e *uns*. Para entendermos essas conversões e identificarmos os caminhos percorridos é necessário também conhecermos mais detalhes sobre as partes (física e lógica) que formam o computador e como elas interagem. Veja mais sobre isso nas seções a seguir.

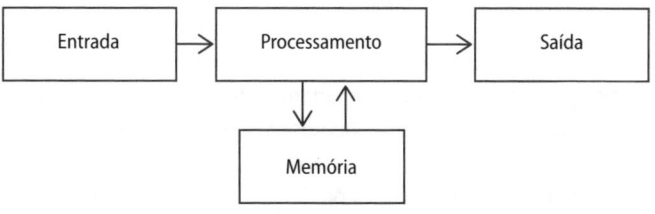

Figura 1.3   Esquema básico de funcionamento do computador.
Fonte: Dos autores.

>> Agora é a sua vez!

1. A ação de pressionar uma tecla ou um botão do mouse tem como consequência estabelecer um contato ou trocar o estado de um dispositivo de desligado para ligado. Você conseguiria identificar por onde passa esse dado e como o computador faz para identificar essa ação e transformá-la em um comando para acionar outros dispositivos?

2. Quais sistemas de numeração e representação interna já foram utilizados na história dos computadores?

3. Descreva quem foi George Boole, Von Neumann e Alan Turing e que importância tiveram para a história da computação.

4. Dado o modelo básico do fluxo de um computador (entrada – processamento – saída), cite pelo menos três exemplos para entrada e saída.

>> **DEFINIÇÃO**
Unidade do sistema é a caixa (*chassis*) que contém todos os componentes eletrônicos do computador.

>> **DICA**
Para um melhor entendimento de como funciona a parte física de um computador, podemos relacionar as partes da Figura 1.4 com o esquema básico de funcionamento visto na seção *Como funcionam os computadores*.

>> Parte física: hardware

Como usuário, técnico ou programador de computadores, é importante e necessário conhecer o propósito de cada um dos seus componentes físicos. Chamamos de hardware as partes físicas, que podem ser tocadas, manipuladas e que representam os componentes do computador. A maioria delas está integrada àquilo que chamamos de **unidade do sistema** (gabinete, no caso do computador pessoal).

Essas unidades estão disponíveis em uma grande variedade de formas e tamanhos. Alguns exemplos incluem o gabinete de um computador desktop (PC), o corpo de um dispositivo móvel – como um smartphone –, o console de um videogame, o corpo de uma máquina fotográfica, etc. No caso do computador de mesa (desktop), os componentes eletrônicos, como as placas e a maioria dos dispositivos de armazenagem, compõem a unidade do sistema. Outros dispositivos externos a essa unidade, como monitor, mouse, teclado, impressora, caixas de som e microfone são chamados de periféricos.

Com a evolução da tecnologia seguindo a tendência de portabilidade e da integração de componentes, alguns computadores e dispositivos móveis são exceção desta regra, incluindo todos os componentes na mesma unidade – tablets, smartphones e o iMac da Apple são alguns exemplos. As partes básicas do hardware de um computador pessoal, incluindo os periféricos e a unidade do sistema, estão representadas na Figura 1.4.

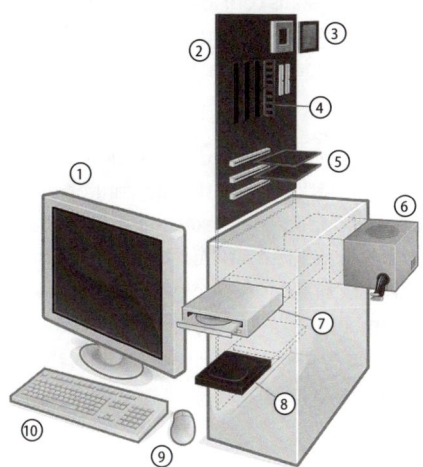

Figura 1.4 Partes básicas de um computador pessoal.
Fonte: Wikipedia (2006).

Dispositivos de entrada são representados pelas partes 7, 9 e 10 (leitor de CD/DVD, mouse e teclado, respectivamente). Dispositivos de saída, pelas partes 1 e 7 (monitor de vídeo e gravador de CD/DVD). O processamento é apresentado pelos números 3 e 5 (processador e memória), que trabalham em conjunto, e a armazenagem é representada pelo número 8 (disco rígido ou HD, do inglês *hard disk*).

Nesse ponto, é importante destacar uma das partes mais importantes do computador – chamada de "cérebro da máquina" – que é o **processador**. Este componente é o responsável por interpretar e executar as instruções básicas contidas nos programas, bem como se comunicar com dispositivos de entrada, saída e armazenamento do computador.

Sua importância é tal que a indústria passou a adotar sua velocidade de processamento como parâmetro para classificação de diferentes modelos de computadores disponíveis no mercado. Diferentes fabricantes desenvolveram diferentes tipos de processadores, embora haja uma relativa equivalência quanto ao seu desempenho. Os principais fabricantes são, atualmente, Intel e AMD.

Lembremos que a grande maioria dos computadores de hoje ainda funciona de acordo com o modelo da Arquitetura de Von Neumann. Esse modelo inclui subdivisão do processador em Unidade Lógica Aritmética (ULA) e Unidade de Controle (UC), cada uma com a sua função específica no processamento dos programas.

A ULA (ou ALU, do inglês *Arithmetic Logic Unit*) realiza operações aritméticas (adição, subtração, multiplicação e divisão), comparações (qual de dois dados é o maior, menor ou se são iguais), entre outras operações. Dependendo do resultado da comparação, diferentes ações podem ocorrer. Por exemplo, um software instrui

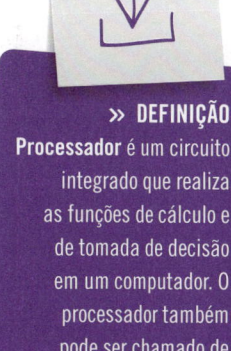

» DEFINIÇÃO
Processador é um circuito integrado que realiza as funções de cálculo e de tomada de decisão em um computador. O processador também pode ser chamado de microprocessador (nome de origem), UCP (unidade central de processamento) ou CPU (do inglês, *central processing unit*).

» IMPORTANTE
A velocidade de execução das tarefas tem relação direta com a velocidade do processador, que é medida em ciclos por segundo – Hertz (Hz).

a ULA para comparar as horas de trabalho semanais com as horas trabalhadas por um funcionário, para saber se deve receber pagamento extra. Se exceder 40 horas, a ULA realiza o cálculo que determina a quantidade de horas e o valor correspondente a receber.

A UC é o componente do processador que direciona e coordena a maioria das operações do computador. Sua função é interpretar cada instrução contida em um programa e, em seguida, iniciar a ação apropriada para executar essa instrução. Os componentes internos que a UC controla incluem a ULA, registradores (menores e mais velozes unidades de memória, localizadas dentro de um processador e capazes de armazenar um dado) e barramentos (conjunto de linhas de comunicação – fios elétricos condutores em paralelo –, que permitem a interligação entre dispositivos de um sistema de computação).

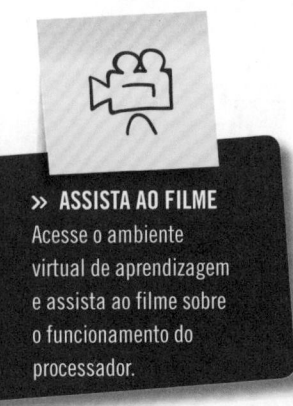

» ASSISTA AO FILME
Acesse o ambiente virtual de aprendizagem e assista ao filme sobre o funcionamento do processador.

» Parte lógica: software

Para que o hardware do computador funcione é necessária a existência do software – instruções eletrônicas armazenadas, conhecidas como **programas**. Costumamos dizer que o software dá vida à máquina. Por meio de instruções contidas em software (programas) o computador é capaz, por exemplo, de acionar um disco, determinar a gravação de um dado, enviar um comando para a impressora, imprimir um texto, entre outras coisas.

Esses programas compõem o que se chama de **parte lógica do computador**, a qual é intangível, não podendo ser tocada, como é o caso do hardware. Quando estão sendo usados – rodando ou executados –, vários comandos são enviados para acionar componentes físicos da máquina.

Existem vários tipos de programas disponíveis, os quais podem se diferenciar por suas características, finalidade e nível em que atuam. Podem ser divididos em duas categorias principais:

• **Básico:** o mais importante dos softwares básicos é o chamado sistema operacional, que é constituído por um conjunto de outros programas integrados contendo instruções que trabalham para coordenar todas as atividades entre o computador e os recursos de hardware.
• **Aplicativo:** programas mais interativos com o usuário que permitem executar tarefas específicas de um determinado problema.

O gerenciamento de dispositivos inclui comandos para ligar e desligar o computador, acessar discos, iniciar e carregar programas para a memória, gerenciar e interpretar os comandos de entrada (teclado e mouse, por exemplo), conectar-se à Internet, atualizar-se, entre outros. Geralmente, o sistema operacional é instalado no disco rígido do computador pessoal.

Em dispositivos móveis, entretanto, em que não há disco rígido, o sistema operacional, com uma versão mais leve, é carregado e executado em um chip de memória ROM ou Flash. Um computador pode utilizar mais de um sistema operacional, o que merece a atenção do usuário no momento de adquirir ou instalar software aplicativo. Versões diferentes do mesmo aplicativo são desenvolvidas para diferentes sistemas operacionais. Exemplos de sistemas operacionais são:

- Microsoft Windows
- Linux
- Mac OSX
- UNIX
- Free BSD
- Solaris

Ligar e desligar o computador são duas das principais funções dos sistemas operacionais. Ao ligar um computador pessoal que roda Windows, por exemplo, podemos acompanhar no monitor uma série de informações sobre as etapas que o sistema operacional executa para acionar os dispositivos de hardware e outros programas que preparam o computador para uso. O Quadro 1.2 resume essas etapas.

Considerando que o sistema operacional se destina basicamente a gerenciar o computador, outros programas são necessários para atender às necessidades específicas do usuário, que incluem, por exemplo, calcular, enviar mensagem, escrever, navegar, etc. Essas necessidades deram origem ao que chamamos de **software aplicativo**, cuja finalidade é ajudar os usuários a desempenhar uma tarefa específica.

É possível encontrar aplicativos para praticamente todas as áreas do conhecimento. Considerando que a diversidade é muito grande, uma classificação geral quanto à natureza do software aplicativo é importante para facilitar a diferenciação e o entendimento. Podemos classificar os aplicativos em:

- Aplicações comerciais
- Utilitários
- Aplicações pessoais
- Aplicações de entretenimento

Aplicações comerciais

Aplicações comerciais são programas ou um conjunto de aplicativos desenvolvidos inicialmente para o ambiente comercial, mas que se popularizaram tanto que passaram a ser amplamente usados por usuários comuns. Neste contexto, podemos citar os editores de texto, os editores de apresentação, os editores de imagem e as planilhas eletrônicas. Exemplos desses aplicativos são o Microsoft Office (Word, Excel e Powerpoint), o BrOffice (Writer, Impress e o Calc), o Photoshop e o Gimp (conforme Figura 1.5).

Quadro 1.2 » Etapas de inicialização (boot) do sistema operacional Windows

Etapa 1	Carregamento de energia	O computador é ligado e há uma estabilização na distribuição do sinal elétrico a todos os componentes da unidade.
Etapa 2	Carga do processador	O sinal elétrico chega ao processador, que se inicializa e encontra o chip da memória ROM, que contém a BIOS (*basic input/output system*). A Bios então dispara instruções para a inicialização do computador.
Etapa 3	Inicialização do POST	*Power-on self test* (POST) é a inicialização do teste executado pela BIOS. O POST verifica se todo o hardware (disco, placas, memória, teclado, etc.) está propriamente conectado e pronto para ser acionado pelo sistema operacional.
Etapa 4	Checagem do teste	O resultado do teste do POST é comparado com os dados gravados no chip CMOS (que armazena configurações e usa energia da bateria para mantê-las armazenadas). Em caso de problema, um sinal sonoro é emitido e mensagens aparecem na tela.
Etapa 5	Carga dos arquivos de sistema	Estando o teste do POST correto, o CMOS localiza os arquivos de sistema no sistema operacional em diferentes locais (porta USB, disco e placa de rede) e os carrega na memória RAM.
Etapa 6	Carga do sistema operacional na memória RAM	O *kernel* (núcleo) do sistema operacional é carregado na memória RAM e passa então a tomar conta do computador, carregando informações de configurações, usuários, acesso aos registros, etc.

Fonte: Dos autores.

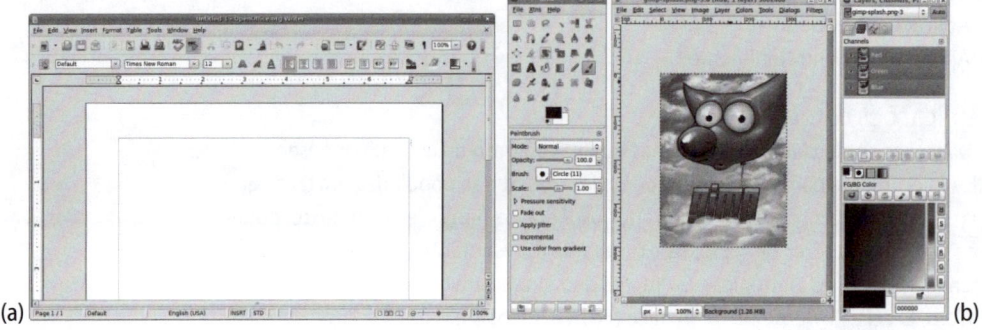

Figura 1.5 Telas de software aplicativo (a) OpenOffice Writer (editor de texto) e (b) Gimp (editor de imagens).
Fonte: Dos autores.

Utilitários

Utilitários são os aplicativos destinados a gerenciar e realizar a manutenção do computador do cliente. Entre suas funções, podemos incluir a melhora no desempenho do computador (Defrag do Windows), a redução no consumo de energia, a realização da cópia de segurança (backup), a personalização da área de trabalho, as ferramentas administrativas, o verificador de integridade física do disco, o gerenciador de arquivos, etc.

Aplicações pessoais

Aplicações pessoais são os aplicativos que têm como objetivo auxiliar nas tarefas pessoais do usuário final. Um organizador simples de fotos, uma agenda eletrônica que permite ao usuário classificar os seus contatos, um aplicativo de chat ou de mensagens instantâneas que permite troca de mensagens entre usuários são exemplos dessa categoria.

Aplicações de entretenimento

Aplicações de entretenimento são os aplicativos utilizados para proporcionar lazer e diversão, normalmente incluindo jogos que também podem ser usados com finalidades educacionais. Caracterizam-se por dispor de muitos recursos interativos, usando estratégias e simulações, visando ao desenvolvimento do intelecto, do raciocínio lógico e até mesmo da socialização em caso de jogos coletivos em que múltiplos usuários colaboram para atingir um determinado fim.

Outras classificações de software podem ser encontradas em literaturas específicas, envolvendo especificidades e usos mais restritos. Entre essas, podemos citar as linguagens de programação usadas para o desenvolvimento de qualquer software, aplicativos para simulação computacional, aplicativos para diagnósticos, entre outros.

Software, em geral, tem outra classificação importante quanto ao seu uso: *software proprietário* e *software livre*. O software proprietário é aquele que tem sua distribuição ou alteração limitada por questões de registro ou patente, o que implica na aquisição de uma licença para uso. Exemplos desse tipo de software são:

- Sistema operacional Microsoft Windows
- Microsoft Office
- Mac OS
- Adobe Photoshop

Já o software livre segue uma filosofia oposta, permitindo que qualquer programa possa ser utilizado, copiado, alterado e redistribuído sem restrições, conforme a definição da Free Software Foundation. Exemplos de software livre são o sistema operacional Linux e o LibreOffice.

Quanto à liberdade de uso do software, é importante conhecer os seus diversos tipos de distribuição. Entre os principais estão o **freeware**, o **shareware**, o **trial** e o **Demo**. O freeware, mesmo sendo um software proprietário, é disponibilizado para uso gratuito e não pode ser modificado. O shareware é um software disponibilizado gratuitamente, mas apenas por um período de tempo ou com algumas funções não disponíveis, o que implica pagamento pela sua licença após o fim desse período.

Um software lançado com uma versão de teste em que apenas algumas funções são disponibilizadas é chamado de Trial. O objetivo é oferecer ao usuário uma oportunidade para experimentar o software – normalmente o usuário pode utilizar o software em um período de 30 dias para saber se ele atende às suas necessidades. Da mesma forma, o software considerado Demo oferece uma versão de demonstração bastante parecida com a do Trial, permitindo o uso do software por um tempo determinado ou com apenas algumas funções disponíveis.

Essa programação do software é realizada pelo **programador** de computadores, nome dado ao profissional de informática que domina, além da lógica de programação e algoritmos, uma linguagem de programação, um tipo de software projetado para ser compreensível e programável por humanos e compilado e traduzido para a linguagem que o computador compreende, ou seja, a linguagem de máquina.

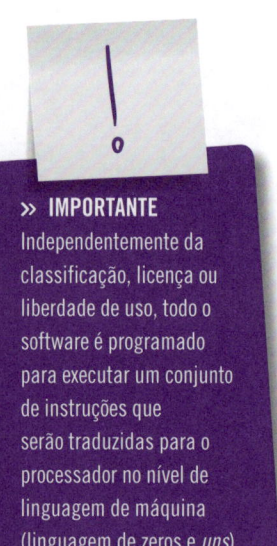

>> **IMPORTANTE**
Independentemente da classificação, licença ou liberdade de uso, todo o software é programado para executar um conjunto de instruções que serão traduzidas para o processador no nível de linguagem de máquina (linguagem de zeros e *uns*).

Existem várias linguagens de programação. Algumas são mais adequadas para um tipo de programa, como os executáveis no desktop, e outras para sistemas como a Internet. Dentre elas, as mais conhecidas são as linguagens:

- C
- Java
- PHP
- C++
- JavaScript
- Python
- Pascal
- Delphi
- Visual Basic
- C#
- Assembly

Enquanto Java, PHP e Python são linguagens destinadas ao desenvolvimento de aplicativos para rodarem na Web, outras como C, C++ e Delphi são próprias para o desenvolvimento de aplicativos para o PC. Esses aplicativos raramente são desenvolvidos em uma linguagem como Assembly, por exemplo, que é muito próxima da linguagem de máquina e é utilizada frequentemente em software embarcado ou software embutido para aumentar a velocidade de execução ou diminuir o espaço necessário de armazenamento.

A linguagem de máquina, traduzida pela linguagem de programação, contém instruções para o hardware na forma de números, que é tipicamente a unidade e a linguagem que o computador conhece no seu nível mais baixo. É, portanto, fundamental ao programador conhecer como o computador reconhece e trabalha com dados, assunto que será abordado a seguir.

>> PARA REFLETIR

Um computador pode pensar?

>> Agora é a sua vez!

1. O que você entende por linguagem de máquina?
2. O que é Unidade do Sistema e quais componentes são encontrados no seu interior?
3. O que é um processador?
4. Onde se localizam e qual é a função da ULA e da UC?
5. Diferencie software básico de software aplicativo.
6. Qual é a função do sistema operacional?

>> O computador e os números

Um sistema de numeração é aquele em que um número é representado por um conjunto de algarismos de forma consistente. Assim, cada número do sistema representado tem uma descrição única e reflete as estruturas algébricas e aritméticas dos números do sistema. Existem vários **sistemas numéricos**:

binário, octal, decimal, duodecimal e hexadecimal, por exemplo. Dentre os mais utilizados, o sistema binário é o usado internamente pelo computador, e o hexadecimal, por linguagens de programação como o Assembly.

O sistema decimal, usado pelo homem, baseia-se em uma numeração de posição – sistema posicional – que utiliza a base 10 composta pelos 10 algarismos indo-arábicos (0, 1, 2, 3, 4, 5, 6, 7, 8, 9). Lê-se da direita para a esquerda e servem para contar unidades, dezenas, centenas, etc. Há uma suposição de que esse sistema foi adotado pelo homem antigo em função da compatibilidade com os dedos das mãos, para contar coisas do dia a dia (animais, comida, etc.).

A notação posicional considera a posição que ocupa um símbolo (o número, neste caso) dentro de um conjunto de símbolos (número completo que representa a quantidade total) para lhe atribuir um valor. As posições (também chamadas de ordens) dos números naturais são lidas da direita para a esquerda na ordem das unidades (1ª ordem), dezenas (2ª ordem), centenas (3ª ordem), milhares (4ª ordem), etc. Veja o exemplo a seguir do número **5.396** na base 10:

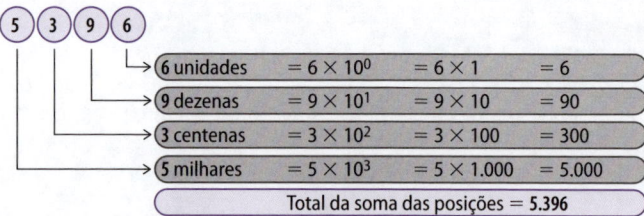

Veja o exemplo para o número fracionário **0,874** na base 10:

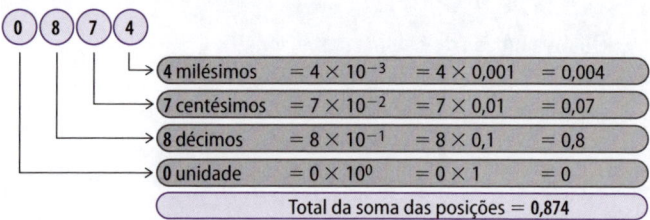

A fórmula a seguir generaliza a operação para descobrir valores de números inteiros em qualquer base, considerando a notação posicional:

$$v = d_{n-1} \cdot b^{n-1} + d_{n-2} \cdot b^{n-2} + ... + d_1 \cdot b^1 + d_0 \cdot b^0,$$

onde:

- b = base
- n = quantidade de dígitos
- d_x = dígito da posição *x* do número
- v = valor do número (quantidade)
- d_0 = dígito menos significativo
- d_{n-1} = dígito mais significativo

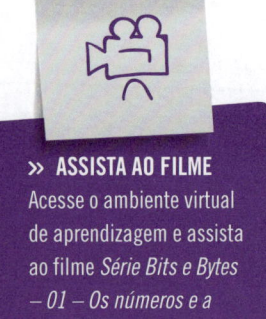

» ASSISTA AO FILME
Acesse o ambiente virtual de aprendizagem e assista ao filme *Série Bits e Bytes – 01 – Os números e a invenção do computador.*

Essa fórmula geral pode ser usada para conversão de qualquer base para base decimal. Veja o exemplo do número 273_8 (base 8) convertido para a base 10:

1. b = 8 (base), n = 3 (273 = 3 dígitos), d_2 = 2, d_1 = 7, d_0 = 3
2. $v = 2 \times 8^2 + 7 \times 8^1 + 3 \times 8^0$
3. v = 128 + 56 + 3
4. v = 187

As bases de um sistema de numeração – quantidade de algarismos disponível para representação de números – mais utilizadas são:

- Binária – base 2 (0,1)
- Octal – base 8 (0,1,2,3,4,5,6,7)
- Decimal – base 10 (0,1,2,3,4,5,6,7,8,9)
- Hexadecimal – base 16 (0,1,2,3,4,5,6,7,8,9,A,B,C,D,E,F)

Veja a seguir, na Tabela 1.1, um exemplo com os números e suas representações nas diferentes bases.

Tabela 1.1 » **Equivalência de números em diferentes bases**

Base 2	Base 8	Base 10	Base 16
0	0	0	0
1	1	1	1
10	2	2	2
11	3	3	3
100	4	4	4
101	5	5	5
110	6	6	6
111	7	7	7
1000	10	8	8
1001	11	9	9
1010	12	10	A
1011	13	11	B
1100	14	12	C
1101	15	13	D
1110	16	14	E
1111	17	15	F

Fonte: Dos autores.

Para realizarmos uma conversão de um número decimal para outra base B, divide--se sucessivamente o número pelo valor da base B enquanto o quociente for diferente de zero. Os resultados obtidos nos *restos* da divisão resultam nos algarismos do número convertido. Veja o exemplo de conversão do número 45 para binário (base 2) na Tabela 1.2.

Tabela 1.2 » Conversão – decimal para binário

Divisão – quociente	Resto	Ordem dígito
45/2 = 22	1	d_0
22/2 = 11	0	d_1
11/2 = 5	1	d_2
5/2 = 2	1	d_0
2/2 = 1	0	d_0
1/2 = 0	1	d_0

$45 = (d_5 d_4 d_3 d_2 d_1 d_0) = 101101_2$

Fonte: Dos autores.

O computador, por outro lado, não entende o sistema de numeração decimal. Devido à evolução da eletrônica e a fim de simplificar e facilitar a representação interna, o processador do computador usa apenas dois estados possíveis para processar dados: ligado e desligado. Esses dois estados são representados por um sistema de numeração que possui apenas os algarismos suficientes para representar esses estados.

O computador utiliza os números do sistema binário para representar tudo o que processa. O texto, a letra digitada, o número da calculadora, o som capturado pelo microfone e a imagem armazenada são, para o computador, apenas números binários, ou seja, um e zero. Embora na tela apareça a letra digitada ou a imagem capturada, é importante saber que são apenas formas de representar os números que o computador de fato entende.

A menor unidade de informação possível de ser armazenada pelo computador é o bit (*binary digit*), que pode assumir os valores 0 (zero) ou 1 (um). Naturalmente, um bit sozinho representa uma ínfima capacidade de armazenamento, sendo, portanto, necessário agrupá-los para facilitar a manipulação. O processador trabalha com grupos de bits. Os mais antigos recebiam grupos de 8 e 16 bits. Atualmente, o normal são 32 e 64 bits, o que, inclusive, determina um tipo específico de sistema operacional (por exemplo, Linux).

O agrupamento de bits recebe a seguinte denominação:

Nibble: grupo de 4 bits

Byte (*binary term*): grupo de 8 bits

Word: grupo de 16 bits

Double Word: grupo de 32 bits

Quad Word: grupo de 64 bits

Uma importante relação de números relativos em bytes, espaços e unidades é representada na Tabela 1.3. O prefixo mais conhecido é o do Sistema Internacional

> » **NO SITE**
> Veja mais detalhes sobre o **Código ASCII** (*American Standard Code for Information Interchange*, que, em português, significa *Código Padrão Americano para o Intercâmbio de Informação*) no ambiente virtual de aprendizagem.

(SI) que, por questões de conflito com a definição do prefixo *quilo*, gerou, no ano 2000, a criação do prefixo binário pela Comissão Eletrotécnica Internacional (IEC).

Tabela 1.3 » **Unidades de medida de armazenamento eletrônico do computador e seus múltiplos**

Unidade IEC	Prefixo do SI	Espaço ocupado	Potência
1 bit	1 bit	1 b	2^0
1 Byte	1 Byte	8 bits	2^3
1 Kilbibyte (KiB)	1 Kilobyte (KB)	1.024 Bytes (1.000 bytes)	2^{10}
1 Mebibyte (MiB)	1 Megabyte (MB)	1.024 Kb (1 milhão de bytes)	2^{20}
1 Gibibyte (GiB)	1 Gigabyte (GB)	1.024 Mb (1 bilhão de bytes)	2^{30}
1 Tebibyte (TiB)	1 Terabyte (TB)	1.024 Gb (1 trilhão de bytes)	2^{40}
1 Pebibyte (PiB)	1 Petabyte (PB)	1.024 Tb (1 quatrilhão de bytes)	2^{50}
1 Exbibyte (EiB)	1 Exabyte (EB)	1.024 Pb (1 quintilhão de bytes)	2^{60}
1 Zebibyte (ZiB)	1 Zettabyte (ZB)	1.024 Eb (1 sextilhão de bytes)	2^{70}
1 Yobibyte (YiB)	1 Yottabyte (YB)	1.024 Zb (1 septilhão de bytes)	2^{80}

Fonte: Dos autores.

A ULA, componente do processador, é a responsável por fazer as operações aritméticas binárias, que incluem adição, subtração, divisão e multiplicação. Não é apenas no processamento interno da ULA que os números são essenciais aos computadores. Eles também estão na comunicação entre um ou mais computadores. Na próxima seção, que trata de Redes e Internet, entenderemos um pouco mais sobre essa interconexão de máquinas, que nos permite hoje estarmos permanentemente em contato com o mundo.

» Redes e Internet

E-mails, mensagens instantâneas, download de arquivos de música, de filmes e de jogos online são rotina para qualquer usuário de telefone celular graças ao desenvolvimento das redes de computadores. Há bem pouco tempo, isso era muito diferente. As máquinas eram grandes, pesadas e faziam cálculos isolados e de forma independente.

A evolução da Internet e o conceito de **computação em nuvem** são realidades graças ao avanço de duas áreas de pesquisa, que, em algum momento da história da tecnologia, começaram a convergir para formar o que hoje se chama de rede de comunicação de dados, visando ao transporte de informações. Falamos das

» **NO SITE**
Acesse o ambiente virtual de aprendizagem e assista ao filme sobre a computação em nuvens.

áreas de redes de computadores e dos sistemas de telecomunicações. A inserção das tecnologias digitais nas redes de telefonia permitiu a expansão de linhas de comunicação para longa distância e serviços de telex e fax para transmissão de textos, bem como das primeiras imagens.

Nesse contexto, a **interconexão** pode ocorrer através de linha telefônica, cabos, satélite, comunicação sem fio e, mais recentemente, via rede elétrica. Quanto aos recursos compartilhados, podemos incluir os dados, impressoras, mensagens, entre outros. Para que essa interconexão se estabeleça e as máquinas consigam se comunicar, é necessário o uso de um protocolo de rede – uma espécie de idioma comum entre os computadores –, que representa um padrão de comunicação contendo regras para emissão e recebimento de dados.

Alguns exemplos de protocolos são:

- IP (*Internet Protocol*)
- DHCP (*Dynamic Host Configuration Protocol*)
- TCP (*Transmission Control Protocol*)
- HTTP (*Hypertext Transfer Protocol*)

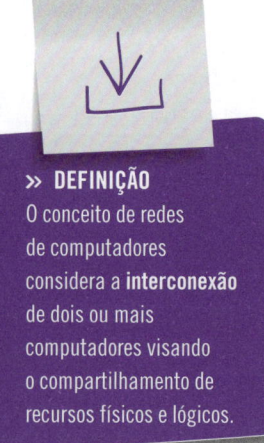

>> **DEFINIÇÃO**
O conceito de redes de computadores considera a **interconexão** de dois ou mais computadores visando o compartilhamento de recursos físicos e lógicos.

>> **PARA SABER MAIS**

Para conhecer a lista completa de protocolos de rede, acesse o ambiente virtual de aprendizagem.

Uma rede típica de computadores é composta de duas partes fundamentais:

- **Cliente:** programa instalado em um computador (como um navegador de páginas na Internet), que envia requisições de dados e serviços.
- **Servidor:** programa instalado em um computador (como um servidor de páginas web), que aceita ou não as requisições, processa os pedidos e devolve dados ao cliente.

Uma representação desse modelo pode ser visto na Figura 1.6.

Para fazer a conexão dos *computadores clientes* com o *computador servidor* precisamos usar hardware específico para essa função. Para conectar computadores de uma rede local, por exemplo, usamos um dispositivo chamado Hub (concentrador), que possui várias portas de entrada (recebendo os cabos de conexão) e tem a função de receber e transmitir dados vindos de outros computadores – normalmente pertencentes a uma rede local. Quando recebe sinal por uma determinada porta, o Hub a bloqueia até que seja finalizada a transmissão.

O Switch (comutador) é outro dispositivo semelhante ao Hub. Ele tem a capacidade de segmentar a rede internamente, transformando cada uma de suas portas em um sistema gerenciável que evita colisão entre sinais e dados vindos de di-

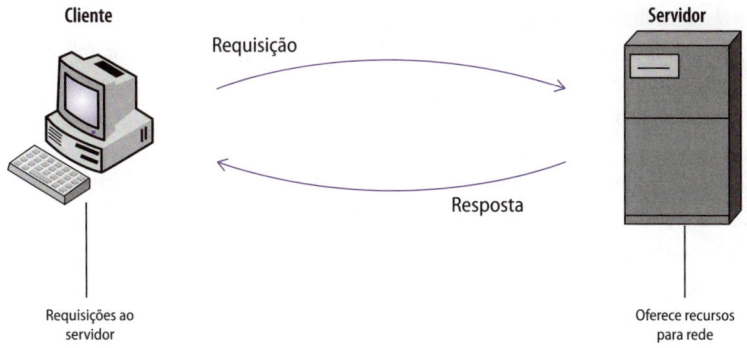

Figura 1.6 Representação básica de uma rede cliente-servidor.
Fonte: Dos autores.

ferentes computadores para a mesma porta. Ainda outro dispositivo importante que permite a comutação ou encaminhamento entre redes de computadores é chamado **Roteador** (encaminhador). Roteadores têm como característica principal a possibilidade de selecionar a melhor rota para encaminhar pacotes de dados enviados por um computador de uma rede para outro computador de outra rede (Figura 1.7).

As redes de computadores variam quanto a sua área de abrangência. Diferentes tipos de necessidades em diferentes contextos, ao longo do tempo, foram responsáveis pelo surgimento de redes com capacidade de interconectar computadores de localização próxima, distante e até remota, como:

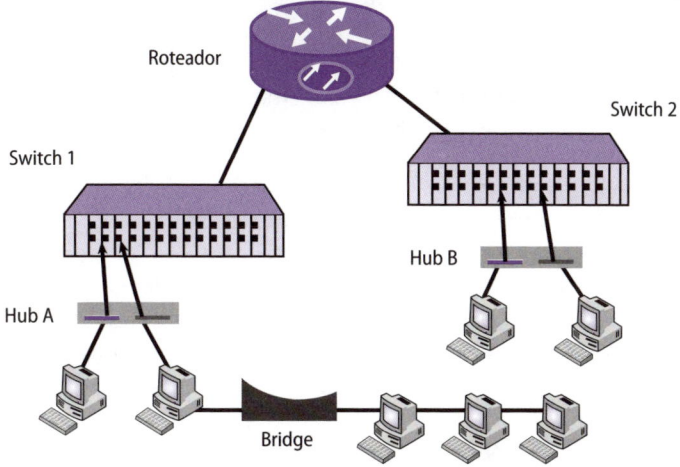

Figura 1.7 Representação de dispositivos para interconexão de computadores e redes.
Fonte: Dos autores.

- **LAN** (*Local Area Network*): rede de computadores locais que trocam informações e recursos entre si e atendem áreas reduzidas, como escritórios ou departamentos de empresas e edifícios próximos.
- **MAN** (*Metropolitan Area Network*): denominadas de redes metropolitanas, têm abrangência maior do que as LAN. Podem interligar vários computadores, os quais podem estar distantes um do outro por apenas algumas dezenas de quilômetros – esses computadores são normalmente usados para atender a área de um campus universitário ou até mesmo uma pequena cidade. Um exemplo são as redes das prestadoras de serviço de TV a cabo.
- **WAN** (*Wide Area Network*): rede de longa distância que compreende uma grande área geográfica. Pode surgir da necessidade de interligar duas LANs de uma empresa, em sua matriz e em sua filial, separadas por uma grande distância.
- **PAN** (*Personal Area Network*): muito comuns, são pequenas redes domésticas para conexão de recursos sem fio que usam a tecnologia Bluetooth para se comunicar, como telefones, laptops e consoles de jogos.

» **NO SITE**
Mais informações sobre as redes wireless podem ser encontradas no ambiente virtual de aprendizagem.

Uma rede sem fio (wireless) compreende a interligação de computadores e dispositivos móveis que utilizam o ar como meio de transmissão. A diferença principal das redes wireless (padrão IEEE 802.11) para as redes locais (padrão IEEE 802.3) é o uso de ondas do rádio como meio de transmissão, em vez do tradicional cabo azul. Existem outras classificações como WLAN (*Wireless Local Area Network*), WMAN (*Wireless Metropolitan Area Network*) e WWAN (*Wireless Wide Area Network*), que também implicam interconexão sem fio.

Em um contexto mais amplo temos a Internet, uma grande rede (na forma de teia) capaz de interligar milhões de outras redes e computadores em escala mundial. Podemos dizer que o grande responsável pela localização e comunicação dos computadores tem como base um protocolo de comunicação denominado TCP/IP (*Transfer Control Protocol/Internet Protocol*). O TCP/IP compreende um conjunto de outros protocolos que permitem, por exemplo, a identificação de cada computador na Internet através da sua identidade: o seu número IP.

Por outro lado, o protocolo TCP/IP permite também que dados sejam transmitidos de um endereço (computador) a outro. O modelo está baseado em quatro camadas (interface com a rede, Internet, transporte e aplicação) e fornece vários serviços da Internet que usamos diariamente. Esses serviços incluem a Web – parte multimídia da rede que nos proporciona a navegação entre páginas através de um navegador (browser) –, o e-mail (correio eletrônico), que permite o envio de mensagem para qualquer usuário cadastrado na rede, a transferência de arquivos através do FTP (*File Transfer Protocol*), que possibilita que se baixe (via download) arquivos de música e imagem da rede, entre outros.

A tecnologia da Internet é uma das que mais tem evoluído. Nos últimos anos, tivemos o surgimento do conceito da Web 2.0 que se caracteriza fundamentalmente pela colaboração, autoria e coletividade. Os usuários passam de meros "espectadores", ou consumidores de conteúdo, para autores da sua própria cultura, enviando e recebendo materiais pertencentes a diversas áreas do conhecimento e, sobretudo, desfrutando de lazer.

>> CURIOSIDADE

Redes sociais para compartilhamento de imagens, como o Flickr, de música, como o MySpace, e de vídeos, como o YouTube, são exemplos do potencial de crescimento dessa rede que influenciou definitivamente nossas vidas.

Um dos reflexos imediatos da influência da rede em nossa vida é um novo e vasto mercado cuja demanda para consumo de aplicativos e acesso a sites e para prestação de serviços e entretenimento tem aumentado enormemente. A Internet possibilita ao profissional da informática hoje não apenas trabalhar em uma grande empresa, mas também a possibilidade de desenvolver atividades em casa ou em qualquer lugar.

>> Agora é a sua vez!

1. Converta o número binário 10111011 para decimal.
2. Converta o decimal 82 para o sistema binário.
3. Defina o conceito de rede de computadores.
4. O que é HTTP e TCP/IP?
5. Cite e exemplifique os tipos de redes de computadores conforme a área de abrangência.

Fundamentos de programação: o que é preciso para ser um programador

Computadores são máquinas de propósito geral que não têm uma finalidade específica. Para realizar o processamento de dados e prover ferramentas úteis para o usuário, o computador deve ser programado, ou seja, o computador precisa ter uma sequência de comandos que faça ele realizar atividades úteis ou resolver um problema computacional. A seguir, veremos os conceitos envolvidos na criação e na execução de um programa, conhecimento necessário para se tornar um programador.

Programação: principais conceitos

Em nosso dia a dia, utilizamos diversos algoritmos, seja para preparar uma receita culinária, seja para realizar o caminho de casa para o trabalho, seja para programar a TV ou para fazer uma ligação no celular.

Um programa é um conjunto ordenado de instruções que pode ser executado por um computador. Esse programa pode ser escrito com o uso de uma linguagem de programação que, assim como o português, possui regras gramaticais, sintáticas e semânticas que possibilitam um computador executar as instruções contidas em um programa. Essas regras são muito importantes para escrever um programa, pois o computador é incapaz de compreender instruções incorretas, truncadas ou incompletas.

Compilação e interpretação

Conforme vimos neste capítulo, um computador é uma máquina capaz apenas de processar zeros e uns. Para executar um programa escrito em uma linguagem de programação é necessário convertê-lo para a linguagem da máquina. Para essa conversão existem basicamente três processos:

• **Compilação:** o programa é convertido em um novo arquivo que contém código binário que pode ser executado pelo computador. Vantagem: pode ser executado de maneira independente. Desvantagem: a conversão será específica para sistema operacional e plataforma do computador. Exemplo: linguagem C/C++.

- **Interpretação:** o programa é lido e executado no momento de seu uso, sem a necessidade de criar um novo arquivo. Vantagem: possibilidade de um mesmo programa ser executado em diferentes plataformas. Desvantagem: em geral, tem desempenho inferior ao programa compilado. Exemplo: PHP, HTML.
- **Híbrido:** o programa é convertido em um novo arquivo que contém código intermediário (byte-code) entre o programa-fonte e o código binário que pode ser interpretado. Vantagem: interpretação mais rápida, possibilidade de executar o mesmo byte-code em diferentes sistemas operacionais ou plataformas. Desvantagem: menor desempenho. Exemplo: JAVA.

Níveis das linguagens de programação

Costuma-se classificar as linguagens de programação em relação à sua proximidade com a linguagem natural humana. Quanto mais próxima é a linguagem de programação da linguagem humana, de mais alto nível é considerada. As linguagens mais próximas do código binário do computador são referidas como de baixo nível. Por exemplo:

- Assembly é o exemplo mais comum de linguagens de baixo nível.
- Pascal, Ruby, Pyton, Basic são exemplos de linguagens mais próximas à linguagem humana (no caso, o inglês), sendo, portanto, de mais alto nível.
- Entre as linguagens de nível médio poderíamos colocar a linguagem C e o JAVA.

Porém, tanto o nível da linguagem quanto o tipo de execução não estão relacionados à qualidade da linguagem de programação ou à qualidade dos programas feitos nessa linguagem. São ferramentas diferentes que devem ser usadas de acordo com a tarefa a cumprir.

≫ Como desenvolver um programa?

Um programa usualmente vai ter uma finalidade específica de automatizar algum processo ou resolver um problema. Por exemplo: em uma loja, cada item tem um preço. Como calcular o valor a ser cobrado por *n* itens de um produto? Para resolver isso sem o uso de um computador, podemos simplesmente multiplicar o preço unitário do produto pelo número de itens. E como podemos transportar essa solução para um programa ou linguagem de programação? Primeiramente, é interessante analisarmos como resolvemos este problema sem o uso de um computador, conforme esquema da Figura 1.8.

```
┌─────────────────────┐
│ Obter o valor unitário │
└──────────┬──────────┘
           ▼
┌─────────────────────┐
│  Obter a quantidade │
└──────────┬──────────┘
           ▼
┌─────────────────────┐
│  Calcular valor de  │
│ quantidade × valor unitário │
└──────────┬──────────┘
           ▼
┌─────────────────────┐
│ Exibir o resultado obtido │
└─────────────────────┘
```

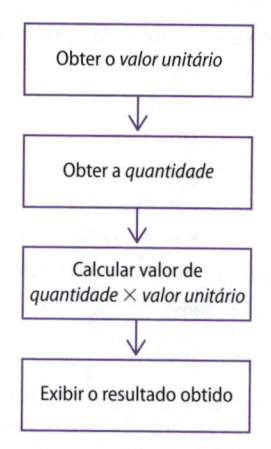

Figura 1.8 Calculando o valor a cobrar para *n* produtos.
Fonte: Dos autores.

Como obtemos o valor unitário e a quantidade de itens? Se estivéssemos fazendo um sistema para uma loja, usualmente essa informação estaria armazenada em um Banco de Dados, conforme poderemos ver no Capítulo 7. A quantidade de itens solicitada pelo cliente estaria em algum formulário de pedido preenchido pelo cliente. Mas, para iniciarmos de maneira mais simples nosso programa, iremos simplesmente supor que o usuário do nosso programa irá informar esses valores, conforme Figura 1.9.

Dessa forma, temos uma visão geral e bem definida de como resolvemos o problema. Este processo de *como resolver um problema* pode ser convertido em um algoritmo. Podemos então utilizar esse algoritmo como base para implementar a solução do problema em alguma linguagem de programação. No caso da linguagem C, poderíamos escrever um programa de computador com a forma apresentada na Figura 1.10.

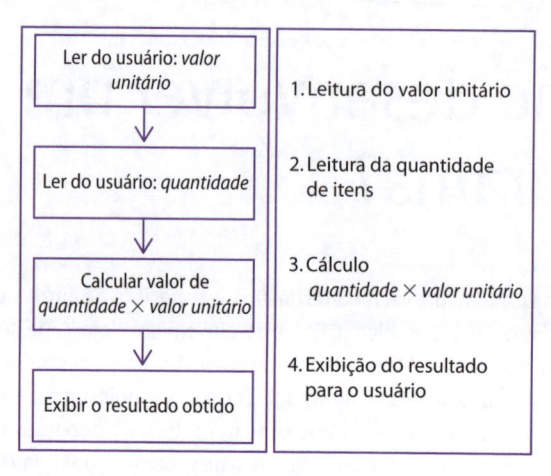

```
┌─────────────────────┐
│ Ler do usuário: valor │        1. Leitura do valor unitário
│      unitário       │
└──────────┬──────────┘
           ▼
┌─────────────────────┐         2. Leitura da quantidade
│ Ler do usuário: quantidade │        de itens
└──────────┬──────────┘
           ▼
┌─────────────────────┐         3. Cálculo
│  Calcular valor de  │            quantidade × valor unitário
│ quantidade × valor unitário │
└──────────┬──────────┘
           ▼                     4. Exibição do resultado
┌─────────────────────┐            para o usuário
│ Exibir o resultado obtido │
└─────────────────────┘
```

Figura 1.9 Fluxo do processo e algoritmo.
Fonte: Dos autores.

```c
#include <stdio.h>
void main() {
    int quantidade, valorUnitario, total;
    scanf("%d",valorUnitario);
    scanf("%d",quantidade);
    total = valorUnitario * quantidade;
    printf("%d", total);
}
```

Figura 1.10 Código-fonte em C.
Fonte: Dos autores.

Na Figura 1.10, temos um pequeno exemplo de como seria o programa escrito na linguagem C que faria a leitura do valor unitário e da quantidade, que realizaria o cálculo especificado e que exibiria o total. Dessa forma, vimos que, para fazer um programa de computador que resolve um problema ou automatiza um processo, temos que ter uma visão clara e bem definida de como resolveríamos o problema elaborando um algoritmo. Para tanto, podemos usar como ferramenta alguma notação gráfica (fluxograma) e especificar como resolver o problema utilizando nossa linguagem ou uma pseudolinguagem, conforme mostra a Figura 1.11 a seguir e conforme veremos nos Capítulos 2 e 3.

```
algoritmo valor_a_cobrar
variaveis
        valorunitário,quantidade,total:real
inicio
        escrever('Informe valor unitário:')
        ler(valorunitario)
        escrever('Informe quantidade:')
        ler(quantidade)
        total<- valorunitario*quantidade
        escrever('Total a pagar:',total)
(a)     fim
```

(b) Fluxograma:
- inicio
- 'Informe valor unitario:'
- valorunitario
- 'Informe quantidade:'
- quantidade
- total<-valorunitario * quantidade
- 'Total a pagar:',total
- fim

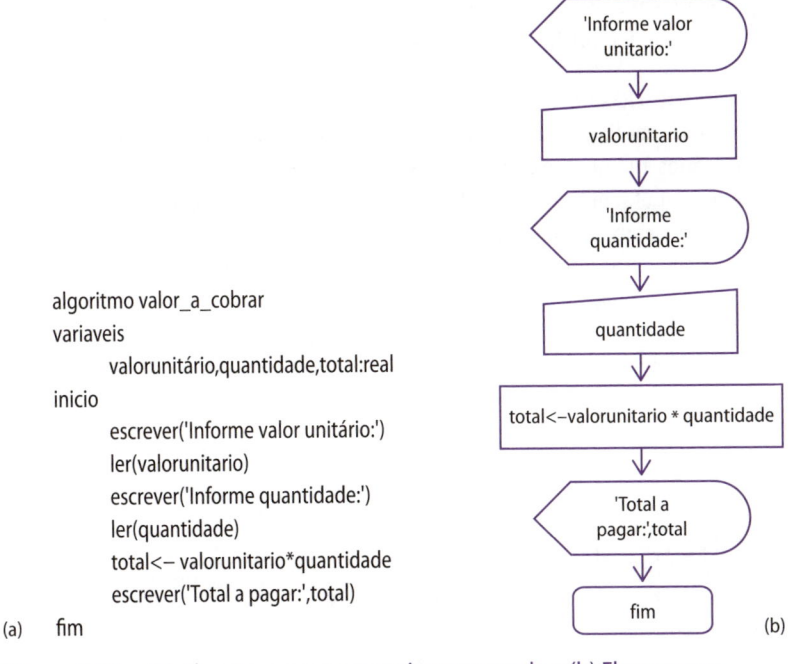

Figura 1.11 (a) Algoritmo em português estruturado e (b) Fluxograma.
Fonte: Dos autores.

» Critérios para um bom programa

Conforme vimos na seção anterior, um programa contém uma sequência de passos para resolver um problema, e podemos definir esses passos de infinitas maneiras. Porém, para fazermos bons programas e, por consequência, sermos bons programadores, é importante observarmos alguns critérios, como:

- Clareza
- Endentação[1]
- Comentários no código
- Modularidade

Clareza

Assim como no português, existem inúmeras maneiras de transmitir uma informação. Por isso, é importante que qualquer programador possa ler seu programa e compreender o que esse faz. Atualmente, os programas são partes de grandes sistemas programados por equipes de programadores. Dessa forma, é extremamente importante que seu código seja claro e fácil de entender para que sua equipe possa auxiliá-lo e utilizar os programas que você fizer.

Endentação

A endentação se refere à organização visual do código. Na língua portuguesa, utilizamos parágrafos, recuos, marcadores e numerações para facilitar o entendimento de um texto. Da mesma forma, a organização visual de um programa facilita seu entendimento e compreensão. Existem diversos padrões de endentação, o importante é utilizar um. Observe na Figura 1.12 um exemplo de código sem endentação.

Comentários no código

A maioria das linguagens de programação permite que o programador inclua comentários juntamente com as linhas de código. Esses comentários são ignorados pelo computador e são utilizados apenas para aumentar a clareza do código. São de extrema importância, especialmente em códigos mais complexos, e devem acrescentar uma informação, não apenas parafrasear as instruções.

Um comentário que acrescenta uma informação seria, por exemplo:

total=valorunitario * quantidade; /*calcula o total a pagar*/

```
#include <stdio.h>
int main(){int quantidade, valorUnitario,
total;scanf("%d",valorUnitario); scanf("%d",
quantidade);total=valorUnitario*quantidade;printf(
"%d", total);}
```

Figura 1.12 Código sem endentação.
Fonte: Dos autores.

---

[1] Em inglês, *indentation*, algumas vezes traduzido como indentação e identação.

Por outro lado, um comentário que parafraseia instruções seria, por exemplo:

total=valorunitario * quantidade; /*atribui a total o valor unitário vezes a quantidade*/

Modularidade

Manter o código claro e genérico, criar blocos de código com objetivos claros e bem definidos facilita o entendimento e possibilita fazer o reúso do mesmo código em outras situações. Além dessas características, é também de extrema importância que o programa funcione (sem erros) e que realize o processo ao qual foi proposto. Podemos listar alguns tipos de erros de um programa, como:

- Erros de sintaxe
- Erros semânticos
- Erros lógicos

Erros de sintaxe

Erros de sintaxe ocorrem quando o programa não está escrito de acordo com as regras da linguagem. Da mesma forma que no português, existem regras na formação de sentenças nas linguagens de programação. Por exemplo, na frase "Nóis vamos comprar pexe", algumas palavras estão escritas de forma incorreta ("Nóis" e "pexe"). No caso da linguagem de programação, o computador não é capaz de compreender comandos escritos incorretamente, truncados ou incompletos. Dessa forma, erros desse tipo impedem que o programa seja compilado ou executado. Apesar disso, o erro de sintaxe não é um erro grave, pois é facilmente identificado pelo compilador ou interpretador.

Outro erro comum de sintaxe seria o uso incorreto de **palavras reservadas**. Palavras reservadas são comandos que servem para executar instruções. Por exemplo, na linguagem C, a palavra *for* é uma palavra reservada para executar uma instrução ou bloco de instruções um determinado número de vezes. Cada linguagem possui suas próprias palavras reservadas, que não podem ser utilizadas como identificadores por serem reservadas para uso específico na linguagem.

Erros semânticos

Os erros semânticos estão associados ao significado no sequenciamento de comandos em um programa, que em seu conjunto pode estar incorreto. Entre os erros semânticos detectados pelo compilador, podemos citar:

- **Verificação de tipos:** ocorre quando há uso incorreto dos tipos. Por exemplo, a operação de resto de divisão só aceita números inteiros como operandos. Tentar usar números com valores fracionários é um erro.
- **Verificação de fluxo de controle:** ocorre quando há sequenciamento dos comandos de fluxo de programa como, por exemplo, break/continue fora de laços. Alguns comandos só fazem sentido se forem utilizados em conjunto com outros. Por exemplo, só faz sentido a existência de um 'senão' se este for precedido de uma condição 'se'.

- **Verificação de unicidade:** esse tipo de erro ocorre quando o programador tenta criar duas ou mais variáveis/constantes/funções dentro do mesmo contexto com o mesmo nome. Os identificadores devem ser únicos dentro de um mesmo escopo ou contexto.
- **Erro no uso de bibliotecas ou subprogramas:** esse erro ocorre quando o programa faz referência a códigos em bibliotecas ou subprogramas inexistentes ou quando contém referência incorreta ou incompleta.

Erros lógicos

Neste caso, o programa não faz o que deveria fazer. Este é o pior tipo de erro que um programa pode ter, pois pode ser difícil de ser detectado. Diferentemente dos casos anteriores, esse não será detectado automaticamente pelo compilador ou interpretador, uma vez que o programa funcionará. Por exemplo, imagine que um programador deseja criar um programa que imprima 10.000 folhas com uma mensagem. Porém, por um erro do programador, o programa escreve apenas 9.900 vezes. Como não houve erro na compilação nem na execução, o erro passou despercebido pelo programador, gerando transtornos quando foi posto em uso.

Terminei de escrever meu programa. Ele está pronto? Após terminar de escrever um programa, seu código deve ser testado para evitar que seja entregue com erros. É tarefa de um bom programador testar seu programa para garantir que funcione de maneira adequada dentro do que foi determinado. Seja trabalhando como um programador em uma grande equipe, seja em sua própria empresa, ao entregar um sistema é necessário que se garanta a sua *qualidade*, pois um programa com defeitos pode ocasionar grandes prejuízos.

Nesse sentido, imagine, por exemplo, um programa que calcula a soma de uma compra feita em uma loja virtual. Se calcular a menos, a loja terá prejuízos, se calcular a mais, os consumidores deixarão de comprar na loja. Imagine, então, sistemas mais críticos instalados em hospitais, usinas de energia, entre outros. É compromisso do programador testar antes o programa escrito.

> **» IMPORTANTE**
> É parte fundamental do processo de criação de sistemas computacionais o **teste dos programas** a fim de garantir que os programas executem sem falhas dentro das condições pré-estabelecidas.

» Como se tornar um bom programador?

Aprender programação não é uma tarefa difícil, mas é extremamente trabalhosa. Para programar bem, precisamos saber avaliar bem os problemas e analisar como a solução de cada problema pode ser decomposta em comandos de uma linguagem de programação. O processo de aprendizagem da programação exige que se pratique bastante, de diversas formas, seja programando, lendo programas prontos, testando os códigos, realizando melhorias e alterações em programas prontos.

Nessas atividades, ganha-se familiaridade com blocos de códigos que, combinados, nos permitem desenvolver sistemas grandes e complexos. Para tanto, não existem fórmulas mágicas. Não é possível, por exemplo, aprender a programar em 24 horas, 7 ou 21 dias, como podemos ver em títulos de livros.

APRENDA A PROGRAMAR EM 10 ANOS
Por que tanta pressa?

Em uma livraria, procure e encontrará livros do tipo *Como Aprender JAVA em 7 dias*, juntamente com inúmeras variações de como aprender Windows, Internet, Visual Basic em poucos dias ou horas. A conclusão é: todos estão em uma grande corrida para aprender sobre computadores e é incrivelmente fácil aprender a programar. Não há livros para aprender Beethoven, física quântica ou mesmo para aprender a tosar cães em poucos dias. Com isso, podemos concluir que programar mal é fácil, pode se aprender em 21 dias, mesmo se for um *dummy*.

Aprenda programação em 10 anos

Pesquisadores têm demonstrado que se leva cerca de 10 anos para desenvolver perícia em diversas áreas, como jogar xadrez, compor música, pintar, tocar piano, nadar, jogar tênis. O segredo é a prática. Não apenas repetir diversas vezes, mas desafiar-se com tarefas que estão além de sua capacidade atual, tentando, analisando seu desempenho durante e depois de fazê-la, corrigindo os erros encontrados e, finalmente, fazendo novamente. Parece não haver atalhos. Mesmo Mozart, que era um prodígio musical aos 4 anos, levou 13 anos para começar a compor música de primeira classe. Os Beatles tocavam em pequenos clubes desde 1957, mas só fizeram sua primeira grande aparição em 1964, e seu primeiro grande sucesso só ocorreu em 1967.

Então você quer ser programador

Aqui vai minha receita para ser um programador:

• Tenha interesse em programar e faça isso porque é divertido. Tenha certeza de que continuará sendo divertido ao ponto de você investir 10 anos ou 10 mil horas.

• Programe. O melhor aprendizado é a prática.

• Converse com programadores e leia outros programas.

• Trabalhe em projetos com outros programadores. Seja o melhor programador em alguns projetos, seja o pior em outros. Quando você for o melhor, teste sua habilidade para liderar um projeto e inspirar outros com sua visão. Quando você for o pior, aprenda o que os melhores fazem e o que eles não gostam de fazer (pois eles farão você fazer por eles).

• Trabalhe em projetos desenvolvidos por outros programadores. Entenda um programa escrito por outra pessoa. Veja o que é necessário para entender e consertá-lo quando os programadores originais não estão mais presentes. Avalie como projetar seus programas para tornar mais fácil para aqueles que manterão o programa depois de você.

• Lembre-se de que há um computador na programação de computadores. Entenda quanto tempo leva para executar uma instrução, buscar uma informação na memória, fazer leituras consecutivas do disco e gravar uma nova informação no disco.

Com tudo isso em mente, é questionável quão longe você pode chegar na programação apenas lendo livros em 24 horas. Mas vá em frente e compre aquele livro de Java/Ruby/Javascript/PHP, pois você provavelmente fará bom uso dele. Mas esse livro não irá mudar sua vida, ou sua habilidade como programador em 24 horas, dias ou mesmo semanas. O que você acha de trabalhar duro para continuamente melhorar em 24 meses? Assim, com certeza terá resultados.

*Texto traduzido e adaptado pelos autores deste livro de NORVIG, P. Teach yourself programming in ten yars. [s.l.:s.n], c 2001. Disponível em: <http://norvig.com/21-days.html>. Acesso em: 19 set. 2013.

Nesses livros, podemos aprender, nesse tempo, somente informações sobre uma determinada linguagem de programação e suas regras de sintaxe.

Porém, o aprendizado da programação exige mais tempo de prática, como podemos ver no ótimo texto de Peter Norvig que está na página 35 deste livro. Peter Norvig é famoso por seu livro *Inteligência Artificial*, sua atuação na NASA e por, hoje, ser o diretor de pesquisa no Google.

>> PARA SABER MAIS

Mais informações sobre Peter Norvig e o original completo do texto que está na página 35 estão disponíveis no ambiente virtual de aprendizagem (material em inglês).

Neste livro, apresentamos conceitos essenciais para iniciar a prática de programação. Nos Capítulos 4 e 5, são trabalhados algoritmos e sua formulação, fazendo uso do português estruturado e fluxogramas. O uso do português estruturado permite iniciar a pensar em como criar programas utilizando uma pseudolinguagem simplificada para começar. Além disso, trabalhamos fluxogramas, que permitem visualizar como deve ser o funcionamento geral de um programa ou subprograma.

Depois, iniciamos com a linguagem C, que, como já mencionamos, é uma linguagem de nível médio (nem tão próxima da linguagem humana, nem tão distante). Consideramos essa uma boa linguagem para iniciarmos a aprendizagem da programação, pois a partir dela você poderá aprender com mais facilidade uma linguagem de nível mais alto ou de nível mais baixo, sempre de acordo com sua necessidade.

>> Agora é a sua vez!

1. Tente descrever com suas próprias palavras seu trajeto de casa até o trabalho ou sua instituição de ensino. Escreva como se fossem instruções para outra pessoa.

    a. Inclua o maior número possível de detalhes como, por exemplo, onde atravessar a rua e onde desviar de obstáculos pelo caminho.

    b. Leia e revise quais instruções podem ter ambiguidade ou ser executadas incorretamente.

    c. Utilize suas instruções e verifique se elas o encaminharam corretamente para seu destino. Corrija eventuais erros.

    d. Peça para alguém testar essas instruções.

A informática e o mercado de trabalho

Estamos cada vez mais online. Fica difícil imaginar o dia a dia sem acesso à Internet, celular conectado, jogos online, posts, mensagens, compras e pagamentos online, busca no Google, etc. Por trás desse universo digital estão os profissionais de Tecnologia da Informação (TI).

O Brasil vive um momento de relativa estabilidade econômica e expansão tanto no mercado interno como no cenário internacional. Paradoxalmente, essa expansão econômica está aquém das possibilidades para grande parte das empresas brasileiras devido à falta de profissionais qualificados na área de TI. A demanda desses profissionais está ainda muito além da quantidade formada pelos cursos técnicos e superiores.

Além da migração das empresas para o mercado online, eventos importantes como a Copa do Mundo e os Jogos Olímpicos agravam ainda mais a carência desses profissionais. Essa necessidade pode ser facilmente comprovada ao se fazer uma busca em agências de empregos e currículos online por profissionais. Em termos salariais, há uma grande variedade de acordo com o nível do cargo. O interessante é que a grande maioria oferece bom nível de remuneração salarial. Os salários têm aumentado cerca de 20% nos últimos anos.

> **» DICA**
> Os egressos de cursos técnicos e superiores que conseguem obter e comprovar uma boa base de conhecimento já saem praticamente empregados, com salários bem negociados e com opção, inclusive, de escolher entre as boas ofertas.

> **» PARA SABER MAIS**
> Acesse o guia salarial de profissionais de TI no ambiente virtual de aprendizagem.

A informática é uma área muito ampla, possibilitando a formação de profissionais em diversas especialidades. Entretanto, é possível enumerar algumas delas, que se destacam devido à oferta de formação e à demanda do próprio mercado. Entre as subáreas mais procuradas, quatro figuram como as principais:

- Análise de sistemas
- Desenvolvimento de software (programação de computadores)
- Redes de computadores
- Sistemas para Internet

> **» DICA**
> O bom nível de remuneração salarial se atribui à elevada demanda de setores como indústria, serviços e mercado financeiro.

❯❯ Análise de sistemas

A subárea de análise de sistemas exige do profissional uma grande capacidade analítica para estudo de processos, com domínio de metodologias de desenvolvimento de sistemas e com habilidade para bem ouvir o usuário ou o cliente do sistema. O analista de sistemas trabalha como um tradutor entre as necessidades do usuário e o programa a ser desenvolvido pelo programador. O conhecimento da área de negócio na qual o sistema será desenvolvido é fundamental para possibilitar a implementação correta das regras de negócio.

❯❯ Desenvolvimento de software

A subárea de desenvolvimento de software visa à implementação de um sistema computacional. O profissional dessa área, um programador de computadores, deve ser um especialista em linguagens de programação e técnicas de programação de computadores. Deve possuir também embasamento em matemática, lógica de programação e algoritmos, o que permite a capacidade de produzir softwares eficientes e eficazes. Para tanto, o programador precisa conhecer modelos e especificações de softwares, que normalmente são produzidos pelo analista de sistemas, a fim de transformá-los em produto de software.

❯❯ Redes de computadores

A subárea de rede de computadores tem como objetivo a implementação da conexão entre computadores visando à troca de dados, bem como o compartilhamento de recursos de hardware e software. O profissional de redes deve possuir um senso de organização e um domínio de ferramentas e técnicas de gerenciamento de dispositivos interconectados. Ter habilidade em programação, nesse caso, também é necessário, da mesma forma que autonomia e disposição para a autoaprendizagem, pois ainda não há uma solidificação de metodologias ou algoritmos direcionados para as suas atividades.

❯❯ Sistemas para Internet

A subárea de sistemas para Internet trata de conhecimentos teóricos e práticos, incluindo atividades de planejamento e desenvolvimento de sistemas, interfaces, planejamento visual, animações e banco de dados com foco no ambiente da Internet. O profissional dessa área deve, portanto, desenvolver um perfil misto. O domínio da arquitetura da Internet para desenvolvimento de sistemas implica também conhecer razoavelmente as subáreas de redes de computadores e análise de sistemas para ser capaz de dimensionar e administrar corretamente uma infraestrutura Web, que vai desde uma pequena e estática página até um grande sistema dinâmico de comércio eletrônico, por exemplo.

Embora essas quatro áreas sejam as que mais se destacam em termos de mercado e trabalho, evidentemente há um universo de opções para os interessados em outras áreas da computação. O desenvolvimento de pesquisa científica, nesse contexto, é uma opção que abre inúmeras possibilidades para o pesquisador em computação, que busca remodelar e adaptar soluções através de novos métodos, bem como propor novas teorias, metodologias e modelos que podem integrar diversas outras áreas do conhecimento.

A instituição científica que coordena e regulamenta os aspectos ligados à pesquisa na área de ciência da computação no Brasil é a Sociedade Brasileira de Computação (SBC). A SBC reúne pesquisadores, professores, estudantes e profissionais que atuam em pesquisa científica, educação e desenvolvimento tecnológico na área genérica de computação. As diferentes áreas de pesquisa são divididas pela SBC em comissões especiais, que reúnem associados com interesses comuns em determinadas subáreas da computação. São elas:

- Arquitetura de computadores e processamento de alto desempenho
- Banco de dados
- Biologia computacional
- Computação aplicada à saúde
- Computação gráfica e processamento de imagens
- Computação musical
- Concepção de circuitos e sistemas integrados
- Engenharia de software
- Geoinformática
- Informática na educação
- Interação humana e computador
- Inteligência artificial
- Jogos e entretenimento
- Linguagens de programação
- Métodos formais
- Processamento de linguagem natural
- Realidade virtual
- Redes de computadores e sistemas distribuídos
- Redes neurais
- Robótica
- Segurança de informação e de sistemas computacionais
- Sistemas colaborativos
- Sistemas multimídia e Web
- Sistemas tolerantes a falhas
- Sistemas de informação

>> NO SITE
Para conhecer as áreas de pesquisa existentes na SBC, veja, no ambiente virtual de aprendizagem, as comissões especiais.

>> DICA
Além do conhecimento técnico e científico, outros aspectos são essenciais para o ingresso do profissional no mercado de trabalho. Esses aspectos se referem a questões comportamentais e de personalidade que, caso sejam ignoradas, de nada adiantará o brilhantismo e o elevado nível técnico do profissional.

Algumas características são importantes e desejáveis em um bom profissional de TI. São elas: liderança, capacidade de comunicação, proatividade, flexibilidade, domínio da língua inglesa, disponibilidade e interesse.

A liderança, por exemplo, é uma característica importante no contexto atual. Proporciona a capacidade de fazer a sua empresa entender que o caminho passa pela tecnologia e que a falta de investimentos em TI poderá impactar fortemente nos resultados. Por outro lado, a liderança implica também na capacidade de perceber eventuais deficiências e propor treinamentos de sua equipe para supri-las.

A capacidade de comunicação compreende uma das etapas para a formação do líder. Comunicação é um fator importante para a maioria das carreiras. O profissional com habilidade em ouvir, sintetizar ideias e se expressar de maneira clara, objetiva e cordial está em grande vantagem. Reuniões, apresentações e negociações com clientes são oportunidades comuns de negócio na rotina da área de TI. Um exemplo está na capacidade do profissional substituir jargões técnicos por uma linguagem mais simples a fim de facilitar a comunicação com pessoas de outras áreas.

A atualização constante deve ser um hábito. O mundo da TI se caracteriza por intensa dinamicidade. É um mundo em que acontecem mudanças e evoluções de modelos e tecnologias com muita frequência. Estar atualizado significa proporcionar a si mesmo um amplo crescimento pessoal e profissional no ambiente de trabalho. Dominar outras linguagens, conhecer outras áreas e acompanhar as novidades são qualidades extremamente saudáveis e garantem sua sobrevida no mercado de TI.

A proatividade é uma qualidade do profissional que busca espontaneamente por mudanças em seu ambiente de trabalho. O resultado desse tipo de comportamento se reflete em solução e antecipação de problemas. A proatividade é determinante para mudar de uma filosofia de trabalho caracterizada como corretiva para outra denominada preventiva. A corretiva está normalmente relacionada com a falta de planejamento, preocupação com o negócio, conhecimento de boas práticas, preocupação com o usuário e liderança. Já a preventiva requer a antecipação e proatividade, que se caracterizam pela busca ativa por oportunidades de mudança, planejamento e execução das ideias.

A flexibilidade e a capacidade de trabalhar com elevado nível de exigência, em determinados momentos, auxiliam sobremaneira no desempenho e obtenção das metas do profissional de TI. Lidar com vários projetos grandes e complexos com prazos cada vez menores e enfrentar o acúmulo de funções são algumas das situações. Em alguns casos que exigem flexibilidade essa pressão pode ser encarada como um fator motivador para que o profissional não se acomode.

O domínio da língua inglesa, embora seja um aspecto técnico, complementa positivamente o perfil profissional. Muitas boas vagas do mercado têm esse aspecto como condição fundamental, sem a qual o candidato não consegue a vaga. O profissional proativo precisa saber inglês, pois a busca por soluções de problemas passa, muitas vezes, pela leitura de fóruns na Internet, onde a grande maioria das comunidades escreve e produz seus materiais em língua inglesa.

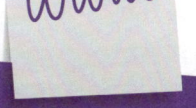

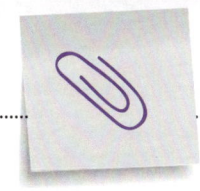

A disponibilidade e o interesse para colaborar e compartilhar são fundamentais para manter o bom ambiente de trabalho. A colaboração é uma atividade social que, no contexto de trabalho, pode contribuir para você ter a parceria de colegas em projetos futuros. Além disso, as relações informais tornam o networking (rede de relacionamento) mais forte, podendo abrir novas oportunidades de emprego.

> **» NO SITE**
> Acesse o ambiente virtual de aprendizagem para fazer as atividades relacionadas ao que foi discutido neste capítulo.

» RESUMO

Este capítulo apresentou os principais conceitos da Informática para proporcionar o primeiro contato do leitor com o mundo dos computadores. Para tanto, apontamos os principais acontecimentos da história dos computadores e suas características relativas à época. O estudo da evolução dos primeiros computadores ajuda a entender a função dos seus principais componentes e o funcionamento do hardware e software atuais, cujos tipos diferentes foram apresentados.

Computadores atuais são fabricados para serem conectados em rede, visando acesso de recursos e uso de serviços compartilhados. O conhecimento dos conceitos básicos de redes de computadores somados aos fundamentos da programação de software apresentados neste capítulo formam a base indispensável e necessária ao programador.

Por fim, apresentamos características sobre o mercado de trabalho e sobre o perfil dos profissionais de informática.

No próximo capítulo o leitor será apresentado a uma forma sistemática de pensar a resolução de problemas a fim de informar ao computador maneiras precisas para resolvê-los. É o primeiro e importante passo em direção à programação de computadores.

REFERÊNCIAS

NORVIG, P. *Teach yourself programming in ten years*. [S.l.: s.n.], c2001. Disponível em: <http://norvig.com/21-days.html>. Acesso em: 19 set. 2013.

THE UNIVERSITY AUCKLAND. *Computing history displays*: fifth floor: Harvard Mark 1. New Zealand: The University of Auckland, [20--?]. Disponível em: <http://www.cs.auckland.ac.nz/historydisplays/FifthFloor/LogicAndSwitching/HarvardMark1/HarvardMark1A.jpg>. Acesso em: 15 set. 2013.

VIZION. *Eniac*: o primeiro computador inteiramente eletrônico. [S.l.]: VZN, 2012. Disponível em: <http://vizionbr.com.br/blog/wp-content/uploads/2012/02/eniac.jpg>. Acesso em: 15 set. 2013.

WIKIPEDIA. *Ficheiro*: personal computer, exploded.svg. [S.l.]: Wikipedia, [2006]. Disponível em: <http://pt.wikipedia.org/wiki/Ficheiro:Personal_computer,_exploded.svg>. Acesso em: 15 set. 2013.

LEITURAS RECOMENDADAS

FORBELONE, A. L. V.; EBERSPÄCHER, H. F. *Lógica de programação*: a construção de algoritmos e estruturas de dados. 3. ed. São Paulo: Pearson, 2005.

NORTON, P. *Introdução a informática*. São Paulo: Makron, 1997.

SHELLY, G. B.; VERMAAT, M. E. *Discovering computers 2011*: living in a digital world, complete. Boston: Cengage, 2011.

TORRES, G. *Montagem de micros*: para autodidatas, estudantes e técnicos. Rio de Janeiro: Nova Terra, 2010.

Tanisi Pereira de Carvalho
Fabrícia Py Tortelli Noronha
Fabio Yoshimitsu Okuyama

capítulo 2

Algoritmos I

Computadores são máquinas que realizam um grande número de operações. Porém, eles não resolvem problemas sozinhos. Se quisermos que um computador resolva um problema ou automatize um processo, é necessário programar o computador para que ele entenda o que fazer. Mas, antes de escrever um programa, nós mesmos precisamos organizar passos para resolver esse problema de maneira que o computador possa executá-los. Para auxiliar nesse processo, desenvolvemos algoritmos – assunto que trataremos especificamente neste capítulo.

Objetivos deste capítulo

» Entender o que é algoritmo, seus principais conceitos e sua utilização.

» Ter uma visão geral sobre as diferentes formas de construção de algoritmo.

» Identificar os diferentes comandos utilizados dentro da estrutura de um algoritmo.

» Construir algoritmos sequenciais e de seleção em português estruturado e fluxograma.

» Identificar diferentes soluções para um mesmo problema.

❯❯ O que é algoritmo?

Como vimos, antes de escrever um programa para resolver um problema, por exemplo, precisamos organizar os passos para que o computador possa solucionar os problemas. Esses passos consistem em uma sequência de instruções bem definidas destinadas à realização de uma tarefa pelo computador. Portanto, podemos dizer que um **algoritmo** é um conjunto de ações ordenadas com a finalidade de chegar à solução de um problema.

> ❯❯ **DEFINIÇÃO**
> Segundo o Dicionário Aurélio, **algoritmo** é um conjunto de regras e operações bem definidas e ordenadas, destinadas à solução de um problema ou de uma classe de problemas, em um número finito de etapas.

Tipos de algoritmos

Os algoritmos podem ser classificados em **algoritmos naturais** e **algoritmos computacionais**. Algoritmo natural é um conjunto de passos necessários para realizar determinadas ações em nosso dia a dia, embora nem sempre percebamos as regras que existem por trás de cada passo dado. Vejamos, por exemplo, os passos para preparar um café:

- Pegar a xícara.
- Colocar o leite na xícara.
- Colocar a xícara com o leite no micro-ondas.
- Digitar o tempo necessário para esquentar o leite.
- Retirar a xícara com o leite do micro-ondas.
- Colocar a xícara na mesa.

Um algoritmo natural pode ser desenvolvido de diversas formas e chegar à mesma solução. Podem existir vários algoritmos para solucionar um mesmo problema. Já o algoritmo computacional requer um detalhamento mais próximo da linguagem computacional, ou seja, obedece a normas de sintaxe e semântica, de modo que as ações representem comandos.

❯❯ Formas de representação de um algoritmo

Podemos representar um algoritmo de diferentes formas. A forma de representação pode ser escolhida de acordo com o problema ou com quem fará uso da representação. Neste capítulo, usaremos as formas mais comuns de representação de um algoritmo. São elas: o fluxograma e o português estruturado, também conhecido como portugol. A Figura 2.1 apresenta as duas formas de representação de um algoritmo (fluxograma e português estruturado) e o código de um programa escrito na linguagem C.

Fluxograma

inicio
↓
'Informe dois valores'
↓
valor1, valor2
↓
soma<-valor1+valor2
↓
'Soma=', soma
↓
fim

Português estruturado

algoritmo soma_valores
variaveis valor1, valor2,
              soma:inteiro
inicio
 escrever ('Informe dois valores')
 ler (valor1, valor2)
 soma=valor1+valor2
 escrever('Soma=', soma)
fim

Programa — Linguagem C

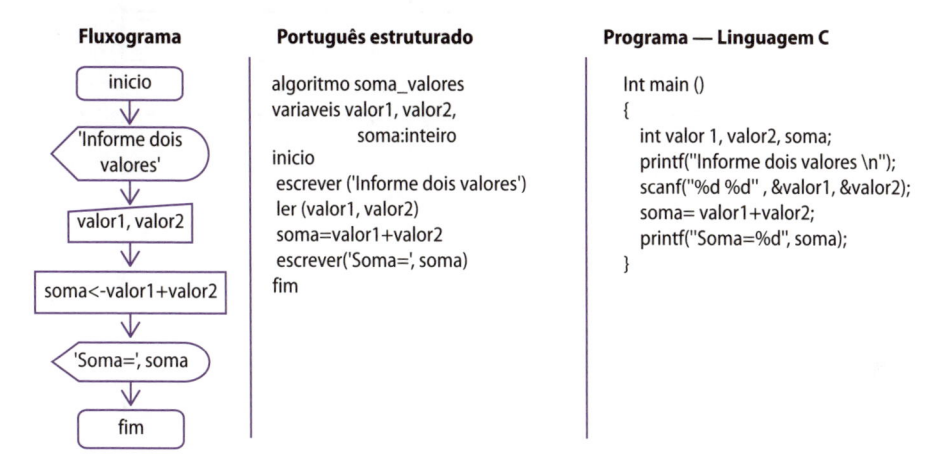

```
Int main ()
{
   int valor 1, valor2, soma;
   printf("Informe dois valores \n");
   scanf("%d %d" , &valor1, &valor2);
   soma= valor1+valor2;
   printf("Soma=%d", soma);
}
```

Figura 2.1   Fluxograma, algoritmo, programa.
Fonte: Dos autores.

» Fluxograma

O fluxograma é uma representação gráfica que pode auxiliar tanto no processo de concepção de um programa quanto no de entendimento de como funciona um programa. Por exemplo, um fluxograma seria uma forma mais amigável para apresentar um sistema para um cliente seu que não é programador. Porém, o fluxograma não é um desenho livre. Ele também possui regras para sua elaboração.

Na elaboração de um fluxograma, temos um conjunto de figuras geométricas utilizadas para representar os comandos de um algoritmo. Cada forma dentro do fluxograma representa um processo envolvido, ou seja, uma ação que deve ser executada dentro do algoritmo. O Quadro 2.1 ilustra os símbolos mais utilizados para a construção de algoritmos e seus significados.

» Português estruturado ou portugol

A língua portuguesa é bastante rica e possui formas e construções linguísticas que não podem ser traduzidas para uma linguagem de programação, que é uma linguagem mais limitada. Por isso, fazemos uso de um subconjunto do português, chamado português estruturado. Português estruturado ou portugol é um pseudocódigo escrito em português através de instruções que podem ser entendidas por qualquer programador, independente de conhecimento prévio de alguma lin-

Quadro 2.1 » Principais símbolos do fluxograma

Símbolo	Significado
	Início e fim do fluxograma
	Comando de atribuição
	Entrada de dados
	Saída de dados
	Decisão
→	Seta de fluxo de controle
○	Conector de linhas de fluxo
	Comentário
	Conector de fluxo em outra página

Fonte: Dos autores.

guagem de programação. A seguir, é possível ver as duas formas de representação de algoritmos: português estruturado e fluxograma.

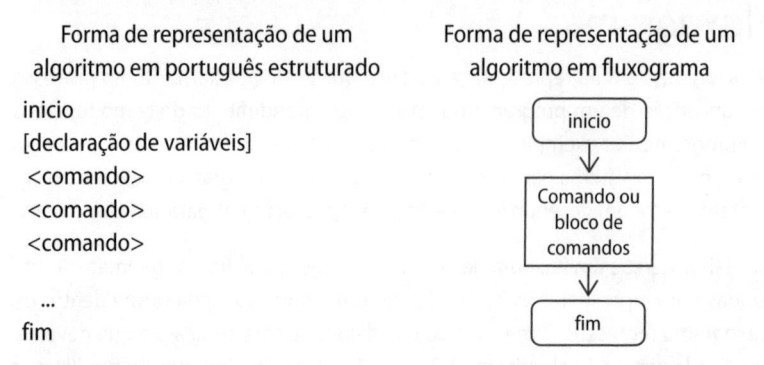

Forma de representação de um algoritmo em português estruturado

inicio
[declaração de variáveis]
 <comando>
 <comando>
 <comando>

 ...
fim

Forma de representação de um algoritmo em fluxograma

inicio → Comando ou bloco de comandos → fim

Um algoritmo em português estruturado começa com a palavra **algoritmo** seguida pelo nome do algoritmo. A seguir, vem a seção de declaração de variáveis e constantes. Não é obrigatório que um algoritmo tenha variáveis ou constantes, mas vamos descobrir que as variáveis são elementos fundamentais e necessários na construção de algoritmos. O bloco de comandos do algoritmo é delimitado pelas palavras **inicio** e **fim**.

No algoritmo representado por fluxograma, o nome e a seção de declaração de variáveis e constantes não são utilizados, pois o fluxograma começa com a forma geométrica que representa o início e termina com a mesma forma que também representa o fim do comando ou bloco de comandos.

Identificadores
Identificadores são nomes dados a variáveis, constantes, entre outras, e devem seguir as seguintes regras:

- Deve iniciar por letra (a...z, A...Z).
- Pode ser seguido por letras ou números ou ainda por underscore (_). Nenhum outro caractere especial pode ser utilizado. Exemplos de caracteres especiais: espaço em branco, %,@,#.
- Não pode ser uma palavra reservada, ou seja, palavra utilizada pelo pseudocódigo como, por exemplo: inicio, fim, se, enquanto, etc.
- Não existe distinção para maiúsculas e minúsculas. Os nomes Salario, SALARIO e salario são equivalentes. Exemplos de identificadores não válidos: valor total, 6andar, p%.
- Não deve ser usado acento nos identificadores.

Variáveis
Imagine que você tirou 10 em uma prova e 9 em uma segunda prova. Se a média final é dada pela média aritmética, somamos 10 e 9 e dividimos por 2, e então sua média será 9,5. Assim, resolvemos o cálculo da média para uma situação específica. Para resolver vários problemas, precisamos generalizar essa resolução, somando a primeira nota com a segunda e dividindo por 2. Nesse caso, percebemos que tanto a primeira nota quanto a segunda nota são os elementos que irão variar para cada aluno no cálculo de sua média.

Para representar esses termos, usamos as variáveis. As variáveis são elementos muito importantes na construção de algoritmos e programas, pois sua função é armazenar informações. Cada variável tem um nome, que deve seguir a regra de formação de identificadores, e um conteúdo. Esse conteúdo pode ser alterado ao longo da execução do algoritmo.

> **» DICA**
> **Dê nomes significativos para as variáveis e constantes!** Quando der um nome para uma variável ou constante, dê um nome que seja significativo e o ajude a saber o que está contido na variável e qual sua função no algoritmo. Saber para que é usada uma variável é uma informação importante que deve ser divulgada de todas as formas principalmente quando trabalhar em equipes de programação. Se uma variável vai armazenar a média, por exemplo, então deve-se escolher **media** como nome da variável, e não **numero**, pois **media** é mais significativo.

Tipos de dados
Uma variável deve ter um nome e um tipo. O tipo de dado determina o conjunto de valores que uma variável pode armazenar. Alguns tipos de dados são mostrados no Quadro 2.2.

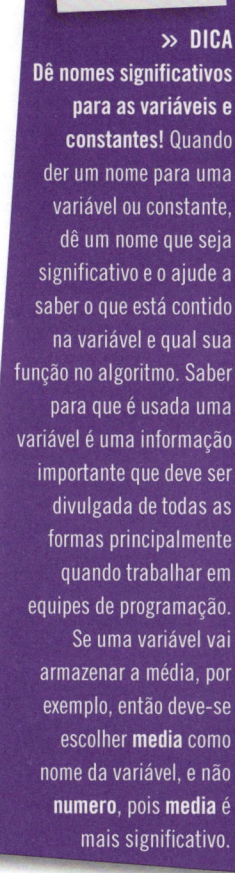

Quadro 2.2 » Tipos de dados

Tipo	Descrição	Exemplo
Inteiro	Valor numérico sem ponto decimal	23, 89, -10, 0, 450
Real	Valor numérico com ponto decimal	23.7, 45.8, 34.3, 20.0
Caracter	Um ou mais caracteres, que podem ser letras, números ou caracteres especiais	ana, joão, "romeu e julieta", rh@hotmail.com
Lógico	Valor lógico	verdadeiro ou falso

Fonte: Dos autores.

Declaração de constantes

Alguns valores, apesar de variáveis, podem ser fixos para uma execução do algoritmo. Por exemplo, o valor dos impostos que, para um determinado algoritmo é sempre de 15%, pode ter seu valor alterado por uma nova lei. Caso o valor 15% tenha sido inserido diretamente no programa, haverá a necessidade de alterar diversos pontos do programa para atualizá-lo, dificultando a sua manutenção. Caso o valor seja inserido como uma variável, existe o risco de alguém, inadvertidamente, alterar seu valor, ocasionando erros difíceis de serem encontrados.

Para essas situações podemos fazer uso das constantes. Constantes são valores que não se alteram ao longo da execução do algoritmo, e devem ser declaradas na seção específica de declaração de constantes. Essa seção de declaração de constates começa com a palavra **constantes** e, em seguida, são declaradas todas as constantes utilizadas no algoritmo seguindo o formato:

Constantes
  <identificador>=<valor>
  <identificador>=<valor>

Observe um exemplo:
Constantes
 PI=3.14
 imposto=0.15

A declaração de constantes tem dois benefícios: a clareza do código e a manutenção do código.

Clareza do código: como o valor é associado a um nome na seção de declaração de constantes, esse nome será utilizado nas expressões e comandos do algoritmo. Por exemplo: o valor 0.15 pode não ter significado em uma expressão aritmética, mas a utilização do identificador **imposto** indica que 0.15 equivale ao valor dos impostos.

» EXEMPLO

Imagine que, em uma fábrica, o custo final do produto é o custo de fábrica (custo_fabrica) mais o valor dos impostos sobre o custo de fábrica. Então temos:

custo_final=custo_fabrica+imposto*custo_fabrica

Para descobrir qual é o valor dos impostos basta verificar o valor ao qual o identificador **imposto** está associado na seção de declaração de constantes. A utilização do nome **imposto** tem mais significado do que a utilização do valor 0.15.

Manutenção do código: se o valor é utilizado em vários pontos do algoritmo e tiver que ser alterado pelo programador, é necessário identificar onde as alterações devem ser realizadas. Se este valor for associado a um identificador e utilizado no algoritmo, é necessário fazer apenas uma alteração na seção de declaração de constantes.

Declaração de variáveis

A seção de declaração de variáveis começa com a palavra **variaveis** e, em seguida, são declaradas todas as variáveis utilizadas no algoritmo. Além do nome da variável, é necessário definir o seu tipo. Por exemplo, se a variável vai armazenar números com ponto decimal, então seu tipo deve ser real.

A declaração de variáveis em um algoritmo segue o seguinte formato:

```
variaveis
 <identificador [,identificador...]>: <tipo>
 <identificador [,identificador...]>: <tipo>
 <identificador [,identificador...]>: <tipo>
```

Exemplo de declaração de variáveis:

```
variaveis
 idade: inteiro
 media, salario: real
 nome: caracter
```

Variáveis do mesmo tipo podem ser declaradas uma ao lado da outra separadas por vírgulas como, por exemplo:

```
 media, salario: real
```

Comando de atribuição

O comando de atribuição é utilizado para atribuir um valor a uma variável. A seguir, é possível visualizar como o comando de atribuição aparece no portugol e em um fluxograma:

```
variável<-variável,valor ou expressão
```

Comando de atribuição no portugol

Forma geométrica do comando de atribuição no fluxograma

<variável> <- <variável,valor,expressão>

O valor atribuído a uma variável deve ser do mesmo tipo definido para essa variável na seção de declaração de variáveis. Para atribuir uma cadeia de caracteres a uma variável deve-se utilizar aspas simples, conforme mostra o exemplo a seguir:

```
variaveis                  exemplo1:
 quantidade:inteiro          preco<-3000+0.2*100
 produto,nome:caracter       produto<-'mouse'
 preco:real                  quantidade <-20
```

Depois da execução dos comandos anteriores, a variável **preco** terá o valor "3020", a variável **produto** terá a cadeia de caracteres "mouse" e a variável **quantidade** terá o valor "20".

» EXEMPLO

Observe a seguinte variável:

nome<-produto

Qual será o conteúdo da variável **nome** após a execução do comando do exemplo anterior? A resposta é **mouse**, pois a variável **nome** "recebe" o conteúdo da variável **produto**.

Observe agora:

nome <-'produto'

Depois da execução desse comando de atribuição, a variável **nome** tem a palavra **produto** como conteúdo. Como produto está entre aspas, o que está sendo atribuído à variável **nome** é uma cadeia de caracteres, e não o conteúdo de uma variável.

Operadores matemáticos

No desenvolvimento de algoritmo, é comum utilizarmos expressões matemáticas para a resolução de cálculos. A Tabela 2.1 indica os operadores mais utilizados.

Tabela 2.1 » **Operadores matemáticos**

Operação	Operador
Subtração	−
Adição	+
Multiplicação	*
Divisão	/
Potenciação	^, **
Divisão inteira	Div
Resto da divisão	Mod

Fonte: Dos autores.

Linearização de expressões ou fórmulas

Na execução de cálculos em algoritmos, as expressões aritméticas devem ser linearizadas, ou seja, escritas em linha. Deve ser feito também o mapeamento das operadoras da aritmética tradicional para o português estruturado, conforme Tabela 2.2. As expressões dentro dos parênteses têm prioridade em relação as que estão fora. Quando há mais de um nível de parênteses é sempre resolvido o parênteses mais interno até o mais externo.

Tabela 2.2 » **Linearização de expressões**

Aritmética tradicional	Forma computacional
x= {43*[55−(30+2)]} / 2	x←(43/2*(55−(30+2)))
area = b*h / 2	area ←(b*h)/2

Fonte: Dos autores.

Comando de entrada

O comando **ler** permite que as informações digitadas no teclado sejam armazenadas nas variáveis do algoritmo.

A seguir é possível ver como esse comando aparece em portugol e em fluxograma:

Comando **ler** em portugol

ler(<variavel,...,variavel>)

Forma geométrica do comando **ler** no fluxograma

Exemplo do comando **ler**
ler(nome,endereco)
ler(salario)

variavel,... ,variavel

Comando de saída

O comando **escrever** é utilizado para apresentar mensagens, conteúdo de variáveis ou resultado de expressões na tela do computador e pode ser escrito da seguinte forma:

Comando **escrever** em portugol

escrever(<mensagem,variavel,expressao>)

Forma geométrica do comando **escrever** no fluxograma

mensagem, variavel ou expressao

Exemplo do comando **escrever**
escrever('Informe um valor:')
escrever('Resultado:', resultado)

mensagem, variavel ou expressao

O primeiro comando **escrever** apresenta na tela a mensagem **Informe um valor**: o segundo apresenta a mensagem **Resultado:** e o conteúdo da variável **resultado**. No fluxograma, o comando de saída pode ser representado por duas formas geométricas: a primeira representa a saída em tela e a segunda, a saída para a impressora. Pode-se utilizar, em um único comando **escrever**, mensagens, variáveis e expressões em qualquer ordem separadas por vírgula. Por exemplo: considere as variáveis **valor1** e **valor2** com os valores 2 e 3 respectivamente. Deseja-se apresentar na tela: 2 x 3 = 6. O comando **escrever** para essa operação é apresentado a seguir:

escrever (valor1,'X',valor2,'=',valor1*valor2)

Esse comando imprime na tela as seguintes informações:

valor1: conteúdo da variável valor1.
'X': como X está entre aspas, significa que é uma mensagem e, portanto, será apresentado na tela o caracter X.
valor2: conteúdo da variável valor2.
'=': caracter =.
valor1*valor2: resultado da expressão. Conteúdo da variável valor1 multiplicado pelo conteúdo da variável valor2. Neste exemplo será apresentado o valor 6.

Teste de mesa

Após escrever o seu algoritmo, é fundamental testá-lo para ver se funciona corretamente antes de considerá-lo pronto. O teste de mesa é a execução passo a passo do algoritmo como se ele fosse executado no computador. O teste de mesa é um recurso importante na construção e aprendizado de algoritmos e possui as seguintes características:

- Facilita o entendimento do fluxo de execução do algoritmo.
- Permite identificar erros lógicos na construção do algoritmo.
- Possibilita a verificação da evolução do conteúdo das variáveis.

Para a realização do teste de mesa todas as variáveis declaradas no algoritmo devem ser colocadas lado a lado, separadas por um traço vertical. À medida que o teste de mesa vai sendo realizado e o conteúdo das variáveis vai sendo alterado, o valor anterior deve ser riscado. Isso significa que a variável agora tem um novo conteúdo. A Figura 2.2 mostra um exemplo de teste de mesa.

nota1	nota2	media	cont
~~5~~	~~0~~	~~1~~	~~1~~
~~7~~	~~0~~	~~3,5~~	~~2~~
9	3	6	3

Figura 2.2 Exemplo de teste de mesa.
Fonte: Dos autores.

» Algoritmo sequencial

Em um algoritmo sequencial, os comandos são executados na sequência em que aparecem. Cada comando é executado após o término do anterior sem omissões nem repetições. Basicamente, é composto de comandos de:

- Atribuição
- Entrada
- Saída de dados

Suponha um algoritmo sequencial que calcule a média de um aluno tendo como dados de entrada duas notas. Antes de desenvolver o algoritmo em português estruturado, poderia ser escrito o rascunho do algoritmo. O rascunho do algoritmo é uma descrição em linguagem natural das ações que devem ser executadas no algoritmo, sem uma preocupação com comandos ou sintaxe. Assim, o rascunho para o algoritmo apresentado anteriormente é:

Pedir as duas notas
Calcular a média
Mostrar a média na tela

O algoritmo é:

1	Algoritmo calcula_media
2	variaveis nota1, nota2, media:real
3	inicio
4	escrever('Informe as duas notas')
5	ler(nota1,nota2)
6	media<-(nota1+nota2)/2
7	escrever('Média=', media)
8	fim

Algoritmo 2.1: Cálculo da média.
Fonte: Dos autores.

O comando da linha 7 somente será executado após a execução do comando da linha 6, e o comando da linha 6 após o comando da linha 5, e assim por diante.

O algoritmo, representado em fluxograma, fica da seguinte forma:

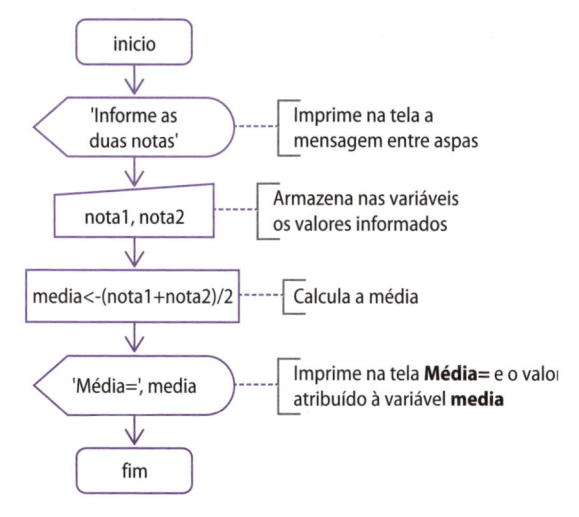

```
          inicio
            │
            ▼
     ┌──────────────┐
     │ 'Informe as  │------ Imprime na tela a
     │ duas notas'  │       mensagem entre aspas
     └──────────────┘
            │
            ▼
     ┌──────────────┐
     │ nota1, nota2 │------ Armazena nas variáveis
     └──────────────┘       os valores informados
            │
            ▼
 ┌────────────────────┐
 │media<-(nota1+nota2)/2│---- Calcula a média
 └────────────────────┘
            │
            ▼
     ┌──────────────┐       Imprime na tela **Média=** e o valor
     │ 'Média=',media│------ atribuído à variável **media**
     └──────────────┘
            │
            ▼
           fim
```

Fluxograma 2.1: Cálculo da média.
Fonte: Dos autores.

>> Agora é a sua vez!

1. Escreva um algoritmo que leia dois valores numéricos e calcule a multiplicação entre eles. Mostre o resultado.

2. Um comerciante precisa calcular o total devido pelo cliente, tendo como dados de entrada o preço do produto e a quantidade. Faça um algoritmo que mostre o valor devido pelo cliente.

3. Faça um algoritmo que leia as três notas de um aluno e calcule a média ponderada. As notas têm respectivamente os pesos: 1, 2 e 3. Mostre a média calculada.

4. A Joalheria Silva está fazendo aniversário e resolveu premiar o primeiro cliente do dia devolvendo a ele o valor da compra ao quadrado. Faça um algoritmo que leia o valor gasto pelo cliente e eleve-o ao quadrado.

5. Escreva um algoritmo que mostre na tela a idade de uma pessoa, tendo como dados de entrada o ano de nascimento e o ano atual.

6. Um motorista deseja calcular, através de um algoritmo, o consumo médio do seu automóvel fornecendo a distância percorrida e o total de combustível gasto. Mostre o consumo médio do automóvel.

7. Elabore um algoritmo que leia dois valores para as variáveis x e y e efetue a troca dos valores de forma que a variável x passe a ter o valor da variável y e a variável y, o valor da variável x. Apresente os valores trocados.

8. Faça um algoritmo que calcule a conversão de um valor lido em reais para um valor em dólares. Deve ser informada a cotação do dólar no dia.

9. Escreva um algoritmo que receba o preço de custo de um produto e mostre na tela o preço ao consumidor acrescido de 75%.

10. Elabore um algoritmo que receba três números inteiros para as variáveis A, B e C e, logo após, some A e B e subtraia C dessa soma.

Comandos de seleção

Na seção anterior, vimos como criar algoritmos sequenciais. Os comandos de seleção nos permitem criar algoritmos com diferentes fluxos de execução, de acordo com as condições encontradas na execução do programa. Os comandos de seleção permitem associar a execução de comandos a condições.

Considere um algoritmo que lê as duas notas de um aluno, calcula e escreve a média. Se a média for maior ou igual a 7, escrever a mensagem **Aprovado**. Nesse caso, escrever a mensagem **Aprovado** na tela depende de uma condição: a média deve ser maior ou igual a 7. Pode-se dizer então que o comando **escrever ('Aprovado')** só deve ser executado se a condição **media>=7** for verdadeira.

Seleção simples

O comando de seleção **se..entao** associa a execução de um comando a uma determinada condição. Quando a condição associada à cláusula é verdadeira, o comando **entao** é executado; se a condição for falsa, o comando não será executado. Esses comandos podem ser **ler**, **escrever**, **atribuição** ou outro comando **se**. Se for necessário executar mais de um comando quando a condição for verdadeira, deve-se utilizar **inicio** e **fim** para delimitar o bloco de comandos.

Observe como o comando de seleção simples aparece em portugal e em um fluxograma:

Comando de seleção simples em portugol

```
se <condição>
entao <comando>
```

ou

```
se <condição>
entao inicio
    <comando>
    <comando>
    ......
    <comando>
fim
```

Forma geométrica de um comando de seleção simples no fluxograma

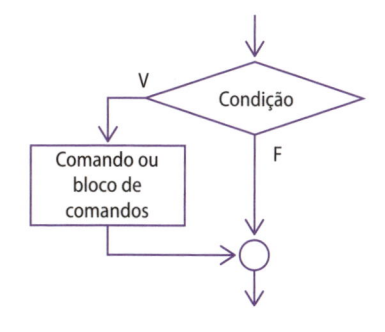

Para o algoritmo que calcula a média e escreve a mensagem **Aprovado** caso a média seja maior ou igual a 7, podemos escrever o seguinte rascunho:

Pedir as duas notas
Calcular a média
Apresentar na tela a média

Testar se a média é maior ou igual a 7 e, se o resultado do teste for verdadeiro, então escrever na tela **Aprovado**.

O algoritmo seria assim:

1	Algoritmo calcula_media
2	variaveis nota1,nota2,media:real
3	inicio
4	escrever('Informe as duas notas')
5	ler(nota1,nota2)
6	media<-(nota1+nota2)/2
7	escrever('Média=', media)
8	se media >=7
9	entao escrever ('Aprovado')
10	fim

Algoritmo 2.2: Seleção simples.
Fonte: Dos autores.

Vamos testar o algoritmo?

Considere que as notas informadas são 7 e 9. Nesse caso, todas as linhas serão executadas, pois a média das notas 7 e 9 é igual a 8 e a condição **media >=7** retorna verdadeiro. Então o comando **escrever ('Aprovado')** também será executado. O teste de mesa para esses valores de entrada é mostrado a seguir:

Memória			Tela
nota1	nota2	media	Informe duas notas
7	?	?	7
7	9	?	9
7	9	8	Média= 8
7	9	8	Aprovado

Se as notas informadas forem 5 e 3, as linhas executadas serão 1, 2, 3, 4, 5, 6, 7, 8 e 10. A linha 9 não será executada, pois a média das notas 5 e 3 é 4 e, nesse caso, o teste **media >=7** será falso. O teste de mesa para as notas 5 e 3 é apresentado a seguir:

Memória			Tela
nota1	nota2	media	Informe duas notas
5	?	?	5
5	**3**	?	3
5	3	**4**	Média= 4

Representação do algoritmo utilizando fluxograma:

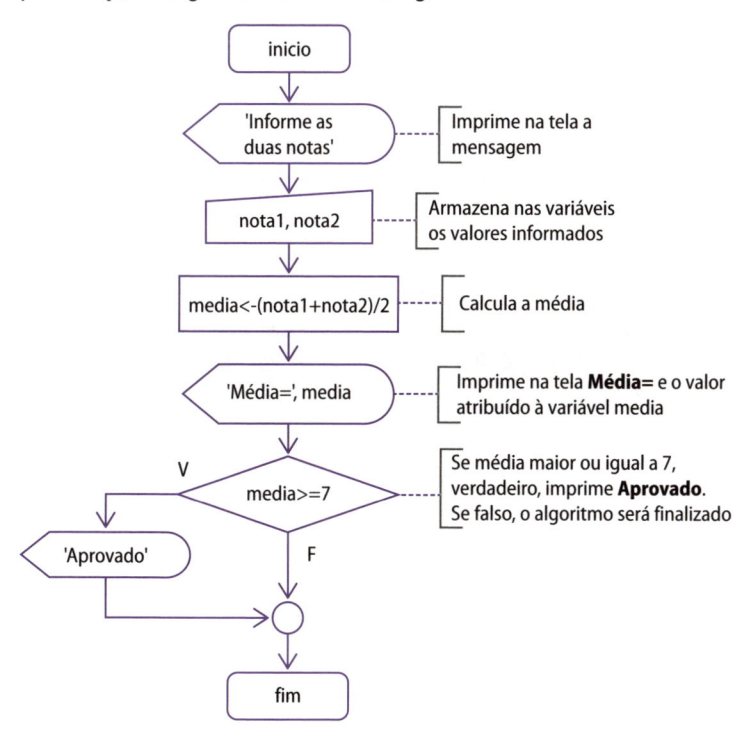

Fluxograma 2.2: Seleção simples.
Fonte: Dos autores.

Para completar o algoritmo seria interessante mostrar a mensagem **Reprovado** caso a média seja menor que 7. Nesse caso, o algoritmo ficaria assim:

1	Algoritmo calcula_media
2	variaveis nota1,nota2,media:real
3	inicio
4	escrever('Informe as duas notas')
5	ler(nota1,nota2)
6	media<-(nota1+nota2)/2
7	escrever('Média=', media)
8	se media >=7
9	entao escrever ('Aprovado')
10	se media <7
11	entao escrever ('Reprovado')
10	fim

Algoritmo 2.3: Seleção simples e duas condições.
Fonte: Dos autores.

Considere as notas 5 e 3. A média é calculada, e o resultado é 4. O teste da linha 8 é executado, mas a condição **media >=7** é falsa e o comando da linha 9 não é executado. Em seguida, o comando da linha 10 é executado. O teste **media >=7** é verdadeiro e o comando da linha 11 é executado. Portanto, apenas a linha 7 não será executada.

Representação do algoritmo utilizando fluxograma:

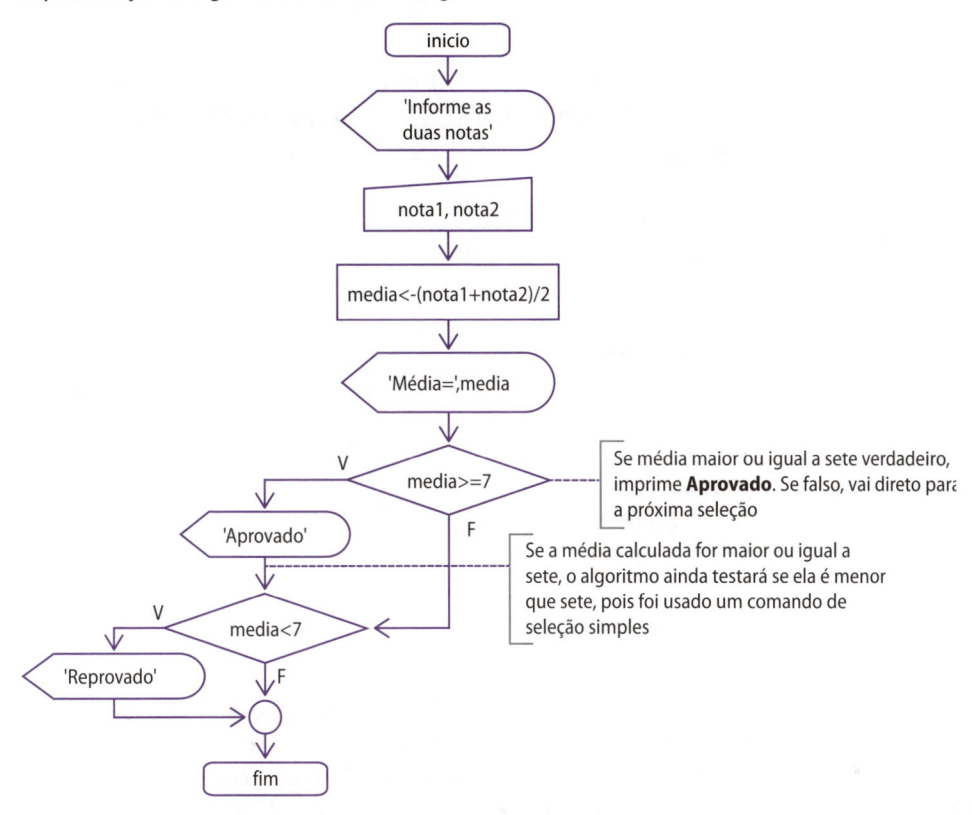

Fluxograma 2.3: Seleção simples e duas condições.
Fonte: Dos autores.

» Seleção composta

A seleção composta nos permite, além de associar um fluxo de execução para o caso de uma condição ser verdadeira, associar também outro fluxo de execução no caso da condição ser falsa. A seleção composta faz uso do comando **se..entao.. senao**. Com o uso da seleção composta, o Algoritmo 2.3 poderia ser escrito de outra forma, já que o comando **escrever ('Reprovado')** só deve ser executado se a condição **media >=7** for falsa. Esse algoritmo poderia ser escrito utilizando o comando de seleção composta.

O comando de seleção composta **se..entao..senao** pode ser escrito da seguinte forma:

Comando de seleção composta em portugol

Se <condição>
entao <comando>
senao <comando>
se <condição>
entao inicio
   <comando>
   <comando>
   ...
   <comando>
fim
senao inicio
   <comando>
   <comando>
   ...
   <comando>
fim

Forma geométrica do comando de seleção composta no fluxograma

Se a condição do comando **se** for verdadeira, será executado o comando ou bloco de comandos do **entao**. Se a condição for falsa, será executado o comando ou bloco de comandos do **senao**. A seguir, o Algoritmo 2.3 escrito com a utilização do comando de seleção composta.

1	Algoritmo calcula_media
2	variaveis nota1,nota2,media:real
3	inicio
4	escrever('Informe as duas notas')
5	ler(nota1,nota2)
6	media<-(nota1+nota2)/2
7	escrever('Média=', media)
8	se media >=7
9	entao escrever ('Aprovado')
10	senao escrever ('Reprovado')
11	fim

Algoritmo 2.4: Seleção composta.
Fonte: Dos autores.

Se os valores informados para as variáveis **nota1** e **nota2** forem 5 e 3 respectivamente, todos os comandos serão executados, com exceção do comando 9. Como a média é igual a 4, a condição **media >=7** da linha 8 é falsa e o comando da linha 9 não é executado.

Representação do algoritmo utilizando fluxograma:

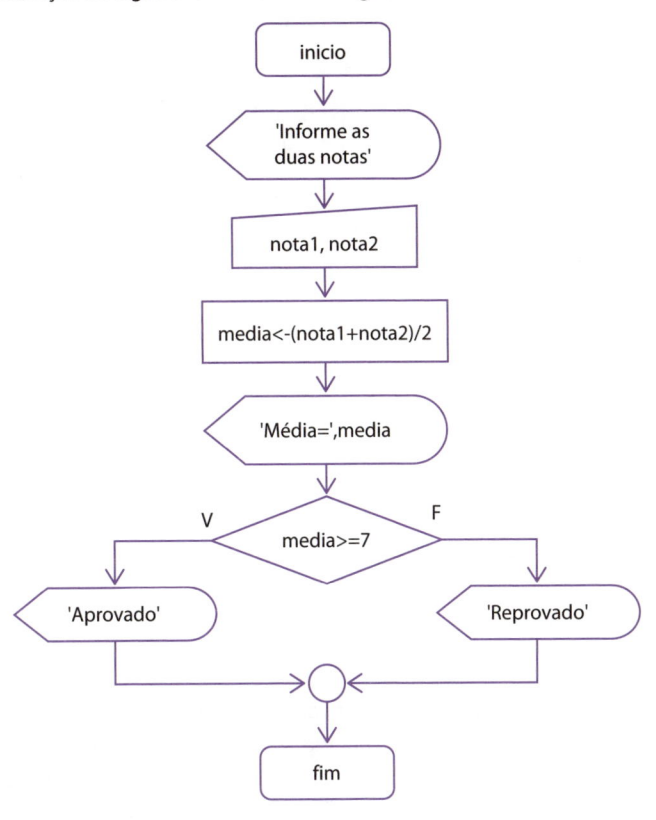

Fluxograma 2.4: Seleção composta.
Fonte: Dos autores.

» Seleção encadeada

Conforme vimos nos comandos de seleção, podemos associar um comando ou bloco de comandos para cada condição. Entre esses comandos podemos ter até mesmo um novo comando de seleção, o que chamamos de seleção encadeada. Observe como a seleção encadeada pode aparecer em portugol e em um fluxograma:

Comando de seleção encadeada em portugol	Forma geométrica de seleção encadeada no fluxograma

se <condição>
entao <comando ou bloco_de_comandos>
senao se <condição>
   entao <comando ou bloco_de_comandos>
senao se <condição>
   entao <comando ou bloco_de_comandos
senao <comando ou bloco_de_comandos>
	(fluxograma com diamantes de Condição em cascata V/F e blocos de Comando ou bloco de comandos)

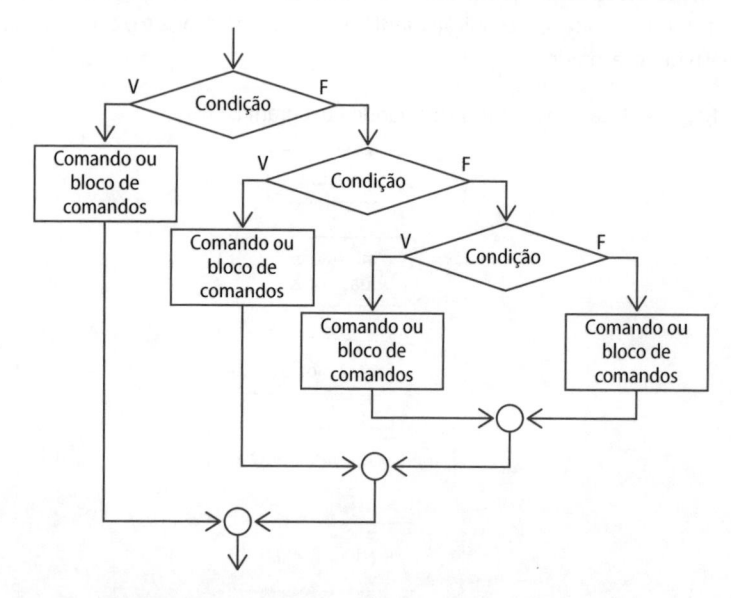

O comando de seleção encadeada funciona como os comandos de seleção apresentados anteriormente. Se a condição do **se** for verdadeira, o comando do **entao** será executado. Se a condição for falsa e tiver um outro **senao** associado a uma cláusula **se**, a condição será testada. Se o resultado for verdadeiro, o comando do **entao** é executado. Caso contrário, verifica-se o próximo **senao..se** ou executa-se o comando do **senao,** caso exista.

Na seleção encadeada, quando uma das condições for verdadeira, o comando ou bloco de comandos do **entao** é executado, e o fluxo de execução do algoritmo passa para o próximo comando depois do comando de seleção encadeada. Por exemplo, suponha um algoritmo que lê dois valores e apresenta o maior valor ou a mensagem **os valores são iguais**.

O rascunho desse algoritmo seria:

Ler os dois valores v1 e v2
se v1 for maior que v2 mostrar v1
senão Se v2 for maior que v1 mostrar v2
se nenhuma das alternativas anteriores for verdadeira é porque os valores são iguais

O algoritmo seria então:

1	Algoritmo maior_valor
2	variaveis v1,v2: inteiro
3	inicio
4	escrever('Informe dois valores')
5	ler(v1,v2)
6	se (v1>v2)
7	entao escrever(v1, 'é o maior')
8	senao se (v2>v1)
9	entao escrever(v2, 'é o maior')
10	senao escrever ('os valores são iguais')
11	fim

Algoritmo 2.5: Seleção encadeada.
Fonte: Dos autores.

Representação do algoritmo utilizando fluxograma:

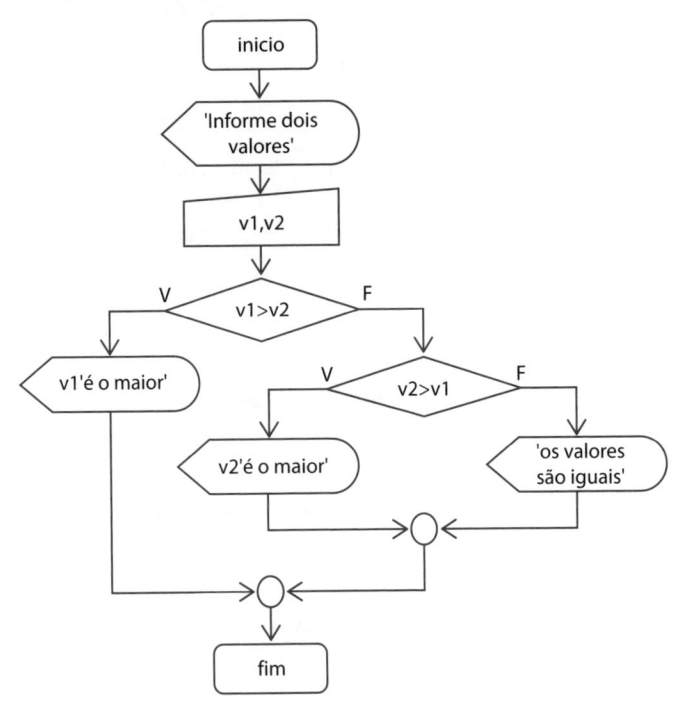

Fluxograma 2.5: Seleção encadeada.
Fonte: Dos autores.

Em algumas situações, precisamos que o comando **se** tenha mais de uma condição ligada por operadores lógicos (e, ou, não). Por exemplo, se a média for maior ou igual a 7 **E** o número de faltas for menor que 18, então o aluno será aprovado. Caso contrário, o aluno será reprovado. Nesse caso, temos duas condições ligadas pelo operador lógico **E**. Vejamos como representar isso no algoritmo:

    se media>=7 e faltas < 18
     entao escrever ('Aprovado')
     senao escrever ('Reprovado')

Considere os seguintes valores para as variáveis **media** e **faltas,** respectivamente: 8 e 25. Para esses valores de entrada, a condição **media >=7** retornaria verdadeiro e **faltas < 18** retornaria falso. Então qual seria o resultado da avaliação da expressão verdadeiro e falso?

A resposta para essa pergunta está na tabela verdade, que apresenta o resultado das expressões que utilizam os operadores lógicos (e, ou, não). **C1** e **C2** são condições associadas por operadores relacionais (<,>,<>,<=,>=,<>,=) ou operadores lógicos ou uma variável lógica. Veja os Quadros 2.3, 2.4 e 2.5.

Quadro 2.3 » Operador lógico E

C1	C2	C1 E C2
verdadeiro	verdadeiro	verdadeiro
verdadeiro	falso	falso
falso	verdadeiro	falso
falso	falso	falso

Fonte: Dos autores.

Quadro 2.4 » Operador lógico OU

C1	C2	C1 OU C2
verdadeiro	verdadeiro	verdadeiro
verdadeiro	falso	verdadeiro
falso	verdadeiro	verdadeiro
falso	falso	falso

Fonte: Dos autores.

Quadro 2.5 » Operador lógico NÃO

C1	Não C1
verdadeiro	falso
falso	verdadeiro

Fonte: Dos autores.

Analisando a tabela verdade do operador lógico **E** é possível verificar que o operador **E** retorna verdadeiro apenas se as duas condições forem verdadeiras. Se pelo menos uma delas tiver o valor falso, o resultado será falso. Portanto, no exemplo anterior, o resultado da expressão lógica **media>=7** e **faltas<18** seria falso, pois **media>=7** é verdadeiro e **faltas<18** é falso. Nesse caso, o aluno seria reprovado. Já o operador lógico **OU** retorna verdadeiro se pelo menos uma das condições for verdadeira.

» Comando caso-seja

O comando **caso-seja** é um comando de seleção. As alternativas do comando **caso** podem ser valores, lista de valores ou intervalos, e a cláusula **senao** é opcional neste comando. Os comandos da cláusula **senao** serão executados se o resultado da variável ou expressão não for igual às alternativas anteriores.

Observe como comando **caso-seja** aparece em potugol e em um fluxograma:

Comando **caso-seja** em portugol
```
caso <variavel ou expressão> seja
 <valor>: <comando ou bloco de comandos>
 <valor, valor>: <comando ou bloco de comandos>
 <intervalo>: <comando ou bloco de comandos>
 [senao <comando ou bloco de comandos>]
fim
```

Forma geométrica do comando **caso-seja** no fluxograma

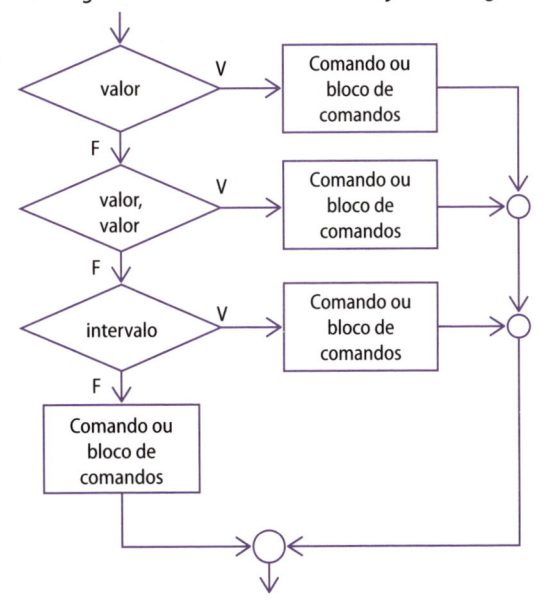

Suponha um algoritmo que leia um valor para a variável A e, dependendo deste valor, apresenta na tela:

caso seja 1,2,3,4,5: mostrar a*a
caso seja 6,7: mostrar a+5
caso seja 8: informar um valor para b e mostrar a+b
caso seja outro valor: mostrar a+10

O algoritmo ficaria da seguinte forma:

1	Algoritmo intervalo
2	variaveis a,b,valor: inteiro
3	inicio
4	escrever('Informe um valor para A')
5	ler(a)
6	caso a seja
7	1..5: valor<-a*a
8	6,7: valor<-a+5
9	8: inicio
10	escrever ('Informe um valor para B')
11	ler(b)
12	valor<-a+b
13	senao valor<-a+10
14	fim
15	escrever('Resultado da Operação:', valor)
16	fim

Algoritmo 2.6: Caso-seja.
Fonte: Dos autores.

Se a variável **a** receber o valor 6, a variável **valor** recebe o conteúdo da variável **a**, ou seja, 6 mais 5. Depois da execução deste comando, o conteúdo da variável **a** será 11. Se o conteúdo da variável **a** for igual a 8, então mais de um comando deve ser executado e, por isso, é necessário colocar **inicio** e **fim** para delimitar o bloco de comandos.

Representação do algoritmo utilizando fluxograma:

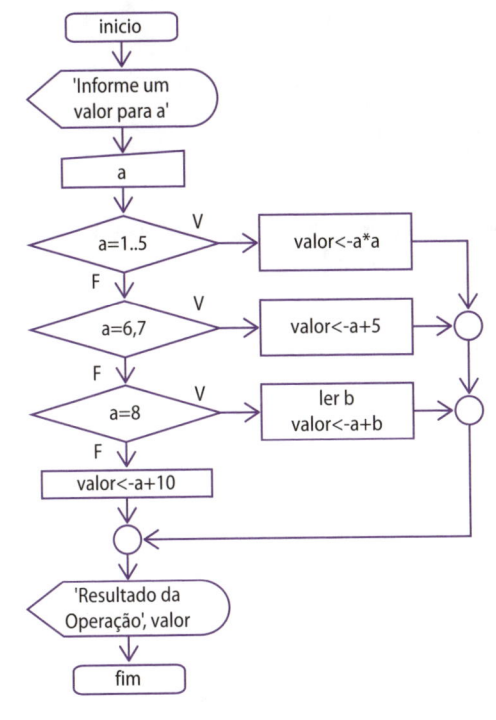

Fluxograma 2.6: Caso-seja.
Fonte: Dos autores.

> » **NO SITE**
> Acesse o ambiente virtual de aprendizagem para fazer as atividades relacionadas ao que foi discutido neste capítulo.

» Agora é a sua vez!

1. Faça um algoritmo que leia o valor total de uma compra e apresente o desconto e o valor a ser pago conforme a tabela abaixo:

valor da compra	desconto
100-200	2%
201-300	3%
301-400	4%
acima de 400	5%

(continua)

>> Agora é a sua vez!

(*continuação*)

2. Faça um algoritmo que leia dois valores, **a** e **b**, e execute as seguintes operações:

   a) Se a=b, apresenta o quadrado de a.
   b) Se a>b, apresenta a+b.
   c) Se a<b, apresenta b-a.

3. Faça um algoritmo que leia um valor e verifique em que intervalo esse valor se encontra.

   Intervalo1: 0-50
   Intervalo2: 51-70
   Intervalo3: 71-90
   Intervalo4: 91-100

4. Elabore um algoritmo que tenha como dado de entrada o dia da semana e retorne ao usuário a cor de camisa que ele deve vestir de acordo com a tabela abaixo:

   segunda: branca
   terça: verde
   quarta: azul
   quinta: amarela
   sexta: vermelha
   sábado: cinza
   domingo: rosa

LEITURAS RECOMENDADAS

ASCENCIO, A. F. G.; CAMPOS, E. A. V. *Fundamentos da programação de computadores*. São Paulo: Prentice Hall, 2007.

BERG, A. C; FIGUEIRÓ, J. P. *Lógica de programação*. 2. ed. Canoas: ULBRA, 2002.

FORBELONE, A. L. V.; EBERSPÄCHER, H. F. *Lógica de programação*: a construção de algoritmos e estruturas de dados. 3. ed. São Paulo: Pearson, 2005.

LOPES, A; GARCIA, G. *Introdução à programação*: 500 algoritmos resolvidos. Rio de Janeiro: Campus, 2002.

MANZA, J. A. N. G. *Algoritmos*: lógica para desenvolvimento de programação. São Paulo: Erica, 1997.

MEDINA, M; FERTIG, C. *Algoritmos e programação*: teoria e prática. São Paulo: Novatec, 2005.

TERADA, R.; SETZER, V. *Introdução à computação e a construção de algoritmos*. São Paulo: Makron Books, 1992.

UCCI, W.; SOUSA, R. L.; KOTANI, A. M. *Lógica de programação*: os primeiros passos. São Paulo: Érica, 1991.

Tanisi Pereira de Carvalho
Fabrícia Py Tortelli Noronha
Fabio Yoshimitsu Okuyama

capítulo 3

Algoritmos II

A maioria dos problemas que queremos resolver com o uso de computadores são usualmente problemas repetitivos e que manipulam uma grande quantidade de dados. A capacidade da máquina de realizar um grande número de vezes repetidas operações com um grande volume de dados com programas relativamente pequenos é o que torna interessante a programação.

Objetivos deste capítulo

>> Desenvolver algoritmos mais complexos.

>> Resolver problemas que envolvam comandos de seleção.

>> Resolver problemas que envolvam comandos de repetição.

>> Conhecer e utilizar tipos de dados compostos na solução de problemas.

>> Comandos de repetição

No capítulo anterior, fizemos alguns algoritmos simples em que, a partir das notas de um aluno, era calculada sua média e sua situação (aprovado ou reprovado). Imagine fazer um programa que verifique a situação de uma turma de 30 alunos? E se fosse uma instituição de ensino com 1.000 alunos? Como seria o código? Para facilitar a programação, existem comandos de repetição que permitem que certos comandos sejam executados mais de uma vez. Veremos, neste capítulo, os três comandos de repetição disponíveis no português estruturado:

- Comando **enquanto..faça**
- Comando **repetir..ate**
- Comando **para..ate..faça**

>> Comando enquanto..faça

O comando de repetição **enquanto..faça** pode ser escrito da seguinte forma:

Comando **enquanto..faça** em Portugol

```
enquanto <condição> faça
   <comando>
```

ou

```
enquanto <condição> faça
inicio
   <comando>
   <comando>
   <comando>
   ...
fim
```

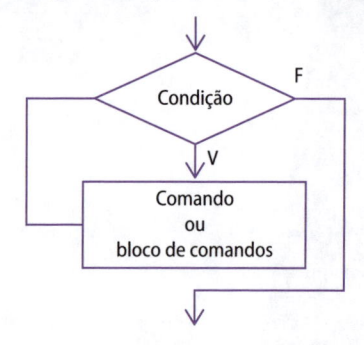

Comando **enquanto..faça** representado em fluxograma

Enquanto a condição for verdadeira, o comando ou bloco de comandos dentro do **enquanto** será executado. Quando a condição for falsa, será executado o próximo comando depois do bloco de comandos do **enquanto**.

Considere um algoritmo que lê duas notas e calcula e escreve a média de 30 alunos. Se a média for maior ou igual a 7, escrever a mensagem **Aprovado**. Caso a média for menor do que 7, escrever **Reprovado**. A leitura das notas e o cálculo das médias deverão ser executados 30 vezes.

Esse algoritmo seria escrito da seguinte forma: (número de execuções conhecido)

1	Algoritmo calcula_media
2	variaveis nota1,nota2,media:real
3	cont:inteiro
4	inicio
5	cont<-1
6	enquanto cont<=30 faça
7	inicio
8	escrever('Informe as duas notas')
9	ler(nota1,nota2)
10	media<-(nota1+nota2)/2
11	escrever('Média=', media)
12	se media >=7
13	entao escrever ('Aprovado')
14	senao se media < 7
15	entao escrever('Reprovado')
16	cont <- cont + 1
17	fim
18	fim

Algoritmo 3.1: Exemplo comando **enquanto..faça**.
Fonte: Dos autores.

Na linha 5, foi inicializado um contador que servirá de controle para que o algoritmo seja executado as 30 vezes. Um contador acumula somas constantes, ou seja, cresce em intervalos constantes. Esse contador, chamado **cont**, é incrementado a cada laço, conforme pode-se verificar na linha 16 do Algoritmo 3.1.

Na linha 6, o comando **enquanto** somente executará o bloco de comandos delimitados por **inicio** e **fim** enquanto a condição for verdadeira, ou seja, a variável **cont** for menor ou igual a 30. É bom lembrar que a variável **cont** ganha um incremento de +1 a cada interação do laço de repetição.

Representação do Algoritmo 3.1 utilizando fluxograma:

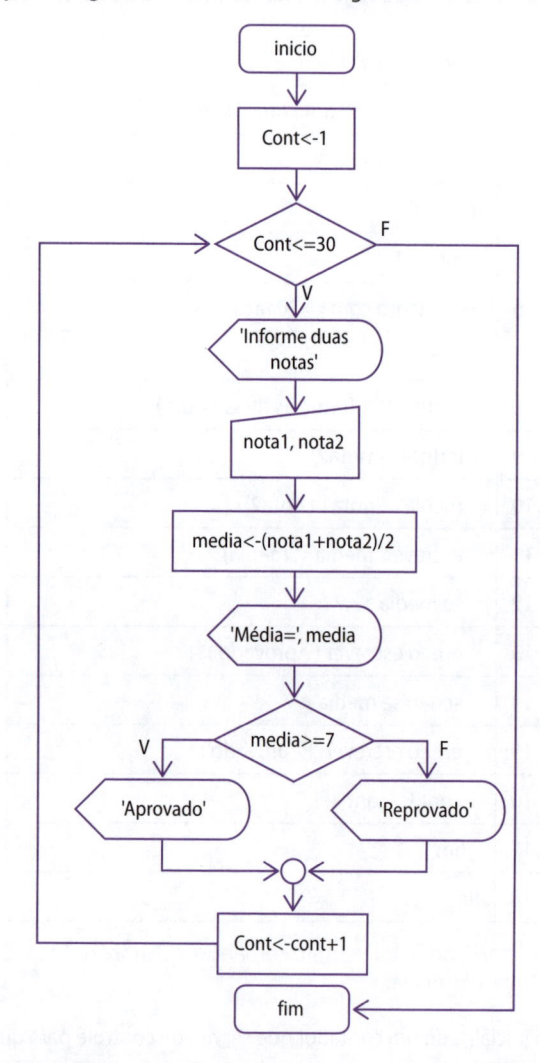

```
                  inicio
                    ↓
                 Cont<-1
                    ↓
        →─── Cont<=30 ───F───┐
        │        V           │
        │   'Informe duas'   │
        │      notas         │
        │        ↓           │
        │   nota1, nota2     │
        │        ↓           │
        │ media<-(nota1+nota2)/2
        │        ↓           │
        │   'Média=', media  │
        │        ↓           │
        │   V  media>=7  F   │
        │   ↓           ↓    │
        │ 'Aprovado' 'Reprovado'
        │   └─────○─────┘    │
        │        ↓           │
        │   Cont<-cont+1     │
        └────────────────────┘
                 ↓
                fim
```

Fluxograma 3.1: Exemplo comando **enquanto..faça**.
Fonte: Dos autores.

Agora considere um algoritmo que lê duas notas e calcula e escreve a média de um número indeterminado de alunos. Se a média for maior ou igual a 7, escrever a mensagem **Aprovado**. Caso a média seja menor do que 7, escrever **Reprovado**. O algoritmo deve ser encerrado quando o usuário responder **N** (não) para a seguinte pergunta: Deseja calcular média?

Nesse caso, o algoritmo seria escrito da seguinte forma: (número de execuções desconhecido)

1	Algoritmo calcula_media
2	variaveis nota1,nota2,media:real
3	opcao:caracter
4	inicio
5	escrever('Deseja calcular média? S – Sim, N – Não')
6	ler(opcao)
7	enquanto opcao = 'S' faça
8	inicio
9	escrever('Informe as duas notas')
10	ler(nota1,nota2)
11	media<-(nota1+nota2)/2
12	escrever('Média=', media)
13	se media >=7
14	entao escrever ('Aprovado')
15	senao escrever('Reprovado')
16	escrever('Deseja calcular média? S – Sim, N – Não')
17	ler(opcao)
18	fim
19	fim

Algoritmo 3.2: Comando **enquanto..faça** com repetições indefinidas.
Fonte: Dos autores.

Na linha 5, o algoritmo escreve na tela uma mensagem para o usuário escolher se deseja calcular a média ou não, e essa opção é armazenada na variável **opcao**, conforme linha 6. Na linha 7, o comando **enquanto** testa se **opcao = 'S'** é verdadeira ou falsa. Caso a condição seja verdadeira, o bloco de comandos do **entao** será executado. Ao final do algoritmo, linhas 16 e 17, é feita uma nova leitura da opção do usuário, agora dentro do laço, para ser testada na linha 7. Se a condição for verdadeira, um novo laço será executado.

Representação do Algoritmo 3.2 utilizando fluxograma:

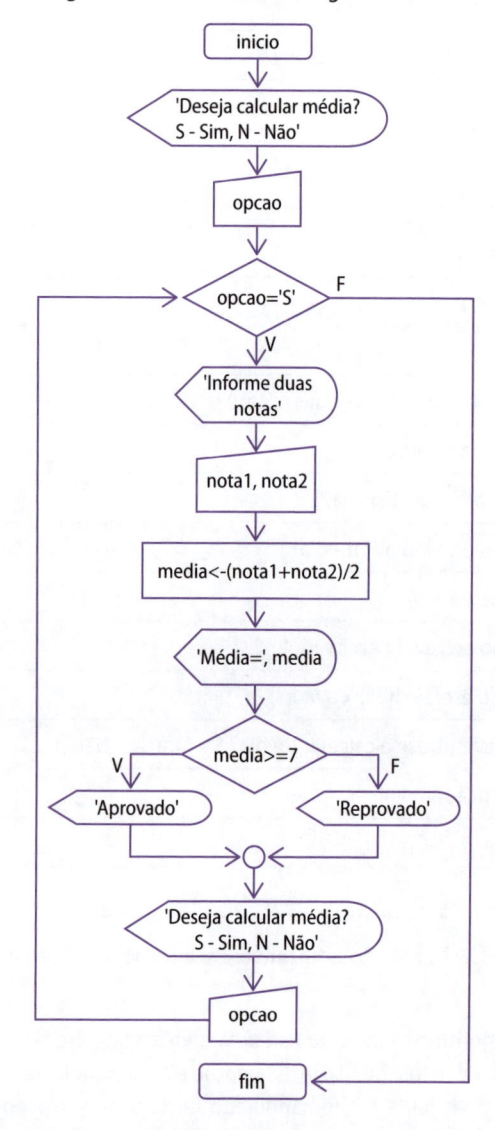

```
                            inicio
                              │
                              ▼
                   'Deseja calcular média?
                      S - Sim, N - Não'
                              │
                              ▼
                            opcao
                              │
                              ▼
              ┌──────── opcao='S' ────F────┐
              │            │               │
              │            V               │
              │            ▼               │
              │     'Informe duas          │
              │        notas'              │
              │            │               │
              │            ▼               │
              │      nota1, nota2          │
              │            │               │
              │            ▼               │
              │   media<-(nota1+nota2)/2   │
              │            │               │
              │            ▼               │
              │      'Média=', media       │
              │            │               │
              │            ▼               │
              │       media>=7             │
              │      V         F           │
              │   'Aprovado' 'Reprovado'   │
              │         │       │          │
              │         └───○───┘          │
              │            │               │
              │            ▼               │
              │   'Deseja calcular média?  │
              │      S - Sim, N - Não'     │
              │            │               │
              │            ▼               │
              └────────  opcao             │
                           │               │
                           ▼               │
                          fim ◄────────────┘
```

Fluxograma 3.2: Comando **enquanto..faça** com repetições indefinidas.
Fonte: Dos autores.

» Comando repetir..ate

O comando **repetir** não necessita de **inicio** e **fim** para delimitar o bloco de comandos. O início é delimitado pela palavra **repetir**, e o fim pela palavra **até**. Diferente do comando **enquanto**, que testa a condição no início, o comando **repetir** tem uma entrada vazia, pois o teste é feito somente no final da execução. Isso significa que o bloco de comandos do **repetir** será executado no mínimo uma vez.

O comando **repetir..ate** pode ser escrito da seguinte forma:

Comando **repetir..ate** em Portugol

repetir

  <comando ou bloco_ de_comandos>

ate <condição>

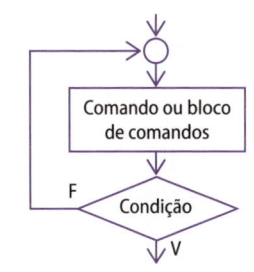

Comando **repetir..ate** representado em fluxograma

Enquanto a condição for falsa, o comando ou bloco de comandos será executado. Quando a condição for verdadeira, não será mais executado o bloco de comandos do **repetir..ate,** e o fluxo de execução do algoritmo passa para o próximo comando depois do bloco repetição.

Considere agora um algoritmo que lê duas notas e calcula e escreve a média de 30 alunos. Se a média for maior ou igual a 7, escrever a mensagem **Aprovado**. Caso a média seja menor do que 7, escrever **Reprovado**. Ao final do algoritmo, deve ser apresentada na tela a média geral da turma.

Esse algoritmo seria escrito da seguinte forma: (número de execuções conhecido)

1	Algoritmo calcula_media
2	variaveis nota1,nota2,media,media_geral:real
3	cont:inteiro
4	inicio
5	cont<-1
6	media_geral <- 0
7	repetir
8	escrever('Informe as duas notas')
9	ler(nota1,nota2)
10	media<-(nota1+nota2)/2
11	escrever('Média=', media)
12	se media >=7
13	entao escrever ('Aprovado')
14	senao escrever('Reprovado')
15	media_geral <- media_geral + media
16	cont<-cont + 1
17	ate cont > 30
18	escrever('Média Geral da Turma:', media_geral / 30)
19	fim

Algoritmo 3.3: Comando **repetir..ate** com número de repetições definido.
Fonte: Dos autores.

Na linha 6, foi inicializado um acumulador que servirá para armazenar as médias dos 30 alunos da turma. Esse acumulador, chamado de **media_geral**, acumula a cada laço mais uma média calculada, conforme pode-se verificar na linha 15 do Algoritmo 3.3.

Nesse algoritmo, a variável **media_geral** funciona como um acumulador, ou seja, acumula a soma em quantidades variáveis. Na linha 7, o comando **repetir** executará o bloco de comandos delimitados por **repetir..ate** e, ao final, testará a condição. Enquanto a condição for falsa, ou seja, a variável **cont** for menor ou igual a 30 o laço será executado.

Representação do Algoritmo 3.3 utilizando fluxograma:

```
                inicio
                  ↓
              cont<-1
                  ↓
           media_geral<-0
                  ↓
              →○←────────────┐
                  ↓           │
          'Informe as         │
           duas notas'        │
                  ↓           │
             nota1, nota2     │
                  ↓           │
         media<-(nota1+nota2)/2
                  ↓           │
             'Média', media   │
                  ↓           │
         V   media>=7   F     │
         ↙              ↘     │
    'Aprovado'      'Reprovado'│
         ↘              ↙     │
              →○←             │
                  ↓           │
      media_geral<-media_geral+media
           cont<-cont+1       │
                  ↓           │
              cont>30  F──────┘
                  ↓ V
      'Média Geral da Turma:',media_geral/30
                  ↓
                 fim
```

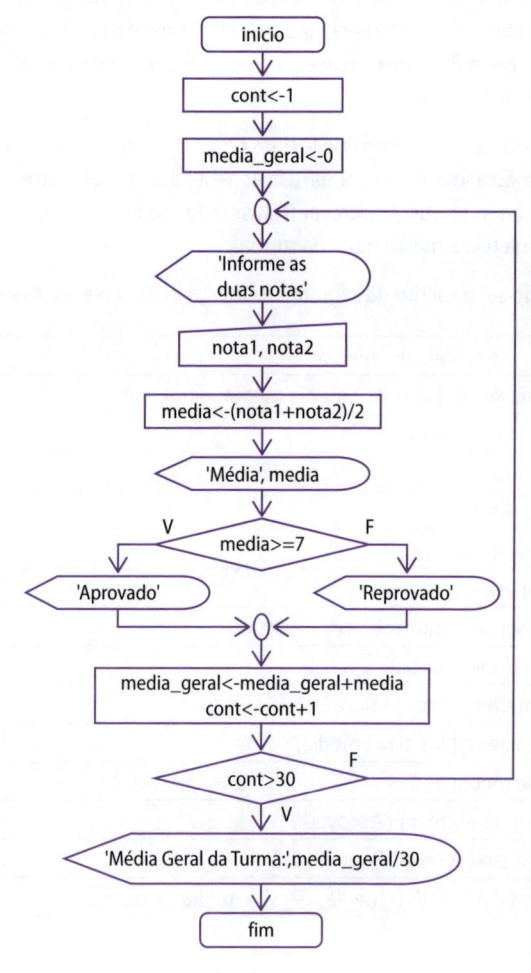

Fluxograma 3.3: Comando **repetir..ate** com número de repetições definido.
Fonte: Dos autores.

Considere agora um algoritmo que lê duas notas e calcula e escreve a média de um número indeterminado de alunos. Se a média for maior ou igual a 7, escrever a mensagem **Aprovado**. Caso a média seja menor do que 7, escrever **Reprovado**. Ao final do algoritmo, deve ser apresentada na tela a média geral da turma.

Esse algoritmo seria escrito da seguinte forma: (número de execuções desconhecido)

1	Algoritmo calcula_media
2	variaveis nota1,nota2,media,media_geral:real
3	cont:inteiro
4	opcao:caracter
5	inicio
6	cont<-0
7	media_geral <- 0
8	repetir
9	escrever('Informe as duas notas')
10	ler(nota1,nota2)
11	media<-(nota1+nota2)/2
12	escrever('Média=', media)
13	se media >=7
14	entao escrever ('Aprovado')
15	senao escrever('Reprovado')
16	media_geral <- media_geral + media
17	cont<-cont + 1
18	escrever('Deseja Calcular Média? S -Sim, N- Não')
19	ler(opcao)
20	ate opcao = 'N'
21	escrever('Média Geral da Turma:', media_geral / cont)
22	fim

Algoritmo 3.4: Comando **repetir..ate** com número de repetições indefinido.
Fonte: Dos autores.

Na linha 6, foi inicializado um contador, que servirá para contar quantas médias foram calculadas, conforme linha 17. Esse contador será utilizado na linha 21 para efetuar o cálculo da média geral da turma. Na linha 18, uma pergunta é impressa na tela para que o usuário decida se deseja ou não calcular outra média. Caso ele informe **S**, uma nova média será calculada. Do contrário, o laço será encerrado.

Representação do Algoritmo 3.4 utilizando fluxograma:

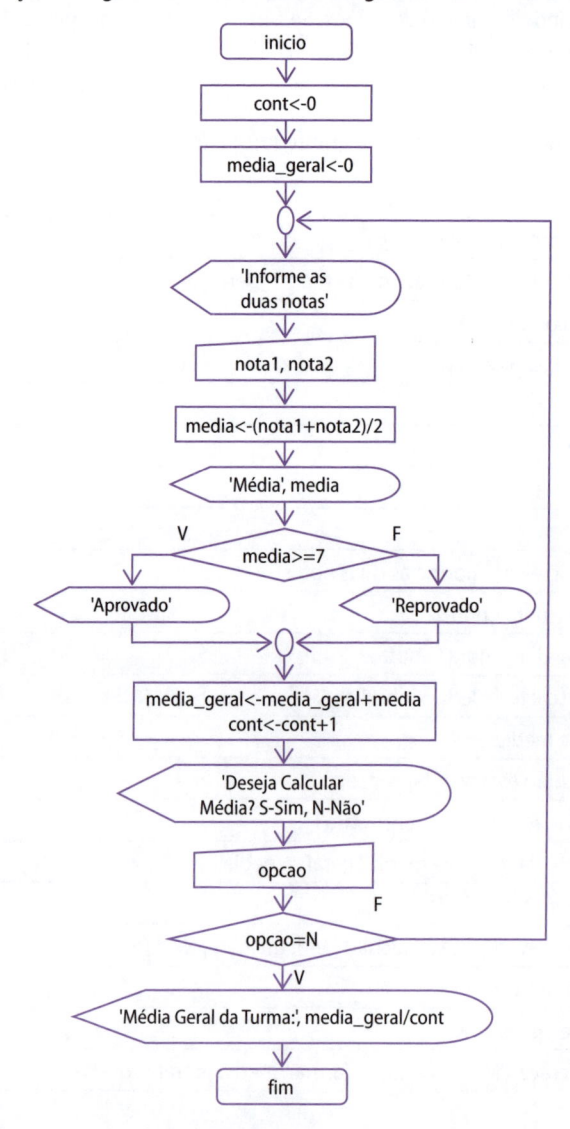

```
                inicio
                  ↓
               cont<-0
                  ↓
            media_geral<-0
                  ↓
          'Informe as duas notas'
                  ↓
              nota1, nota2
                  ↓
          media<-(nota1+nota2)/2
                  ↓
             'Média', media
                  ↓
         V ← media>=7 → F
         ↓              ↓
     'Aprovado'    'Reprovado'
                  ↓
      media_geral<-media_geral+media
            cont<-cont+1
                  ↓
        'Deseja Calcular
         Média? S-Sim, N-Não'
                  ↓
                opcao
                  ↓
              opcao=N  → F (loop back)
                  ↓ V
    'Média Geral da Turma:', media_geral/cont
                  ↓
                 fim
```

Fluxograma 3.4: Comando **repetir..ate** com número de repetições indefinido.
Fonte: Dos autores.

» Comando para..ate..faça

O comando de repetição **para..ate..faça** é um comando de repetição contada, ou seja, em que o número de repetições é conhecido. A inicialização da variável de controle é feita no próprio comando (depois da palavra **para**), e o incremento é realizado automaticamente pelo comando **para** depois que o comando ou bloco de comandos do **para** é executado.

O comando de repetição **para..ate..faça** pode ser escrito da seguinte forma:

Comando **para..ate..faça** em portugol

para <variável> <- <valor_inicial> ate <valor_final> faça
 <comando>

para <variável> <- <valor_inicial> ate <valor_final> faça
inicio
  <comando>
  <comando>
  <comando>
  .....
fim

Comando **para..ate..faça** representado em fluxograma

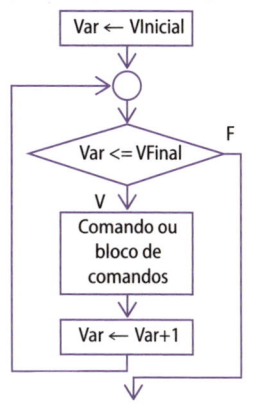

Var ← VInicial

Var <= VFinal   F

V
Comando ou bloco de comandos

Var ← Var+1

Considere um algoritmo que lê duas notas e calcula e escreve a média de cada um dos 30 alunos. Se a média for maior ou igual a 7, escrever a mensagem **Aprovado**. Caso contrário, escrever **Reprovado**. Ao final do algoritmo, deve ser apresentada na tela a média geral da turma.

Esse algoritmo seria escrito da seguinte forma:

1	Algoritmo calcula_media
2	variaveis nota1,nota2,media,media_geral:real
3	cont:inteiro
4	inicio
5	media_geral <- 0
6	para cont <- 1 ate 30 faça
7	inicio
8	escrever('Informe as duas notas')
9	ler(nota1,nota2)
10	media<-(nota1+nota2)/2
11	escrever('Média=', media)
12	se media >=7
13	entao escrever ('Aprovado')
14	senao escrever('Reprovado')
15	media_geral <- media_geral + media
16	fim
17	escrever('Média Geral:', media_geral / 30)
18	fim

Algoritmo 3.5: Comando de repetição **para**.
Fonte: Dos autores.

As linhas de 8 a 15 serão executadas 30 vezes, pois estão dentro do bloco de comandos do **para**. A inicialização da variável de controle **cont** é no próprio comando (linha 6). Como o comando **para** tem incremento automático da variável de controle, não se deve colocar o comando **cont<-cont+1**.

Representação do algoritmo 3.5 em fluxograma:

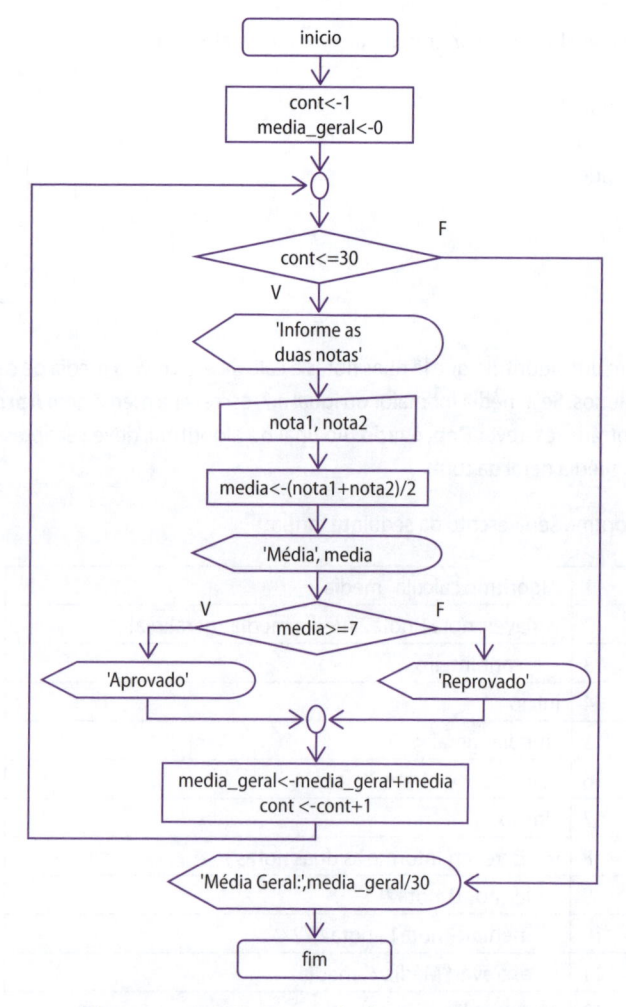

```
                inicio
                  |
                  v
           cont<-1
           media_geral<-0
                  |
                  v
        +------>( )<------+
        |         |       |
        |         v       |
        |     cont<=30 ---+ F
        |         | V
        |         v
        |    'Informe as
        |     duas notas'
        |         |
        |         v
        |    nota1, nota2
        |         |
        |         v
        |  media<-(nota1+nota2)/2
        |         |
        |         v
        |     'Média', media
        |         |
        |      V  v  F
        |   +--media>=7--+
        |   v            v
        | 'Aprovado'  'Reprovado'
        |   |            |
        |   +---->( )<---+
        |         |
        |         v
        | media_geral<-media_geral+media
        |     cont<-cont+1
        +---------+
                  |
                  v
         'Média Geral:',media_geral/30
                  |
                  v
                 fim
```

Fluxograma 3.5: Comando de repetição **para**.
Fonte: Dos autores.

No fluxograma, o comando **para..ate..faça** não tem incremento automático da variável de controle e, por isso, é necessário utilizar o comando **cont <-cont+1**. Isso faz que sua estrutura, no fluxograma, fique igual a do comando **enquanto..faça**.

>> Agora é a sua vez!

1. Faça um algoritmo que leia 20 valores inteiros. Para cada valor, o algoritmo apresenta a quantidade de divisores e o somatório de 1 até o valor.

2. Faça um algoritmo que leia uma quantidade indeterminada de valores e, no final, apresente: a soma dos valores pares, a média dos valores ímpares e o resultado da seguinte expressão para o maior valor:

   Exp =maior/1 + maior/2+ maior/3 +... + maior/maior.

3. Faça um algoritmo que leia 30 pares de valores, armazenando o menor valor em x e o maior valor em y, e para cada par de valores calcule a soma dos inteiros de x até y inclusive.

4. Faça um algoritmo que leia uma quantidade indeterminada de valores e para cada valor apresente o seu fatorial. A entrada de dados deve ser encerrada quando for digitado um valor zero ou negativo.

5. Faça um algoritmo que leia 10 valores e apresente o total de valores pares e a média de valores ímpares.

6. Faça um algoritmo que leia 30 valores e, no final, apresente o maior e o menor valor.

7. Faça um algoritmo que leia uma quantidade indeterminada de valores. Se o valor for par, apresente o seu quadrado. Se o valor for ímpar, apresente a raiz quadrada. A entrada de dados deve ser encerrada quando for digitado um valor zero ou negativo.

8. Escreva um algoritmo que leia 20 valores e conta quantos desses valores estão em cada um dos intervalos 0-20;21-40;41-50. Além disso, calcule a média aritmética de cada intervalo. Escreva a quantidade de valores e as médias aritméticas de cada intervalo.

9. Uma cidade realizou um plebiscito para consultar a população sobre a construção de um *shopping center*. Foram entrevistados 30 habitantes, que responderam as seguintes perguntas:

   a) Qual é a sua idade?

   b) Você concorda com a construção do *shopping center*? (S/N)

   c) O *shopping center* deve funcionar 24 horas? (S/N)

Escreva um algoritmo que apresente as seguintes informações: o número de pessoas que concordam com a construção do *shopping center*, a média de idade dos entrevistados e o número de entrevistados com mais de 30 anos que concordam com o *shopping center* 24 horas.

❯❯ Tipos de dados compostos

Imagine um programa que receba duas notas de 30 alunos e que seja necessário armazenar essas 60 notas em variáveis distintas. Como seria?

As variáveis poderiam ser declaradas da seguinte forma:

```
Variáveis: nota1_aluno1, nota2_aluno_1, nota1_aluno2...
```

Seria possível fazer uma estrutura de repetição para ler essas notas? Os tipos de dados compostos nos auxiliam a agrupar e a organizar nossas informações dentro de um algoritmo. Esses tipos de dados compostos são formados a partir de outros tipos de dados, como:

- Vetor
- Matriz
- Registro

❯❯ Vetor

O vetor é uma estrutura de dados unidimensional, composta e homogênea. Unidimensional significa que o vetor é dividido em posições e que os valores são armazenados em cada uma das posições do vetor. Composta significa que o vetor é formatado por outros tipos de dados, ou seja, que podemos criar um vetor para armazenar números do tipo inteiro. Homogênea determina que todos os elementos do vetor são do mesmo tipo.

Um vetor no português estruturado pode ser declarado da seguinte forma:

<variável>: vetor [<índice_inicial>..<índice_final>] de <tipo>

Exemplo de declaração de variáveis do tipo vetor:

v: vetor [1..5] de inteiro
nome: vetor [1..10] de caracter
notas: vetor [1..15] de real

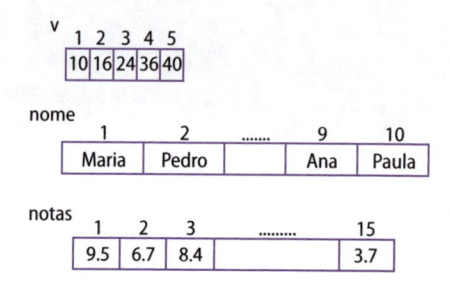

v	1	2	3	4	5
	10	16	24	36	40

nome	1	2	....	9	10
	Maria	Pedro		Ana	Paula

notas	1	2	3	....	15
	9.5	6.7	8.4		3.7

> ❯❯ **DICA**
> Nos vetores, podemos ter um grande número de variáveis do mesmo tipo, com o mesmo nome, acessadas individualmente através de um índice. Com isso, poderemos percorrer o vetor através do uso de uma estrutura de repetição.

Leitura de um vetor de cinco posições:

escrever('Informe 5 valores')

ler(v)   ◁ Errado!!!

Se **v** é uma variável do tipo vetor, então o comando **ler(v)** está errado, pois devemos dizer a posição para a qual o valor deve ser lido.

A leitura adequada seria:

escrever('Informe 5 valores')
ler(v[1],v[2],v[3],v[4],v[5])

Mas e se o vetor tiver cem posições? A forma correta de ler valores para uma variável do tipo vetor é fazer um laço de repetição para alterar o índice do vetor a cada interação e, assim, inserir um valor em cada um das posições do vetor.

Isso seria escrito da seguinte forma:

escrever('Informe 5 valores')
 para i<-1 ate 5 faça
  ler(v[i])

Quando o valor da variável **i** for 1, isso significa ler(v[1]), quando a variável **i** tem o valor 2, significa ler(v[2]), e assim sucessivamente até i=5. O comando **para** foi utilizado por ser um comando simples que tem incremento automático da variável de controle (i) e inicialização dessa variável no próprio comando (i<-1), mas a leitura dos dados também poderia ter sido realizada com os comandos **enquanto..faça** ou **repetir..ate**.

Utilizando o comando **enquanto..faça**, teríamos:

escrever('Informe 5 valores')
i<-1
enquanto i<=5 faça
inicio
  ler(v[i])
  i<-i+1
fim

Escrita de um vetor:

Para imprimir na tela todos os dados de uma variável do tipo vetor, também devemos utilizar um comando de repetição.

escrever('Valores do vetor')
 para i<-1 ate 5 faça
  escrever(v[i])

Suponha um algoritmo que lê 50 valores e, no final, apresenta os valores pares. Para resolver esse algoritmo precisamos de um vetor, pois temos que armazenar os 50 valores (um em cada posição do vetor) e, no final, apresentar na tela apenas os valores pares. Se não fosse utilizado um vetor de 50 posições, teríamos que ter 50 variáveis, uma para cada valor, o que inviabilizaria a criação do algoritmo.

O rascunho desse algoritmo seria:

Ler os 50 valores para o vetor.
Percorrer o vetor e testar se o valor desta posição é par.
Se o valor for par, ele deve ser apresentado na tela.

O algoritmo seria escrito da seguinte forma:

1	Algoritmo valores_pares
2	variaveis v: vetor [1..50] de inteiro i: inteiro
3	inicio
4	escrever('Informe 50 valores')
5	para i<-1 ate 50 faça
6	ler(v[i])
7	escrever('Valores pares do vetor')
8	para i<-1 ate 50 faça
9	se v[i] mod 2 = 0
10	entao escrever (v[i])
11	fim

Algoritmo 3.6: Exemplo vetor.
Fonte: Dos autores.

A linha 4 é executada apenas uma única vez, e a mensagem **Informe 50 valores** aparece na tela do computador. Então a linha 5 é executada, a variável **i** recebe o valor 1 e como este valor é menor ou igual a 50 a linha 6 é executada, o que corresponde a **ler (v[1])**, pois o valor da variável **i** é 1. Como esse é o único comando do **para**, a variável **i** é incrementada (esse incremento é feito automaticamente pelo comando **para** depois que os comandos que fazem parte do bloco de comandos são executados).

Com a variável **i** assumindo o valor 2, o comando **ler** é executado novamente. Esse ciclo se repete até que todos os 50 valores tenham sido armazenados no vetor. Depois que o vetor for preenchido, é necessário fazer um novo laço de repetição (linha 8) para percorrer o vetor e testar se cada um dos valores é par (linha 9). Esse teste está dentro do comando **para** e será executado 50 vezes – uma vez para cada um dos valores do vetor. Se o valor for par, o comando da linha 10 será executado e o valor será apresentado na tela.

> **» DICA**
> Existem algumas situações em que nem todas as posições do vetor estarão preenchidas. Esse é o caso de inserção de valores no vetor dependendo de uma condição.

Suponha um algoritmo que lê 10 valores e coloca em um vetor apenas os valores ímpares. No final, imprime o vetor de ímpares.

Nesse caso, o vetor deve ter 10 posições, pois todos os 10 valores podem ser ímpares. Mas e se apenas 5 valores forem ímpares? Nesse caso, vamos ter as 5 primeiras posições ocupadas e as outras 5 posições disponíveis. Para resolver esse tipo de algoritmo, os valores devem ser lidos para uma variável inteira e não diretamente para o vetor. Se o valor for ímpar, então ele é armazenado no vetor.

Esse algoritmo seria escrito da seguinte forma:

1	Algoritmo valores_impares
2	variaveis v: vetor [1..10] de inteiro valor, i: inteiro
3	inicio
4	escrever('Informe 10 valores')
5	pos<-0
6	para i<-1 ate 10 faça
7	inicio
8	ler(valor)
9	se valor mod 2 <> 0
10	entao inicio
11	pos<-pos+1
12	v[pos]<-valor
13	fim
14	fim
15	escrever ('Valores ímpares do vetor')
16	para i<-1 ate pos faça
17	escrever(v[i])
18	fim

Algoritmo 3.7: Exemplo vetor 2.
Fonte: Dos autores.

O bloco de comandos do primeiro comando **para** (linha 6 até 14) será executado 10 vezes – um para cada valor inserido. Se o valor for ímpar (linha 9), o valor será inserido no vetor. Note que foi utilizada uma variável **pos** para determinar a posição em que o valor será inserido. Se fosse utilizado o comando **v[i] <- valor**, não estaria correto, pois a variável **i** pode estar com o valor 7 uma vez que já foram informados 7 valores. Mas esse é o primeiro valor ímpar, então ele deve ser inserido na posição 1 do vetor e não na posição 7.

Depois que os 10 valores forem lidos, a variável **pos** vai ter a última posição inserida no vetor. Por exemplo, se foram informados 4 valores ímpares, a variável **pos** terá o valor 4. Para imprimir o vetor de ímpares é necessário utilizar o comando **para** com uma variável de controle, iniciando com o valor 1 e indo até **pos**, que é a última posição inserida no vetor (linha 16). Como a variável de controle **i** vai variar de 1 até **pos**, o comando **escrever (v[i])** escreve o v[1], v[2] até **pos**.

>> Agora é a sua vez!

1. Faça um algoritmo que leia um vetor de 15 posições de inteiro e apresente na tela apenas os elementos pares do vetor.

2. Faça um algoritmo que leia um vetor de 10 posições de inteiros e apresente na tela apenas os valores que estão nas posições ímpares do vetor.

3. Faça um algoritmo que leia um vetor v1 de 20 posições e crie um vetor v2 que é a multiplicação de cada um dos valores de v1 pela sua posição. Escreva o vetor v2 no final.

4. Faça um algoritmo que leia um vetor de 15 posições e apresente na tela as posições do vetor com números primos.

5. Faça um algoritmo que leia um vetor de 30 posições e, em seguida, encontre o menor elemento do vetor e multiplique os elementos do vetor por esse valor, armazenando o resultado no próprio vetor. Escreva o vetor no final.

6. Faça um algoritmo que leia dois vetores, v1 e v2, de 10 posições. Crie um vetor v3 que é o resultado da multiplicação de v1[1] e v2[10], v1[2] e v2[9] e assim sucessivamente. Escreva o vetor v3 no final.

7. Faça um algoritmo que leia uma quantidade indeterminada de valores e insira, em um vetor (20 posições), apenas os valores positivos. A leitura deve ser encerrada quando for digitado o valor 0 ou quando o vetor estiver preenchido. Escreva o vetor no final.

8. Faça um algoritmo que leia um vetor de 30 posições de caracter e, em seguida, apresente os caracteres que aparecem repetidos no vetor.

9. Faça um algoritmo que leia um vetor de 8 posições e um valor e, em seguida, verifique quantas vezes esse valor aparece no vetor. Escreva essa informação no final.

» Matriz

A matriz é uma estrutura semelhante ao vetor, ou seja, composta e homogênea (formada por outros tipos de dados e tendo todos os valores do mesmo tipo), mas que pode ter mais de uma dimensão.

Uma matriz em português estruturado seria declarada da seguinte forma:

<variável>: matriz [<linha_inicial>..<linha_final>,<coluna_inicial>..<coluna_final>] de <tipo>

Exemplo de declaração de uma variável do tipo matriz:

   m: matriz [1..3,1..3] de inteiro

Leitura da matriz:

 escrever('Informe uma matriz 3x3')

```
  ler(m)
```
⇐ **Errado!!!**

Se **m** é uma matriz, então não podemos utilizar **ler(m)**, pois devemos informar a posição para a qual o valor deve ser lido (linha e coluna).

A leitura correta seria:

ler(m[1,1],m[1,2],m[1,3])

Embora o comando **ler(m[1,1],m[1,2],m[1,3])** esteja correto para fazer a leitura dos valores para a primeira linha da matriz, seria mais adequado utilizar um laço de repetição. A variável **i** é utilizada para indicar a linha (primeira posição do colchete) e a variável **j** para indicar a coluna (segunda posição do colchete).

Assim, teríamos:

escrever('Informe uma matriz 3x3')
para i<-1 ate 3 faça
 para j<-1 ate 43 faça
  ler(m[i,j])

Quando a variável **i** tiver o valor 1 e **j** o valor 1, significa **ler(m[1,1])**, quando a variável **j** tiver o valor 2, significa **ler(m[1,2])** e assim sucessivamente. Para **i** com o valor 1 a variável **j** deve variar até 3. Depois que o **j** tiver atingido o valor 3, o **i** é incrementado e recebe o valor 2 (ler os dados da segunda linha), e o **j** varia novamente de 1 até 3 como vemos a seguir.

i	j	m		
1	1	6	5	9
	2			
	3			
2	1	6	5	9
	2	7	4	11
	3			
3	1	6	5	9
	2	7	4	11
	3	8	21	15

Escrita da matriz:

Para apresentar na tela todos os dados de uma variável do tipo matriz, também devemos utilizar dois comandos de repetição:

escrever('Valores da matriz')
para i<-1 ate 3 faça
 para j<-1 ate 3 faça
  escrever(m[i,j])

Suponha um algoritmo que lê uma matriz 4x4 e apresenta o maior elemento da matriz e sua posição.

O algoritmo seria escrito da seguinte forma:

1	Algoritmo maior_valor
2	variaveis m: matriz [1..4,1..4] de inteiro i,j,maior,coluna,linha: inteiro
3	inicio
4	escrever('Informe uma matriz 4x4')
5	para i<-1 ate 4 faça
6	para j<-1 ate 4 faça
7	ler(m[i,j])
8	maior<-m[1,1]
9	linha<-1
10	coluna<-1
11	para i<-1 ate 4 faça
12	para j<-1 ate 4 faça
13	se m[i,j] > maior
14	entao inicio

15	maior <- m[i,j]
16	linha<-i
17	coluna <-1
18	fim
19	escrever('Maior valor:',maior)
20	escrever('Linha:',linha,' Coluna:',coluna)
21	fim

Algoritmo 3.8: Matriz.
Fonte: Dos autores.

» Agora é a sua vez!

1. Faça um algoritmo que leia uma matriz 10x10 e apresente:

    a) A soma da linha 6.

    b) A soma dos elementos pares da matriz.

    c) A soma dos elementos da diagonal principal.

2. Faça um algoritmo que leia uma matriz 7x7 e crie um vetor com os elementos ímpares da matriz.

3. Faça um algoritmo que leia uma matriz 10x10 e apresente o maior e o menor elemento da matriz.

4. Faça um algoritmo que leia uma matriz 8x8 e crie um vetor com a média dos elementos de cada uma das linhas da matriz.

5. Faça um algoritmo que leia uma matriz 5x5 e execute as seguintes operações:

    a) Troca os elementos da linha 2 pelos da linha 4.

    b) Troca os elementos da diagonal principal pelos da diagonal secundária.

6. Faça um algoritmo que leia uma matriz 9x9 e armazene em um vetor o maior elemento de cada uma das colunas. Mostre o vetor no final.

7. Faça um algoritmo que leia uma matriz 7x7 e crie um vetor com os elementos da linha onde se encontra o menor elemento da matriz. Escreva o vetor no final.

(continua)

>> Agora é a sua vez!

(continuação)

8. Faça um algoritmo que leia uma matriz 5x5 e apresente a soma dos elementos na diagonal principal e abaixo dela.

9. Faça um algoritmo que leia uma matriz [8x8] e crie dois vetores. São eles:

   a) V1, que contém os elementos ímpares da linha onde se encontra o menor elemento da matriz.

   b) V2, que contém os elementos da diagonal secundária multiplicados por 4. Escreva os vetores no final.

>> Registro

Um registro é formado de um ou mais campos, e cada um dos campos possui um nome e um tipo. Os campos do registro podem ser de tipos diferentes. Utilizando o tipo **registro** podemos agrupar variáveis de maneira a organizar nossos dados, facilitando o entendimento do código e, assim, evitando erros.

Um registro no português estruturado seria declarado da seguinte forma:

<variável>: registro
    <campo>: <tipo>
    <campo: <tipo>
    ...
    <campo>: <tipo>
  fim

Exemplo de registro:

funcionario: registro
    codigo:inteiro
    nome: caracter
    salario: real
  fim

Leitura de um registro:

ler(funcionario.codigo, funcionario.nome, funcionario.salario)

O comando **ler(codigo)** está errado, pois não existe uma variável **codigo**. A variável é **funcionario**, que possui um campo chamado **codigo**. Assim, é necessário colocar o nome da variável e depois o nome do campo (variável.campo).

Escrita de um registro:

escrever(funcionario.codigo, funcionario.nome, funcionario.salario)

Considere um algoritmo que lê o código, nome e salário de 15 funcionários e, no final, apresenta o nome dos funcionários com salário superior a R$ 3.000,00. Para resolver esse algoritmo é necessário armazenar esses dados para os 15 funcionários. Sem o conceito de registro, a alternativa seria criar três vetores, um para cada informação.

As variáveis seriam:

codigo: vetor [1..15] de inteiro
nome: vetor [1..15] de caracter
salario: vetor [1..15] de real

codigo	nome	salario
101	Pedro	3500
102	Ana	2000
114	Maria	4000
115	Paulo	1500

Com o tipo de dados **registro** é possível criar um vetor de 15 posições em que cada posição é um registro com os campos: **codigo**, **nome** e **salario**.

As variáveis seriam:

```
vf: vetor[1..15] de registro
                codigo: inteiro
                nome: caracter
                salario: real
        fim
```

```
vf
 1  codigo: 101
    nome: Pedro
    salario: 3500
 2  codigo: 102
    nome: Ana
    salario: 2000
    .......
14  codigo: 114
    nome: Maria
    salario: 4000
15  codigo: 115
    nome: Paulo
    salario: 1500
```

> **» NO SITE**
> Acesse o ambiente virtual de aprendizagem para fazer as atividades relacionadas ao que foi discutido neste capítulo.

A leitura de um vetor de registro:

para i<-1 ate 15 faça
 ler(vf[i],codigo, vf[i].nome,vf[i].salario)

A variável que irá armazenar os dados dos funcionários é a variável **vf**, que é uma variável do tipo vetor. O comando **ler** será executado 15 vezes – uma vez para cada uma das 15 posições do vetor. No comando **ler**, ao lado do variável **vf**, está o índice ou posição do vetor (entre colchetes), seguido do nome do campo para o qual o valor será lido. A sintaxe é a seguinte: **variavel_vetor[posição].campo**.

O algoritmo seria escrito da seguinte forma:

1	Algoritmo dados_funcionarios

2	variaveis vf: vetor [1..15] de registro
	                                codigo:inteiro
	                                nome:caracter
	                                salario: real
	                         fim
	    i:inteiro

3	inicio
4	escrever('Informe código, nome e salário - 15 funcionários')
5	para i<-1 ate 15 faça
6	ler(vf[i].codigo, vf[i].nome,vf[i].salario)
7	escrever('Funcionários com salário superior a R$ 3.000,00')
8	para i<-1 ate 15 faça
9	se vf[i].salario> 3000
10	entao escrever(vf[i].nome)
11	fim

Algoritmo 3.9: Registros
Fonte: Dos autores.

>> PARA REFLETIR

Com o uso do registro, ao invés de termos três vetores, organizamos melhor nossos dados e diminuímos a chance de acessar o nome de um funcionário com o código de outro. Por exemplo, ao remover um funcionário do vetor com registros, dificilmente ocorrerão erros. Ao remover um funcionário na situação com três vetores, se, por acaso, esquecermos de remover o código, todo o algoritmo ficaria comprometido.

>> Agora é a sua vez!

1. Faça um algoritmo que apresente as seguintes informações para 15 produtos: código, nome e quantidade em estoque. No final, apresente o nome dos produtos com maior e menor quantidade em estoque e a média de estoque dos produtos.

2. Faça um algoritmo que realiza uma pesquisa com 30 estudantes coletando os seguintes dados:

   a) Idade

   b) Sexo

   c) Curso

   d) Estágio (sim ou não)

   Determine e escreva:

   » A média de idade dos alunos.
   » A quantidade de alunos do curso de informática que faz estágio.
   » O percentual de mulheres no curso de administração.

LEITURAS RECOMENDADAS

ASCENCIO, A. F. G.; CAMPOS, E. A. V. *Fundamentos da programação de computadores*. São Paulo: Prentice Hall, 2007.

BERG, A. C.; FIGUEIRÓ, J. P. *Lógica de programação*. 2. ed. Canoas: ULBRA, 2002.

FORBELONE, A. L. V.; EBERSPÄCHER, H. F. *Lógica de programação*: a construção de algoritmos e estruturas de dados. 3. ed. São Paulo: Pearson, 2005.

LOPES, A; GARCIA G. *Introdução à programação*: 500 algoritmos resolvidos. Rio de Janeiro: Campus, 2002.

MANZA, J. A. N. G. *Algoritmos*: lógica para desenvolvimento de programação. São Paulo: Erica, 1997.

MEDINA, M.; FERTIG, C. *Algoritmos e programação*: teoria e prática. São Paulo: Novatec, 2005.

TERADA, R.; SETZER, V. *Introdução à computação e à construção de algoritmos*. São Paulo: Makron Books, 1992.

UCCI, W.; SOUSA, R. L.; KOTANI, A. M. *Lógica de programação*: os primeiros passos. São Paulo: Érica, 1991.

Fabio Yoshimitsu Okuyama
Carlos Fernandes
Fabrícia Py Tortelli Noronha

capítulo 4

Linguagem C: parte I

Até aqui você teve uma visão geral sobre programação e desenvolvimento de algoritmos para resolver problemas. Neste capítulo, mostraremos como programar com a linguagem C, transformando algoritmos em programas. Além disso, mostraremos como configurar seu ambiente de trabalho e criar seus primeiros programas, utilizando o compilador e um ambiente de desenvolvimento integrado.

Objetivos deste capítulo

» Configurar um ambiente para programação.

» Criar programas na linguagem C.

» Entender e corrigir erros simples em programas.

» Entender os tipos de dados disponíveis em linguagem C.

» Fazer uso de funções disponibilizadas na linguagem C.

Conceito de linguagem C

A linguagem de programação C é uma linguagem voltada para programação estruturada, de propósito geral, que tem como principais características:

- **Portabilidade:** é possível criar um programa na linguagem C e, com poucas adaptações, compilar em outra plataforma (por exemplo, MS-Windows e Linux).
- **Modularidade:** o C permite usar apenas os recursos que serão necessários para nosso programa e também programar de maneira que facilita a reúso de código.
- **Confiabilidade:** a linguagem C possui diversos compiladores e bibliotecas consolidadas que nos permitem agregar confiabilidade à plataforma de programação.
- **Linguagem de nível médio:** a linguagem C possibilita acessar e fazer uso de recursos do hardware de maneira mais livre, sem ter a sintaxe complexa e específica do Assembly.

Além dessas características principais, podemos também ressaltar algumas outras como, por exemplo:

- **Case sensitive (sensível ao caso):** na linguagem C, as letras minúsculas e maiúsculas são consideradas distintas, ou seja, se uma palavra reservada é definida com letras minúsculas (por exemplo, `int`, `char`, `float`), seu uso com letras maiúsculas não é reconhecido, sendo considerado erro.
- Todos os comandos e funções devem ser escritos da forma como foram definidos (por exemplo: `if`, `for`, `switch`, `do`, `while`). Vejamos o exemplo da palavra-chave `int`:

> » `int x, X;//correto`
> » `Int i;//errado`
> » `int x; /*é diferente de int X;*/`

Por ser uma linguagem de nível médio, consideramos a linguagem C uma ótima linguagem para iniciar a aprender a programar. Dessa forma, você poderá optar, posteriormente, por continuar trabalhando com C ou uma de suas variantes, ou ainda trabalhar com linguagens de nível mais elevado ou de mais baixo nível. Além disso, com a linguagem C o programador adquire diversos conhecimentos sobre o funcionamento de um computador, os quais são menos visíveis em linguagens de programação de mais alto nível.

> ## NA HISTÓRIA
>
> **Histórico da linguagem C**
>
> A linguagem C foi lançada em 1972 por Dennis M. Ritchie nos Laboratórios Bell (originalmente AT&T Bell Laboratories). Foi projetada para ser uma linguagem minimalista a fim de ser usada na escrita de sistemas operacionais de computadores de pequeno porte.
>
> O primeiro grande sistema a utilizar o C foi uma implementação do sistema operacional UNIX, o que facilitou a escrita do sistema operacional que anteriormente deveria ser escrito em linguagens mais dependentes do hardware (por exemplo, Assembly). A linguagem C foi padronizada pela ANSI (American National Standards Institute, que é equivalente à ABNT), que definiu o padrão referido como C ANSI[1] em 1984. A partir desse padrão, surgiram diversas variações e derivações da linguagem C como, por exemplo, C++[2], C*, Objective C, C# e JAVA.
>
> Fonte: Enciclopaedia Britannica (2012).

Para iniciar seu aprendizado em C você precisará preparar seu computador para programar nessa linguagem. Esse é um processo que chamamos de "configuração do ambiente", o qual envolve a instalação e a configuração de programas que irão auxiliar no processo de criar programas em C. Esses programas e configurações são apresentados a seguir.

---

[1] Desde então, existe o padrão ANSI C, o qual é implementado por diferentes compiladores que seguem esse padrão. Porém, é comum encontrarmos diferenças entre os compiladores.

[2] Frequentemente, vemos a denominação C/C++. Porém, se trata de duas linguagens distintas com maneiras bem diferentes de programar.

≫ Como configurar meu ambiente para programar?

Para criar seus primeiros programas em C você precisará de um compilador C. Além disso, você pode fazer uso de um **IDE** (Ambiente de Desenvolvimento Integrado). Para escrever seus primeiros programas, você pode utilizar um editor de texto comum, mas recomendamos o uso do IDE, que facilitará o processo de compilação e execução de seus programas.

Para ilustrar os exemplos de compilação e execução, utilizaremos como referência o IDE NetBeans e o compilador *gcc* através da ferramenta Cygwin, já que iremos desenvolver em ambiente MS-Windows. Mas você poderá utilizar o NetBeans e o *gcc* também em ambientes Linux, com poucas diferenças. Todas essas ferramentas estão disponíveis na Internet e podem ser baixadas gratuitamente.

Para instalar o *gcc* em um ambiente MS-Windows use o Cygwin, instalando-o com os seguintes pacotes adicionais:

• g++, da categoria "Devel", que é o compilador para linguagem C e C++.
• gdb, da categoria "Devel", que é o *debugger* do C++, ferramenta que permite a execução passo a passo de nossos programas.
• make, da categoria "Devel", ferramenta usada internamente para automatizar o processo de compilação dos programas.

Para a instalação do NetBeans, é preciso instalar o JDK (*kit* de desenvolvimento JAVA, que é a linguagem na qual o NetBeans é feito). Basta selecionar seu sistema operacional e realizar a instalação. Finalmente, para instalar o NetBeans, baixe-o do *site* indicado, no qual você pode selecionar a versão completa, com suporte a várias linguagens de programação, ou selecionar a versão apenas para C e C++ (mais compacta).

Você pode optar também por usar outros IDEs como, por exemplo, Dev-C++, também gratuito.

> ≫ **NO SITE**
> As páginas de acesso ao Cygwin e ao NetBeans estão disponíveis no ambiente virtual de aprendizagem (material em inglês): www.bookman.com.br/tekne.

> ≫ **NO SITE**
> No ambiente virtual de aprendizagem, você também poderá encontrar instruções mais detalhadas com imagens para instalação do Cygwin e do NetBeans no MS-Windows.

Criando seu primeiro programa

No NetBeans, existe o conceito de *Projeto*, em que cada projeto reúne os arquivos fontes necessários para a criação de um programa. Para isso, siga os seguintes passos:

1. No menu "Arquivo", selecione a opção "Novo Projeto...". Isso abrirá uma nova janela em que você poderá escolher o tipo de projeto.

2. Escolha a categoria "C/C++" do lado esquerdo.

3. Escolha o tipo de projeto "Aplicação C/C++" do lado direito.

4. Clique em Próximo.

5. Dê um nome para seu projeto e escolha a linguagem "C", que fica bem no canto direito, conforme mostra a Figura 4.1.

> **WWW.**
>
> **» NO SITE**
> No ambiente virtual de aprendizagem, você encontrará uma descrição detalhada e com imagens de como criar seu primeiro projeto no NetBeans. À primeira vista pode parecer um tanto complicado, mas com a prática iremos nos familiarizar com os termos e conceitos.

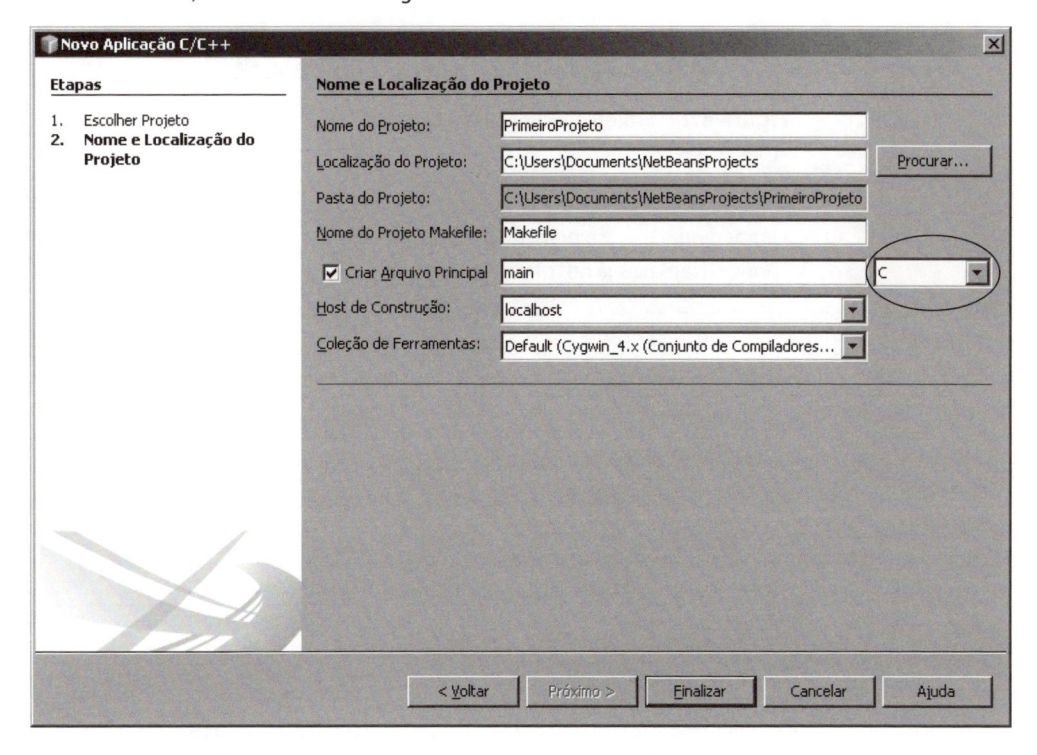

Figura 4.1 Criando um projeto no NetBeans.
Fonte: Dos autores.

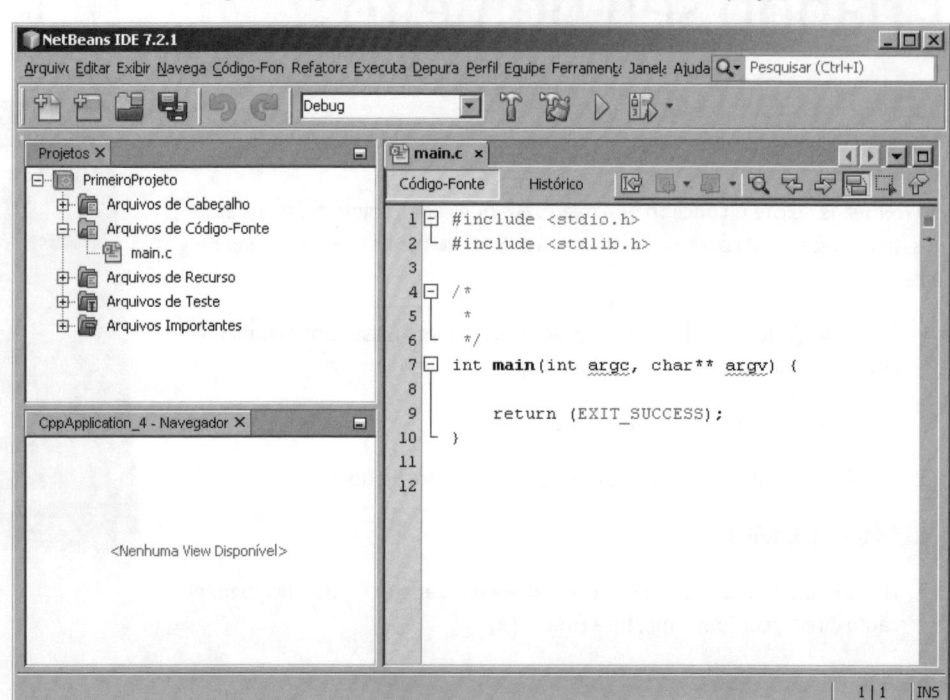

A seguir, na Figura 4.2, temos a tela do NetBeans com um projeto C em branco.

Figura 4.2 Projeto NetBeans em branco.
Fonte: Dos autores.

Note que o IDE já cria um esqueleto inicial para nosso primeiro programa. Então, vamos digitar o nosso primeiro programa, conforme segue, completando o modelo que o NetBeans já nos oferece pronto.

Linha	Código	Descrição
01	`#include <stdio.h>`	inclui o arquivo stdio.h ao programa
02	`#include <stdlib.h>`	inclui o arquivo stdlib.h ao programa
03	`int main(int argc, char** argv) {`	inicio da função principal (main)
04	`printf("Meu primeiro programa C");`	escreve mensagem na tela
05	`return (EXIT_SUCCESS);`	finaliza a função principal sem erros
06	`}`	fim da função principal

Programa 4.1: Primeiro programa em C.
Fonte: Dos autores.

Na realidade, você precisará digitar apenas o código da linha 04, pois o NetBeans já cria um esqueleto de programa para você. Copie a linha atentamente, utilizando maiúsculas e minúsculas conforme escrito. Esse programa irá simplesmente escrever na tela: "Meu primeiro programa em C". Para rodar o programa, basta apenas apertar o botão de *play* (triângulo verde). O programa será compilado e executado na sequência, caso não haja erros. Transcreva o código da maneira como apresentado. O erro mais comum é esquecer do ponto e vírgula no final. Veja, na Figura 4.3, a execução do seu primeiro programa no NetBeans.

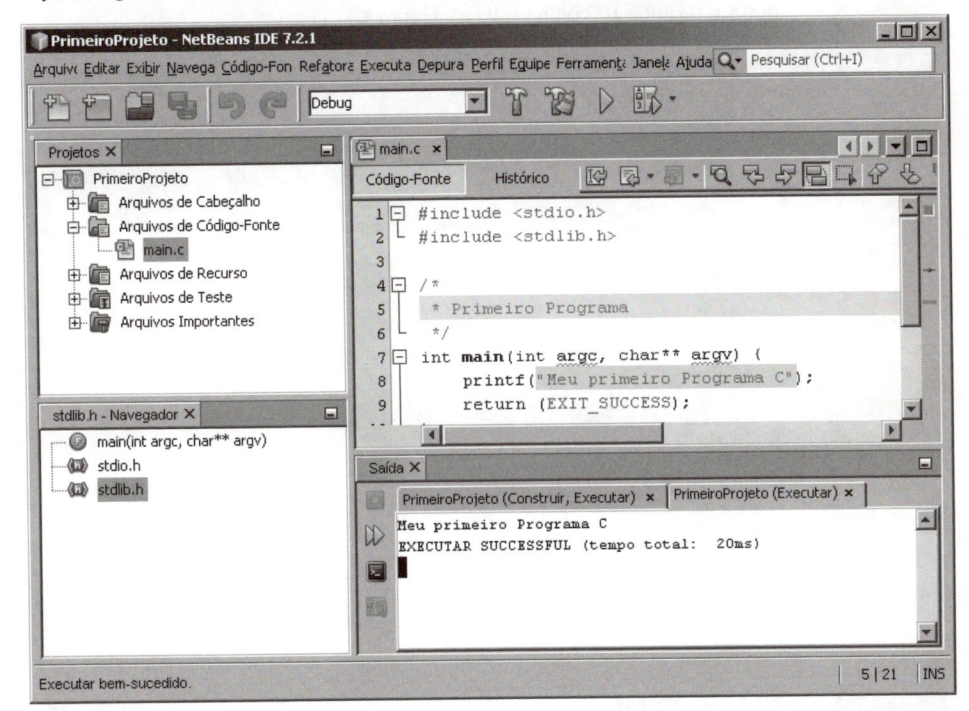

Figura 4.3 Executando o primeiro programa.
Fonte: Dos autores.

Você pode ver na linha 05, mostrada na Figura 4.3, que existe o comentário "Primeiro Programa". Você pode inserir comentários dentro de seu programa para torná-lo mais fácil de entender. Comentários de mais de uma linha você inicia com /*, conforme aparece na linha 04 mostrada na Figura 4.3, e encerra com */, como aparece na linha 06. Se for um comentário de final de linha, você pode usar o // e escrever seu comentário.

» Mensagens de erro na compilação

No processo de compilação, podem aparecer algumas mensagens de erro que, apesar de serem apresentadas normalmente em inglês, são parte de um conjunto relativamente pequeno de mensagens possíveis. A compreensão dessas mensagens de erro facilita bastante no processo de programação. Iremos apresentar as principais mensagens de erro que podem aparecer no momento da compilação.

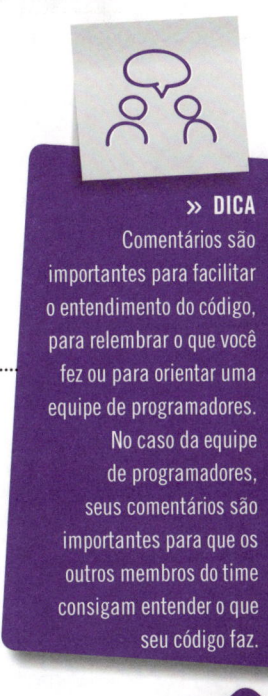

> **» DICA**
> Comentários são importantes para facilitar o entendimento do código, para relembrar o que você fez ou para orientar uma equipe de programadores. No caso da equipe de programadores, seus comentários são importantes para que os outros membros do time consigam entender o que seu código faz.

Ao observar que seu programa apresentou erros na compilação, verifique o primeiro erro que aparece, pois os erros subsequentes podem ser consequência do primeiro erro. Note que são exibidas mensagens com o nome do arquivo e a linha em que o erro foi encontrado. Por exemplo: **main.c:16:5** indica erro no arquivo **main.c**, na linha 16, coluna 5. Veja a Figura 4.4.

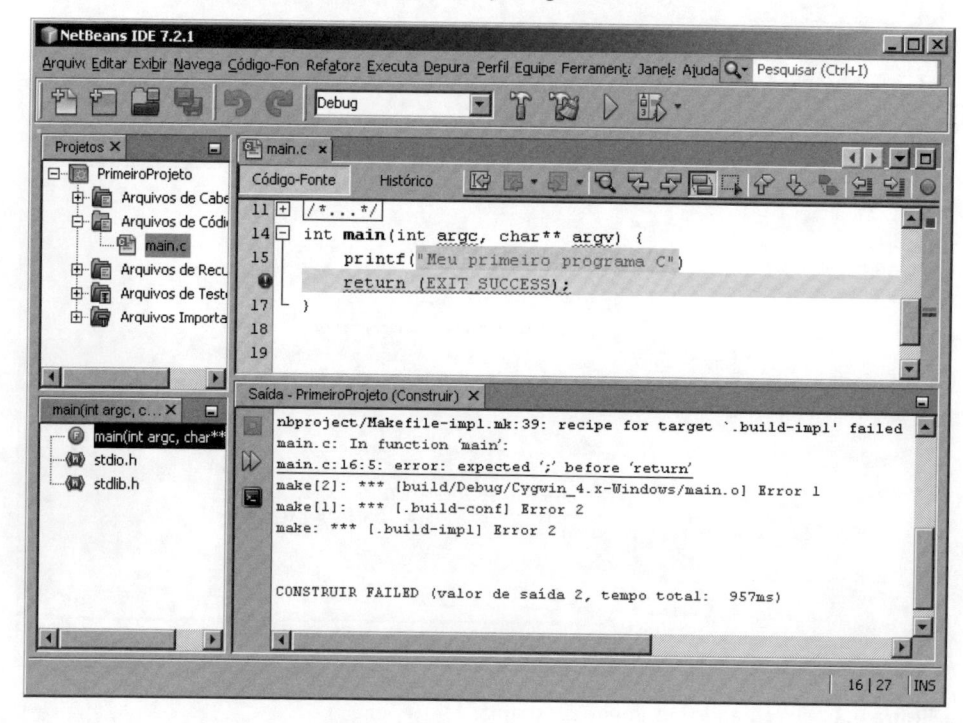

Figura 4.4 Mensagem de erro.
Fonte: Dos autores.

As principais mensagens de erro podem ser: **falta de ponto e vírgula** e **referência indefinida.**

Mensagem de erro: falta de ponto e vírgula

Se o compilador apresentar uma mensagem do tipo: **main.c:LL:C error expected ';' before 'return'**, isso significa que o compilador detectou a ausência de ponto e vírgula na linha indicada em LL, na coluna C. Se olharmos, na Figura 4.4, para o código que gerou o erro, veremos que, na verdade, está faltando o ponto e vírgula na linha anterior à indicada na mensagem: **main.c:16:5 error expected ';' before 'return'** – o erro se encontra na linha 15. Isso ocorre pois o compilador esperava encontrar o ponto e vírgula após o fecha-parênteses, mas o erro apenas se confirma quando o compilador encontra o comando return na linha 16, coluna 5.

Mensagem de erro: referência indefinida

Quando digitamos incorretamente algum comando da linguagem C, o erro usual que será apontado pelo compilador será algo do tipo: **main.c:15: undefined reference to '_pritf'**. Isso significa que o compilador desconhece o comando pritf (printf digitado errado). Outras formas de apresentação do mesmo tipo de erro podem ser: **main.c:15:5: error: 'Int' undeclared (first use in this function)**. Nesse caso, o compilador indica que desconhece a palavra `'Int'` (que deveria ser escrita `'int'`) e que erros posteriores com a mesma palavra foram omitidos da lista.

» Tipos de dados em C

> » **DICA**
> Visto que a linguagem C é definida por um padrão (ANSI), a definição de tamanho do tipo e, por consequência, os limites para os tipos de dados dependerão da versão de seu compilador e da plataforma utilizada.

Conforme vimos no Capítulo 1, computadores são capazes de armazenar apenas sequências de 0 e 1. Vimos também como representamos números no sistema binário e, assim, armazenamos diferentes grandezas de números. Os tipos de dados são importantes para dizermos ao compilador como uma sequência de bits deve ser interpretada. No Capítulo 2, foram apresentados os tipos de dados usados no português estruturado (portugol). Agora, no Quadro 4.1, apresentamos os tipos de dados básicos da linguagem C.

Quadro 4.1 » **Tipos básicos da linguagem C**

Tipo	Tamanho (bytes)	Limites
int	4	-2.147.483.648 a 2.147.483.647
unsigned int	4	0 a 4.294.967.295
short int	2	-32.768 a 32.767
unsigned short int	2	0 a 65.535
float	4	Seis dígitos de precisão
double	8	Dez dígitos de precisão
long double	12	Dez dígitos de precisão
char	1	-127 a 127
unsigned char	1	0 a 255

Fonte: Dos autores.

> **DICA**
> Não é necessário decorar as informações do Quadro 4.1; Você as encontrará facilmente aqui ou pesquisando na Internet. Com a prática, essas informações ficarão mais familiares a você, por isso não há necessidade em decorá-las. Além disso, você pode verificar em seu próprio ambiente a quantidade de bytes de cada tipo de dados com o uso da função sizeof.

Com o tipo int e suas variantes, podemos armazenar valores inteiros de acordo com as faixas apresentadas. Assim, podemos escolher o tipo de dado mais adequado à sua finalidade. Já para os tipos reais (com casas decimais), podemos escolher entre float, double e long double, em que podemos escolher os valores de acordo com a necessidade de maior ou menor precisão e tamanho máximo.

O tipo char serve para armazenar caracteres. Cada variável do tipo char pode armazenar um único[3] caracter. Mas, como já mencionado, os computadores são capazes de trabalhar apenas com 0 e 1 e, com o uso desse sistema binário, podemos armazenar números. Para armazenar caracteres, usamos como convenção a chamada Tabela ASCII, que associa números aos caracteres. Por exemplo, o número 65 representa o caracter 'A' maiúsculo, o 66 o 'B' maiúsculo, e assim por diante. O número 97 representa o 'a' minúsculo. O algarismo numérico '1' é representado pelo número 49[4].

No Quadro 4.2, seguem exemplos de declarações de variáveis[5] e constantes em C.

Quadro 4.2 » Declarando variáveis e constantes

Código	Descrição
int x;	Cria variável do tipo int (inteiro) chamada x.
int a, b1, c2;	Cria três variáveis inteiras chamadas a, b1 e c2.
float f;	Cria variável do tipo float (ponto flutuante) chamada f.
double d;	Cria variável do tipo double chamada d.
long double y;	Cria variável do tipo long double chamada y.
char letra, ch;	Cria duas variáveis do tipo char chamadas ch e letra.
const float PI=3.14;	Cria uma constante chamada de PI[6] e inicializa com o valor 3.14.

Fonte: Dos autores.

---

[3] No C puro, não existe um tipo específico para sequência de caracteres (*strings*). Esses são manipulados como vetores de caracteres, o que veremos no Capítulo 6.

[4] É importante estabelecer diferença entre o número do algarismo e o número que o representa. Podemos realizar operações matemáticas (soma/divisão, multiplicação, subtração) com números, mas não com caracteres.

[5] Os identificadores em C podem ter até 32 caracteres (sem espaços), podendo ser iniciados por letras ou _ (*underscore*). Após a primeira letra, é possível colocar números. Não podem ser iguais a palavras-chave do C como, por exemplo, int, char, const, float, double, long, void, entre outros.

[6] É uma boa prática a criação de constantes com nomes em maiúsculas. Porém, não é obrigatório.

Constantes são variáveis que são definidas uma única vez e que têm como vantagem garantir que o mesmo valor seja utilizado em diversos pontos, mantendo a coerência do programa. Por exemplo, definindo a constante PI com determinado valor, garante-se que será sempre utilizado o mesmo valor com a mesma quantidade de casas decimais, e evita-se ter um valor diferente em cada trecho do código.

No Quadro 4.3, seguem os operadores básicos da linguagem C. Os exemplos consideram as variáveis declaradas anteriormente.

Quadro 4.3 » Operadores básicos

	Descrição	Exemplo
=	Operador de atribuição. A variável da esquerda recebe o valor da expressão à direita.	x = 10; a = x;
+	Soma	b1 = a+x; b1 = a+2;
*	Multiplicação	c2 = x*a; c2 = 100*b1;
/	Divisão[7]	f = x/10.0;
–	Subtração	x = a–b1;
%	Resto da divisão (apenas para valores inteiros)	c2 = a%b1; x = a%2;

++	Operador de incremento. Incrementa a variável em uma unidade. No exemplo a = x++, o incremento acontecerá depois da atribuição. A variável a receberá o valor antigo de x.	x++;
		++x;
		a = x++;

--	Operador de decremento. Decrementa a variável em uma unidade. No exemplo a = --x, o incremento acontecerá antes da atribuição. A variável a receberá o valor novo de x.	x--; --x; a = --x;
&	Indica o endereço de memória ocupado por uma variável. &x mostrará o endereço da variável x.	&x;

Fonte: Dos autores.

---

[7] No caso da divisão, é importante verificar os tipos envolvidos na divisão. A divisão de 5 por 2 (dois números inteiros) terá como resultado um número inteiro (2). Se dividirmos 11 por 2.0 (um inteiro e um real), o resultado será um número real (5.5), pois nesse caso será considerado o tipo mais abrangente (float).

Note que o operador de atribuição '=' funciona como a '<-' usada no português estruturado. Esse operador não deve ser confundido com o operador de igualdade que, na linguagem C, é representado pelo '==', conforme veremos no Quadro 4.4.

> » **ATENÇÃO**
> Não complique seu programa! Por uma questão de clareza de seu código, evite usar as formas apresentadas no Quadro 4.4. Essas formas são apresentadas aqui para que você conheça e saiba interpretá-las quando encontrá-las em algum programa. Porém, elas reduzem a legibilidade de seu código e não trazem grandes benefícios em relação à quantidade de código digitado e performance. As atribuições com incremento (++) e decremento (--) são mais comuns e podem ser utilizadas com cautela – dê preferência para realizar o incremento/decremento em linhas separadas das atribuições.

Quadro 4.4 » Exemplos de uso dos operadores

Exemplo	Significado
`a + = 10;`	`a = a+10;`
`a * = 2;`	`a = a*2;`
`a / = 5;`	`a = a/5;`
`a % = 2;`	`a = a%2;`

`a = b++;`	`a = b; //atribuição primeiro`
	`b = b+1;`

`a = ++b;`	`b = b+1;` `a = b; //atribuição depois`
`a = b--;`	`a = b;` `b = b-1;`
`a = --b;`	`b = b-1;` `a = b;`

Fonte: Dos autores.

> » **NO SITE**
> Para encontrar um guia de linguagem C com as principais funções e bibliotecas, consulte nosso ambiente virtual de aprendizagem (material em inglês).

Chamando funções em C

Na linguagem C, temos diversas bibliotecas que nos fornecem funções para elaborarmos nossos programas. Cada função pode receber parâmetros e pode devolver um valor como retorno. Por exemplo, a função `sizeof` pode receber como parâmetro um tipo de dado ou uma variável, devolvendo o tamanho em bytes que essa ocupa. Para realizarmos uma chamada de função, temos de incluir, no início do arquivo, a instrução `'#include <nome_biblioteca.h>'` e realizar a chamada da função pelo nome, conforme mostrado no Quadro 4.5.

Quadro 4.5 » Exemplo de uso do comando sizeof

Código	Descrição

int x, a, b;
x = sizeof(int);
a = sizeof(b);
	declara variáveis x, a e b do tipo int.
	variável x recebe o número de bytes ocupados pelo tipo int.
	variável a recebe o número de bytes ocupados pela variável b.

Fonte: Dos autores.

Função printf

A função printf serve para realizar a escrita de dados na tela do computador, conforme vimos em nosso primeiro exemplo, em que usamos a função printf para escrever a mensagem "Meu primeiro programa em C". Porém, a função printf possui muitas outras possibilidades. Por exemplo:

Linha	Código	Resultado na tela
01	#include <stdio.h>	
02	#include <stdlib.h>	
03	int main(int argc, char** argv) {	
04	int x = 10; //declara variável x	
05	int a = 1, b = 2;	
06	printf("Oi Mundo!\n");	Oi Mundo!
07	printf("Valor de x:%d\n", x);	Valor de x:10
08	x++;	
09	printf("Valor de x:%d\n", x);	Valor de x:11
10	printf("a:%d \tb:%d\tc:%d\n", a, b, 3);	a:1 b:2 c:3
11	printf ("%5d\n%5d\n%5d",1,10,100);	1 10 100
12	return (EXIT_SUCCESS);	
13	}	

Programa 4.2: Testando a função printf.
Fonte: Dos autores.

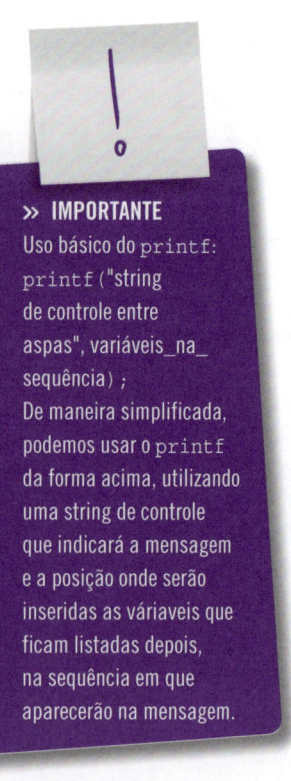

> **IMPORTANTE**
>
> Uso básico do `printf`:
> `printf("string de controle entre aspas", variáveis_na_sequência);`
> De maneira simplificada, podemos usar o `printf` da forma acima, utilizando uma string de controle que indicará a mensagem e a posição onde serão inseridas as váriaveis que ficam listadas depois, na sequência em que aparecerão na mensagem.

Nas linhas 01 e 02, são incluídos os arquivos[8] necessários para o programa e, na linha 03, a declaração da função principal do programa (essas linhas já estão no esqueleto de programa do NetBeans). Nas linhas 04 e 05, são criadas as variáveis que serão usadas no programa – pode-se criar uma variável por linha ou colocar mais de uma na mesma linha. Note na linha 04 a presença de um comentário de final de linha, iniciado por `//`. Na linha 06, há instrução para imprimir na tela uma mensagem simples e um código especial para que, ao final da mensagem, o cursor vá para o início da próxima linha `\n`.

Já na linha 07, o comando imprime na tela uma mensagem e o valor de uma variável `x`. Para imprimir o valor de variáveis, usamos uma combinação especial de caracteres `%d` para indicar a posição onde o valor da variável deve ser inserido e como o valor contido deve ser mostrado, separado depois por vírgula da variável a ser inserida `x`. No caso desse exemplo, o valor contido na variável `x` é um inteiro que deverá ser exibido na notação decimal. Na linha 10, além dos marcadores que indicam a posição das variáveis, também é usado o código `\t` para indicar que o cursor ande uma tabulação. Note que, no comando da linha 10, é possível indicar mais de uma variável e também valores diretamente nas posições marcadas.

Na linha 11, é mostrado o código `%5d`, que será substituído por um número inteiro na notação decimal. Nesse caso, o número 5 indica quantas casas serão ocupadas pelo número a ser impresso, possibilitando o alinhamento à direita dos números (o que seria interessante, por exemplo, para impressão de valores em uma nota fiscal).

A linha 12 indica o término da função principal, indicando que o programa foi encerrado sem erros, enquanto a linha 13 indica o término do bloco da função principal. Ambas as linhas fazem parte do esqueleto provido pelo NetBeans. Veja no Quadro 4.6 os principais códigos de controle da função `printf`.

---

[8] Os arquivos com a extensão `.h` contêm declarações de funções e constantes que são incluídas ao programa com a diretiva `#include`.

Quadro 4.6 » **Principais códigos de controle da função** `printf`

Código de controle	Descrição
`%d`	Indica posição de um valor inteiro na notação decimal.
`%o`	Indica posição de um valor inteiro na notação octal.
`%x`	Indica posição de um valor inteiro na notação hexadecimal.
`%c`	Indica a posição de um caracter. Apenas um único caracter.
`%s`	Indica a posição de uma sequência de caracteres (string).
`%f`	Indica posição de um valor real na notação decimal.
`%%`	Insere um sinal de porcentagem (%).
`\n`	Insere uma nova linha.
`\t`	Insere uma tabulação.
`\"`	Insere aspas duplas (").
`\\`	Insere contrabarra (\).

Fonte: Dos autores.

Vejamos um exemplo de programa utilizando os códigos do Quadro 4.6:

	Código	Resultado na tela
01	`int main(int argc, char** argv) {`	
02	`    char ch = 'c';`	
03	`    printf("Juros de %d%%\n", 10);`	Juros de 10%
04	`    printf("\\ \" \n");`	\ "
05	`    printf("%f\n", 40.345);`	40.345000
06	`    printf("%.2f\n", 40.345);`	40.34
07	`    printf("%.1f\n", 40.345);`	40.3
08	`    printf("char: %c\n", ch);`	char: c

Programa 4.3: Testando os diferentes códigos de controle. (Continua)

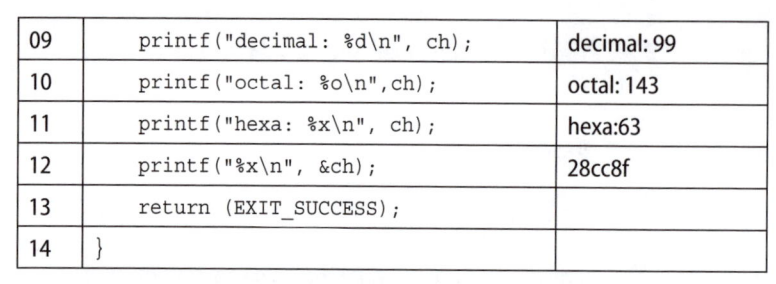

09	`printf("decimal: %d\n", ch);`	decimal: 99
10	`printf("octal: %o\n",ch);`	octal: 143
11	`printf("hexa: %x\n", ch);`	hexa:63
12	`printf("%x\n", &ch);`	28cc8f
13	`return (EXIT_SUCCESS);`	
14	`}`	

Programa 4.3: Testando os diferentes códigos de controle. (Continuação)
Fonte: Dos autores.

> » **DICA**
> É interessante inicializar as variáveis, pois isso nos permite garantir o valor inicial. Uma variável não inicializada vai possuir como conteúdo um valor aleatório (dependendo do compilador).

No Programa 4.3, na linha 01, temos a declaração da função principal de nosso programa. Foram omitidas as linhas de inclusão de arquivos com extensão .h neste exemplo, pois usavam apenas as bibliotecas-padrão. Na linha 02, temos a declaração de uma variável do tipo char e, na mesma linha da declaração, seu valor já é inicializado. Na linha 03, temos a instrução de exibir na tela uma mensagem e temos um %d, que será substituído pelo valor 10, e o código %%, que permite inserir o símbolo de porcento. Na linha 04, temos os códigos de controle para imprimir a contrabarra \ e as aspas duplas ".

Na linha 05, temos a instrução de exibir na tela um valor real usando o código de controle %f, que resulta na impressão de 40.345000, com seis casas decimais por padrão. Podemos definir a quantidade de casas decimais utilizando números juntamente com o %f, conforme podemos ver nas linha 06 e 07. Na linha 08, há instrução para imprimir na tela uma mensagem e o valor contido na variável ch, que foi inicializada com o caracter 'c'. O conteúdo armazenado na memória é uma sequência de 0 e 1, que pode ser representada e visualizada de diferentes formas, como podemos ver nas linhas seguintes.

Na linha 09, há instrução para imprimir na tela o conteúdo da variável ch como sendo um inteiro decimal (99)[9] e, na linha 10, para imprimir o mesmo valor na notação octal (143). Na linha 11, a instrução é para imprimir na notação hexadecimal (63). Na linha 12, usamos o operador &, que indica o endereço de memória da variável ch, o qual é impresso na tela usando a notação hexadecimal. No Programa 4.3, é indicado o endereço 22cc8f, mas note que o endereço pode variar a cada execução do programa, pois depende de onde foi alocada a variável ch.

Veja agora o Programa 4.4 e verifique o tamanho dos tipos em seu ambiente.

---

[9] Lembrando: o caracter 'c' minúsculo é representado pelo número 99 na Tabela ASCII.

```c
#include <stdio.h>
#include <stdlib.h>

int main(int argc, char** argv) {
    //para saber o tamanho de uma variável usamos
    //o comando sizeof(tipo) ou sizeof(variável)
    printf("TIPO\t\tTAMANHO\n");
    printf("char\t\t%d byte(s)\n", sizeof(char));
    printf("int \t\t%d byte(s)\n", sizeof(int));
    printf("float\t\t%d byte(s)\n",sizeof(float));
    printf("double\t\t%d byte(s)\n\n",sizeof(double));
    printf("long double\t%d byte(s)\n",sizeof(long double));
    printf("short int\t%d byte(s)\n",sizeof(short int));
    printf("long int\t%d byte(s)\n",sizeof(long int));
    printf("unsigned short\t%d byte(s)\n",sizeof(unsigned short));
    printf("unsigned long\t%d byte(s)\n",sizeof(unsigned long));
    printf("signed long \t%d byte(s)\n",sizeof(signed long int));
    printf("unsigned short \t%d byte(s)\n",sizeof(signed short));
    printf("unsigned long\t%d byte(s)\n",sizeof(signed long));
    return (EXIT_SUCCESS);
}
```

Programa 4.4: Descobrindo o tamanho dos tipos.
Fonte: Dos autores.

>> **IMPORTANTE**
Mensagem de erro: falta do fecha-chaves no final do programa. Se você esquecer de incluir ou apagar o último fecha-chaves do programa, o compilador indicará um erro como: **main.c:14:5: error: expected declaration or statement at end of input.** A mensagem de erro indica que esperava a continuação do programa com mais alguma declaração ou comando na linha 14 do arquivo **main.c**.

>> Agora é a sua vez!

1. Implemente os Programas 4.3 e 4.4 no NetBeans e teste. É comum que haja erros em seu código, como esquecer o ponto e vírgula e erros na digitação. Confira atentamente os comandos. Depois de rodar da maneira como foi apresentado, tente inserir alterações e modificações suas no programa e veja qual o efeito na execução do programa. Sugestão: altere as mensagens, adicione/retire/mude a sequência de variáveis. Replique/remova linhas de comando. Não tenha medo de errar!

2. Crie um novo projeto no NetBeans e implemente o Programa 4.4 e descubra os tamanhos para cada tipo de dado em seu ambiente de programação.

» Função de leitura **scanf**

A função `scanf` permite realizar a leitura de dados digitados pelo usuário através do teclado. Funciona de maneira semelhante ao comando **ler**, que vimos no capítulo anterior, porém com maiores possibilidades.

> » **IMPORTANTE**
> Uso básico do `scanf`:
> `scanf("string de controle entre aspas", variáveis na sequência);`
> De maneira simplificada, podemos usar o `scanf` conforme mostrado na linha acima. Podemos utilizar uma string de controle que indicará como será a entrada dos dados, quais caracteres serão e em quais variáveis os dados serão armazenados. Dentro da string de controle, podemos usar os mesmos códigos de controle usados na função `printf`

Linha	Código
01	`int main(int argc, char** argv) {`
02	`    int nota1, nota2;`
03	`    printf("Digite a primeira nota: ");`
04	`    scanf("%d",&nota1);`
05	`    printf("Digite a segunda nota: ");`
06	`    scanf("%d",&nota2);`
07	`    printf("Media: %.1f",(nota1+nota2)/2.0);`
08	`    return (EXIT_SUCCESS);`
09	`}`

Programa 4.5: Usando a função `scanf`.
Fonte: Dos autores.

O Programa 4.5 faz a leitura de duas notas, calcula e apresenta a média das duas notas, sendo a média um número real (com casas decimais). Na linha 02, são declaradas as variáveis que serão usadas em nosso programa. Nesse caso, não precisamos inicializar as variáveis, pois iremos solicitar que o usuário digite valores para elas. Na linha 03, imprimimos uma mensagem indicando ao usuário o que ele deve fazer.

Na linha 04, utilizando a função `scanf`, realizamos a leitura do teclado até que o usuário digite a nota e tecle *Enter*. O símbolo `%d` indica que o usuário irá digitar um número inteiro na notação decimal, enquanto o `&nota1` indica que o valor será armazenado no endereço de memória da variável `nota1`. Nas linha 05 e 06, realizamos o mesmo processo para a segunda nota. Na linha 07, há instrução para imprimir na tela a mensagem "Média" e o valor calculado, exibindo um resultado `float` com uma casa decimal (`%.1f`).

Para realizar o cálculo, somamos as duas notas e dividimos por `2.0`. Conforme vimos anteriormente, se realizarmos uma divisão de um número inteiro por outro número inteiro, o resultado será um número inteiro. Como queremos uma média real com uma casa decimal, inserimos na divisão por `2.0` um número real para forçar que o resultado seja um número real. Veja no Quadro 4.7 exemplos de `scanf`.

Quadro 4.7 » Exemplos de `scanf`

Código	Descrição
`scanf("%d %d", &nota1, &nota2);`	Realiza a leitura de dois valores inteiros separados por um espaço, atribuindo o primeiro valor no endereço da variável `nota1` e o segundo valor para `nota2`.
`scanf("%f", &var);`	Realiza a leitura de uma variável do tipo `float` e a armazena no endereço de memória da variável `var`.
`scanf("%c", &ch);`	Realiza a leitura de uma variável do tipo `char` e a armazena no endereço de memória da variável `ch`.

Fonte: Dos autores.

» Funções matemáticas

As bibliotecas-padrão da linguagem C dispõem de diversas funções matemáticas prontas como, por exemplo, potência e raiz quadrada. Para usar essas funções, você deve acrescentar o comando `#include <math.h>` juntamente com os outros comandos `#include` no topo do programa.

Por exemplo, no Quadro 4.8, apresentamos funções para calcular a raiz quadrada e funções para calcular potência.

Quadro 4.8 » Exemplos de funções matemáticas

Função	Descrição

`double sqrt(double x)`	Devolve a raiz quadrada do parâmetro. Exemplo:
	`float f = sqrt(9);`
	`//Calcula a raiz de 9`

`double pow(double x, double y);`	Calcula a potência. O primeiro número passado como parâmetro elevado ao segundo número passado como parâmetro. Exemplo:
	`float f = pow(2,3);`
	`//Calcula dois elevado ao cubo`

Fonte: Dos autores.

> » **ATENÇÃO**
> Se você esquecer de colocar o operador & junto da variável no comando `scanf`, o compilador não acusará erro, mas o valor não será armazenado no local desejado. Este é um erro bastante comum.

> » **NO SITE**
> Consulte o ambiente virtual de aprendizagem para ver uma listagem das funções providas pelas bibliotecas-padrão do C e as principais funções matemáticas e suas descrições (material em inglês).

» Agora é a sua vez!

1. A Joalheria Silva está fazendo aniversário e resolveu premiar o primeiro cliente do dia devolvendo a ele o valor da compra ao quadrado. Faça um programa que leia o preço unitário do produto adquirido pelo cliente, que leia a quantidade e que calcule o total gasto pelo cliente. Mostre o total e calcule o total elevado ao quadrado. Mostre o valor do prêmio.

2. Faça um programa que converta um valor lido em reais em um valor em dólares. Deve ser informada a cotação do dólar no dia.

» Comandos if..else

» **DICA**
Após receber uma tarefa de implementar um programa, sempre faça antes um esboço em português estruturado e/ou em um fluxograma. Isso ajudará a organizar suas ideias mais facilmente. Depois é só traduzir para a linguagem C!

Conforme vimos no Capítulo 3, no português estruturado temos os comandos **se..entao..senao**. Na linguagem C, teremos os comandos `if` e `else`, que são equivalentes ao **se..entao..senao** – porém, a linguagem C não faz uso de um termo específico para marcar o **então**. Os comandos de seleção servem para condicionar a execução de um trecho de código a uma determinada situação. Para especificarmos essas condições, precisaremos dos operadores relacionais e dos operadores lógicos da linguagem C, conforme apresentamos nos Quadros 4.9 e 4.10.

Quadro 4.9 » Operadores relacionais

Operador	Tipo	Exemplo
>	Maior que	a>0
<	Menor que	a<0
>=	Maior ou igual a	a>=0
<=	Menor ou igual a	a<=10
!=	Diferente	a!=11
==	Igual	a==0

Fonte: Dos autores.

Quadro 4.10 » Operadores lógicos

Operador	Tipo	Exemplo
&&	E (conjunção)	(a==0)&&(b==1)
||	OU (disjunção)	(A>0)||(A==10)
!	NÃO (negação)	!(A==0)

Fonte: Dos autores.

Na linguagem C, não existe como tipo nativo o tipo de variável lógico/booleano. Dessa forma, nas expressões que envolvem verdadeiro/falso, o valor 0 (zero) representa o falso e qualquer valor diferente de zero representa verdadeiro, seja positivo ou negativo. Veja a sintaxe do comando if no Quadro 4.11.

> **» IMPORTANTE**
> Não confundir o == com =. O = serve para realizar uma atribuição de valores, enquanto o == é o operador lógico. Usar o = no lugar do == usualmente não causará erro detectável pelo compilador, mas seu programa não funcionará corretamente, sendo esse um erro bastante comum. Da mesma forma, não confunda && com &. O & serve para indicar o endereço de memória de uma variável. O operador lógico **E** é representado pelo **&&**.

> **» DICA**
> Para ser um bom programador é necessário praticar bastante. Você pode resolver os exercícios dos capítulos anteriores (algoritmos) na linguagem C.

Quadro 4.11 » **Sintaxe do comando if**

	Sintaxe	Descrição

`if` simples	`if (condição){`
	`    comando1;`
	`    comando2;`
	`    comando3;`
	`}`
		Se a condição for verdadeira, executará os três comandos. Caso contrário, o programa continuará após o fecha-chaves.

`if` simples com um comando	`if (condição)` `    comando;`	No caso de um único comando, é possível omitir as chaves[10].

Sintaxe do comando `if` com `else`	`if (condição){`
	`    comando1;`
	`    comando2;`
	`} else {`
	`    comando3;`
	`    comando4;`
	`}`
		Se a condição for verdadeira, executará os comandos 1 e 2. Caso contrário, o programa executará os comandos 3 e 4.

`if` com `else` com um comando	`if (condição)`
	`    comando;`
	`else`
	`    comando2;`
		No caso de um único comando, é possível omitir as chaves[10].

Fonte: Dos autores.

Se considerarmos que cada comando indicado no Quadro 4.11 pode ser qualquer comando da linguagem C, inclusive um novo comando `if`, podemos ter o encadeamento de vários níveis no comando `if`.

Veja, a seguir, no Programa 4.6, um exemplo de uso do comando `if..else`:

Linha	Código
01	`int main(int argc, char** argv) {`
02	`    int estoque, pedido;`
03	`    printf("Digite a quantidade em estoque: ");`

---

[10] Apesar de ser correto omitir as chaves nesse caso, evite fazer isso, pois as chaves facilitam a visualização do código.

04	`scanf("%d", &estoque);`
05	`printf("Digite a quantidade do pedido: ");`
06	`scanf("%d", &pedido);`
07	`if (pedido <= estoque) {`
08	`    printf("Podemos atender seu pedido.");`
09	`} else {`
10	`    printf("Não podemos atender seu pedido.");`
11	`}//encerra o else`
12	`return (EXIT_SUCCESS);`
13	`}//encerra função principal`

Programa 4.6: Comandos `if..else`.
Fonte: Dos autores.

O Programa 4.6 realiza a leitura da quantidade de um produto em estoque e a leitura da quantidade solicitada em um pedido. Se a quantidade solicitada for menor que o estoque, o programa exibe uma mensagem informando que o pedido pode ser atendido, se não, é exibida uma mensagem indicando que o pedido não pode ser atendido. Na linha 07, temos o comando `if` com a condição apresentada entre parênteses, o pedido deverá ser menor ou igual ao estoque. Caso a condição seja verdadeira, é executada a linha 08, se não, é executada a linha 10.

Vejamos agora outro exemplo de uso do comando **if..else**:

Linha	Código
01	`int main(int argc, char** argv) {`
02	`    int idade;`
03	`    printf("Digite a sua idade: ");`
04	`    scanf("%d", &idade);`
05	`    if (idade >=18) {`
06	`        printf("Categoria Adulto.");`
07	`    } else if(idade >=12){`
08	`        printf("Categoria Juvenil.");`
09	`    } else {`
10	`        printf("Categoria Infantil.");`
11	`    }`
12	`    return (EXIT_SUCCESS);`
13	`}//encerra função principal`

Programa 4.7: Comandos `if..else` aninhados.
Fonte: Dos autores.

> **» DICA**
> Conforme já mencionamos, a linguagem C é compilada, ou seja, um arquivo executável é criado sempre que seu programa compila corretamente. Para encontrar esse arquivo você deve encontrar a pasta "NetBeansProjects" (usualmente na pasta 'Documentos'). Dentro dessa pasta, você encontrará as pastas dos seus projetos. Dentro da pasta do seu projeto, procure pelos diretórios: dist\Release\Cygwin_4.x-Windows. Nesta pasta, você encontrará seu arquivo executável, que você pode executar (pelo gerenciador de arquivos ou por linha de comando) sem utilizar o NetBeans.

O Programa 4.7 faz a leitura da idade de um usuário e o classifica em categorias (infantil/juvenil/adulto) de acordo com a idade. Na linha 05, está o comando `if`, que tem como condição ter idade maior ou igual a 18. Se a condição for verdadeira, irá imprimir a mensagem conforme a linha 06. Se a condição na linha 05 for falsa, o programa verificará a condição na linha 07 (para ser da categoria juvenil a pessoa deve ter idade entre 12 e 17 anos).

Na linha 07, não é necessário verificar se a idade é maior ou igual a 18 pois, se chegou à linha 07, significa que a condição na linha 05 é falsa (isto fica mais claro vendo o fluxograma a seguir). Se a idade for maior ou igual a 12, então será executada a linha 08. Se não (como não caiu em outras opções), por exclusão, a categoria é a **infantil**, e a linha 10 é executada.

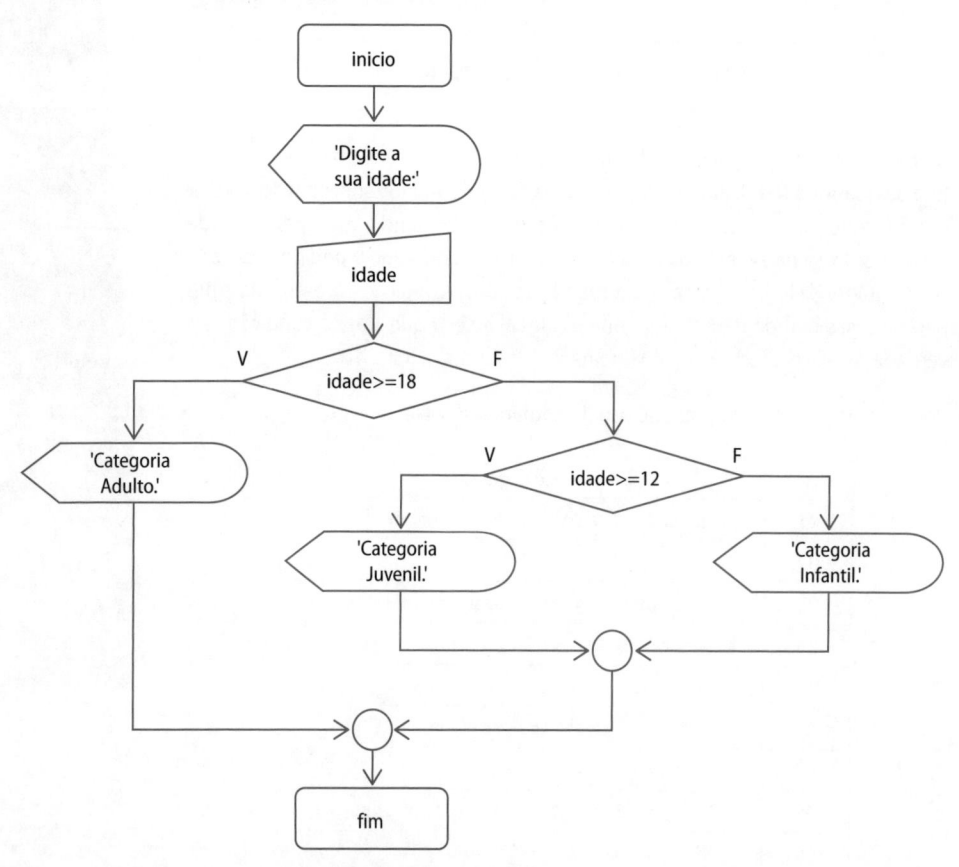

Fluxograma 4.1: Comandos if..else aninhados.
Fonte: Dos autores.

>> Agora é a sua vez!

1. Faça um programa que leia um número inteiro e mostre uma mensagem indicando se esse número é par ou ímpar e se é positivo ou negativo. Por exemplo 'O número 2 é par e é positivo'.

2. Faça um programa que leia a média do aluno e seu número de faltas. Se as faltas forem maiores ou iguais a 5, escreva "Reprovado por faltas". Se a média for menor que 7, escreva "Reprovado por média". Caso contrário, escreva "Parabéns! Você foi aprovado". Dica: use o `if` encadeado semelhante ao Programa 4.7.

>> Comandos switch..case

O comando `switch` permite testar o valor de uma variável do tipo `char` ou `int` contra uma sequência de valores. A sequência de comando que estiver associado ao valor encontrado na variável é executada. Caso não seja encontrada, é executada a sequência de comandos definida em um bloco-padrão (`default`). O comando `switch` da linguagem C é o equivalente ao comando **caso..seja** do português estruturado.

Uma das principais diferenças entre o **caso..seja** do português estruturado e o `switch..case` é que, na linguagem C, não é permitido incluir intervalo de valores (por exemplo, 1..10). Outra diferença é que o bloco de comandos é finalizado pela palavra-chave **break**. Caso não seja encontrada, os comandos subsequentes são executados, mesmo se pertencerem a outro bloco.

O comando `switch..case` pode ser escrito da seguinte forma:

```
switch(variável){
  case valor1:
     sequência de comandos;
     break;
```

```
      case valor2:
         sequência de comandos;
         break;
      default:
         sequência de comandos;
   }
```

O programa 4.8 motra o uso dos comandos `switch..case`:

Linha	Código
01	`int main(int argc, char** argv) {`
02	`   char x;`
03	`   printf("1. incluir\n2. alterar\n");`
04	`   printf("3. excluir\nDigite sua opcao:");`
05	`   x = getchar();`
06	`   switch (x) {`
07	`      case '1':`
08	`         printf("escolheu incluir\n");`
09	`         break;`
10	`      case '2':`
11	`         printf("escolheu alterar\n");`
12	`         break;`
13	`      case '3':`
14	`         printf("escolheu excluir\n");`
15	`         break;`
16	`      default:`
17	`         printf("opcao invalida\n");`
18	`   }`
19	`   return (EXIT_SUCCESS);`
20	`}//encerra função principal`

Programa 4.8: Comando `switch..case`.
Fonte: Dos autores.

No Programa 4.8, são apresentadas três opções para o usuário. Depois solicita-se que ele digite um dos números associados às opções. De acordo com o número digitado, é apresentada a opção que foi escolhida. Na linha 05, é utilizada a função `getchar()`, que faz a leitura de um único caracter e devolve o caracter lido, que nesse caso é armazenado na variável x. Na linha 06, a variável x é utilizada como parâmetro para o comando de comutação `switch`, que irá verificar qual o bloco que deverá ser executado.

Na linha 07, é indicado o valor '1'[11] e é onde inicia o bloco que encerra na linha 09 com o comando `break`. Da mesma forma, nas linhas 10 e 12 inicia-se o bloco vinculado ao valor '2' e, nas linhas 13 e 15, o bloco vinculado ao valor '3'. Na linha 17, inicia-se o bloco-padrão (`default`), que é executado caso o valor na variável x não seja qualquer dos valores listados anteriormente.

Veja, ainda, no Programa 4.9, o exemplo de comando `switch-case` com inteiro.

```
int main(int argc, char** argv) {
    int num;
    printf("1. incluir\n14 a 16. alterar\n");
    printf("17. excluir\nDigite sua opcao:");
    scanf("%d", &num);
    switch (num) {
        case 1:
            printf("escolheu incluir\n");
            break;
        case 14:
        case 15:
        case 16:
            printf("escolheu alterar\n");
            break;
        case 17:
            printf("escolheu excluir\n");
            break;
        default:
            printf("opcao invalida\n");
    }
    return (EXIT_SUCCESS);
}
```

Programa 4.9: Comando `switch-case` com inteiro.
Fonte: Dos autores.

> » **ATENÇÃO**
> Um erro comum é utilizar o `switch` com uma variável `char` e colocar dois números no case (ex: `case '10':`). Lembre-se que a variável do tipo `char` só pode armazenar uma única letra, enquanto `'10'` seriam duas letras. Neste caso, use o tipo `int`.

---

[11] Note que é o algarismo '1' e não o número 1. Nesse caso, deve estar apresentado entre aspas. Se fosse o número 1, não seriam utilizadas aspas.

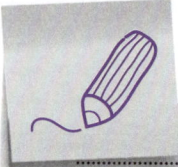

>> Agora é a sua vez!

1. Teste o Programa 4.8 e depois o Programa 4.9. Verifique as diferenças entre usar o comando `switch..case` com variáveis do tipo `char` e do tipo `int`. Veja também que, no Programa 4.9, temos uma alternativa para poder associar blocos a intervalos de valores e/ou conjunto de valores que executam o mesmo bloco.

2. O cardápio de uma lanchonete virtual é o seguinte:

Código do lanche	Especificação	Preço unitário
100	Cachorro quente	5,00
101	Hambúrguer simples	6,00
102	Hambúrguer c/ovo	8,00
103	Hambúrguer completo	15,00
104	Cheeseburger	7,50
105	Refrigerante	2,00

Escreva um programa que leia o código do item pedido, a quantidade e calcule o valor a ser pago pelo lanche. Considere que a cada execução somente será calculado um item. Use `switch..case`.

>> Comandos de repetição

Os comandos de repetição possibilitam repetir determinados trechos de código para solução de problemas que exijam repetição dos processos, facilitando a manutenção do código e a legibilidade. Na linguagem C, temos os comandos de repetição `for`, que seria equivalente ao **para..ate..faça** do português estruturado, o comando `while`, que seria equivalente ao **enquanto..faça** e, finalmente, o comando `do..while`, que seria semelhante ao **repita..ate**.

É importante ressaltar que qualquer laço ou bloco de repetição pode ser feito com qualquer um dos três comandos de repetição, com pequenas adaptações –

assim, onde se pode usar um, pode-se usar o outro. Conforme podemos ver no Quadro 4.12, temos três exemplos com estruturas diferentes que escrevem na tela números de 0 a 9.

Quadro 4.12 » Sintaxe dos comandos de repetição

Sintaxe	Exemplo

`for(inicialização;condição;incremento){`
   `comando1;`
   `comando2;`
`}`
	`int i;`
	`for(i=0;i<10;i++){`
	   `printf("%d\n",i);`
	`}`

`while(condição){`
   `comando1;`
   `comando2;`
`}`
	`int i=0;`
	`while(i<10){`
	   `printf("%d\n",i++);`
	`}`

`do{`
   `comando;`
`}while(condição);`
	`int i=0;`
	`do{`
	   `printf("%d\n",i++);`
	`}while(i<10);`

Alguns aspectos devem ser observados:

• Em qualquer uma das três estruturas de repetição é possível omitir o abre-chaves e fecha-chaves quando o comando a ser repetido é apenas um. Mas é recomendável usar sempre os delimitadores de bloco para aumentar a legibilidade do código.
• A principal diferença entre `while` e `do..while` é que, no comando `while`, a condição é testada antes do bloco ser executado, enquanto que, no comando `do..while`, o teste é realizado depois de executar o bloco.
• No comando `for`, inicialização, teste e incremento ficam todos juntos, e por isso não é necessário alterar o `i` no `printf`.
• No comando `for`, podemos colocar valores diferentes para o incremento como, por exemplo, `i=i+2` (para passo de 2 em 2).
• Note que, quando usamos como condição `i<10`, o próprio 10 não está incluído. Se quisermos incluí-lo, devemos usar `i<=10`.
• Dentro dos laços, podemos usar os mesmos comandos que fora da estrutura de repetição, como os comandos `if..else`, `swhitch..case`.

Veja, no Programa 4.10, o uso do comando `for` com decremento a fim de realizar a atividade proposta a seguir.

```
int main(int argc, char** argv) {
    int i;
    for (i = 9; i >= 0; i--) {
        printf("%d\n", 10 - i);
    }
    return (EXIT_SUCCESS);
}
```

Programa 4.10: Comando `for` com decremento.
Fonte: Dos autores.

» Agora é a sua vez!

1. Desenvolva um programa que escreva números de 1 a 100 usando o comando `while`.

2. Desenvolva um programa que escreva números de 1 a 100 usando o comando `do..while`.

3. Desenvolva um programa que escreva números de 1 a 100 usando o comando `for`.

4. Desenvolva um programa que escreva números de 10 a 0 usando o comando `for` e, ao invés de incremento, use decremento (por exemplo: i--).

5. Faça o teste de mesa com o Programa 4.10. O que ele faz? Por que a sequência é crescente se o laço é decrescente?

6. Vamos incrementar o nosso programa de lanchonete virtual!

   O cardápio de uma lanchonete virtual é o seguinte:

Código do lanche	Especificação	Preço unitário
100	Cachorro quente	5,00
101	Hambúrguer simples	6,00
102	Hambúrguer c/ovo	8,00
103	Hambúrguer completo	15,00
104	Cheeseburger	7,50
105	Refrigerante	2,00

Desenvolva um programa que leia o código do item pedido, que leia a quantidade e que calcule o valor a ser pago pelo lanche. Os itens serão lidos até que seja incluído um código inválido, encerrando o pedido. Ao final, escreva o valor total do pedido.

Depurando no NetBeans

>> **NO SITE**
Encontre no ambiente virtual de aprendizagem a descrição detalhada de como realizar a depuração de código.

O NetBeans oferece um recurso muito poderoso para ajudar na programação e para encontrar erros no código: a ferramenta de *debug*. **Debug** é um termo usado para se referir à correção de problemas em um programa. O termo em português seria *depurar* um programa, mas também se usa o termo *debugar* o programa. Veja a Figura 4.5.

Figura 4.5 Habilitando ponto de parada.
Fonte: Dos autores.

Para depurar o programa siga os seguintes passos:

1. Após digitar o programa, clique no número de linha à esquerda do código. Escolha a linha onde o programa deve ser interrompido para verificação (dê preferência a pontos em que o programa já instanciou variáveis).

2. O número da linha será substituído por um pequeno quadrado, conforme mostra a Figura 4.5.

3. Clique no botão de depurar, que está à direita do botão de execução, ou vá no menu "Depurar", opção "Depurar Projeto".

4. O programa irá executar e irá parar no ponto marcado.

>> **NO SITE**
Acesse o ambiente virtual de aprendizagem para fazer as atividades relacionadas ao que foi discutido neste capítulo.

5. Ao posicionar o mouse sobre uma variável (Por exemplo, i), o valor da variável será exibido, possibilitando verificar se a execução está correta.

6. Ao apertar F8 ou, no menu "Depurar" opção "Ignorar", executa-se o próximo comando, possibilitando rodar o programa passo a passo e verificar e encontrar possíveis erros.

>> RESUMO

Neste capítulo, demos os primeiros passos na Linguagem C, incluindo tipos de dados e comandos básicos da linguagem. Criamos nossos primeiros programas utilizando o ambiente de desenvolvimento NetBeans. No próximo capítulo, continuaremos a ver mais recursos da linguagem C, aprofundando aspectos que nos permitirão desenvolver programas para manipulação de dados uniformes com vetores e matrizes, definir nossos próprios tipos de dados (registros), além de vermos conceitos de alocação dinâmica de memória.

REFERÊNCIAS

ENCYCLOPAEDIA BRITANNICA. *Verbete C*. London: Encyclopaedia Britannica, 2012. Disponível em: <http://www.britannica.com/EBchecked/topic/688344/C>. Acesso em: 06 dez. 2012.

LEITURAS RECOMENDADAS

CALLE, J. L. D. *Introdução à linguagem C*. São Paulo: CENAPAD-SP, 2009. Disponível em: <http://www.cenapad.unicamp.br/servicos/treinamentos/apostilas/apostila_C.pdf>. Acesso em: 19 set. 2013.

CYGWIN. *Cygwin project*. [S.l.]: The Cygwin DLL, 2013. Disponível em: <http://www.cygwin.com/>. Acesso em: 19 set. 2013.

HUSS, E. *The C library reference guide*. [S.l.: s.n.], c1997. Disponível em: <http://www.acm.uiuc.edu/webmonkeys/book/c_guide/>. Acesso em: 19 set. 2013.

NETBEANS. [S.l.: s.n.], 2013. Disponível em: <http://netbeans.org/>. Acesso em: 19 set. 2013.

ORACLE CORPORATION. *Java*. Redwood: Oracle, 2013. Disponível em: <http://www.oracle.com/technetwork/java/index.html>. Acesso em: 19 set. 2013.

SANTOS, H. J. *Curso de linguagem C*. Santos: UNISANTOS, [2005]. Disponível em <http://www.ead.cpdee.ufmg.br/cursos/C/Programa_C.pdf>. Acesso em: 19 set. 2013.

UNIVERSIDADE ESTADUAL DE CAMPINAS. Centro de Computação. *Introdução à linguagem C*: versão 2.0. Campinas: GACLI, [2006]. Disponível em: <http://lasdpc.icmc.usp.br/disciplinas/graduacao/linguagens-de-programacao-e-aplicacoes-1/Intro_ling_C.pdf>. Acesso em: 19 set. 2013.

Fabio Yoshimitsu Okuyama
Carlos Fernandes
Fabrícia Py Tortelli Noronha

capítulo 5

Linguagem C: parte II

A linguagem C é uma linguagem bastante poderosa que nos permite a implementação de programas com uma grande variedade de propósitos. Vimos, no capítulo anterior, os conceitos principais da linguagem C. Neste capítulo, continuaremos vendo como fazer uso da linguagem C e quais seus principais recursos.

Objetivos deste capítulo

» Compreender o funcionamento de vetores, matrizes e strings em C.
» Criar suas próprias funções em C.
» Fazer uso de ponteiros em C.
» Fazer uso de registros em C.
» Processar parâmetros de linha de comando.
» Usar a função de alocação de memória.

» Matrizes e vetores na linguagem C

As matrizes são tipos de dados uniformes e que possuem uma quantidade predeterminada de elementos referenciados por um mesmo nome, os quais podem ser acessados individualmente através de índices. As matrizes permitem, por exemplo, fazer uma estrutura de repetição que irá ler um conjunto grande de dados de mesmo tipo com poucas linhas de código. Quando a matriz possui apenas uma dimensão, esta é referida como vetor.

Na linguagem C, os vetores e matrizes são alocados em regiões contínuas de memória, o que permite algumas facilidades na manipulação das variáveis. Sendo uma região contínua de memória, o endereço numericamente mais baixo é o endereço do primeiro elemento da matriz/vetor. Veja o Quadro 5.1.

Quadro 5.1 » Criando vetores e matrizes

Sintaxe	Exemplo	Descrição
tipo nome[tamanho];	int vet[10];	Cria um vetor de nome `vet`, com 10 posições, onde cada uma das posições é uma variável do tipo `int`.
tipo nome[tam][tam2];	float v[5][10];	Cria uma matriz 5x10 (50 posições), onde cada uma das posições é uma variável do tipo `float`.
tipo nome[t1][t2][t3];	char m[4][5][6];	Cria um vetor 4x5x6 (120 posições), onde cada uma das posições é uma variável do tipo `char`.

Fonte: Dos autores.

Diferentemente do português estruturado, que é inspirado na linguagem Pascal, na linguagem C os índices dos vetores iniciam sempre no zero. Dessa forma, se temos um vetor com 10 posições, os índices válidos para esse vetor serão os números de 0 a 9.

Linha	Código
01	`int main(int argc, char** argv) {`
02	`    const int ALUNOS = 50;`

03	`int notas[ALUNOS], i, soma=0;`
04	`for (i = 0; i < ALUNOS; i++) {`
05	`    printf("Digite a nota do aluno %d: ", i+1);`
06	`    scanf("%d", &notas[i]);`
07	`}`
08	`i=0;`
09	`while (i < ALUNOS)`
10	`    soma = soma + notas[i++];`
11	`printf("Media: %.1f.", soma*1.0 / ALUNOS);`
12	`return (EXIT_SUCCESS);`
13	`}`

Programa 5.1: Exemplo com vetor.
Fonte: Dos autores.

O Programa 5.1 realiza a leitura das notas de 50 alunos, armazenando a nota de cada aluno em uma posição do vetor, e posteriormente calcula a média. Na linha 02, temos a declaração de uma constante chamada `ALUNOS`. Se alterarmos o valor dessa constante (na declaração), o programa funcionará para um número diferente de alunos, seja 5 ou 500. Na linha 03, declaramos o vetor `notas` utilizando como tamanho o valor definido na constante `ALUNOS` (este tipo de declaração só é possível com constantes). Além disso, declaramos as variáveis inteiras `i` e `soma`.

Na linha 04, temos o laço que define a repetição de 50 vezes, variando a variável `i` de 0 até 49. Na linha 05, é impresso na tela a informação solicitando a nota do aluno `i+1`. O padrão definido pela linguagem C é de que os índices do vetor iniciem no zero, porém não é usual para nós lermos uma mensagem dizendo "Digite a nota do aluno 0". Assim, deixamos o programa mais *confortável* para nós exibindo o índice usado internamente no vetor somado com 1 – mas internamente são utilizados os valores de 0 a 49, enquanto nas mensagens são usados de 1 a 50. Na linha 06, é realizada a leitura da nota digitada pelo usuário.

Na linha 08, é reinicializado o valor da variável `i`. Na linha 09, é definido outro laço, que também varia de 0 a 49 e que percorrerá todos os índices do vetor. Na linha 10, é realizada a soma de todos os valores do vetor, acumulando na variável `soma`. Note que o laço da linha 09 possui apenas o comando da linha 10. A linha 11 não faz parte do laço. Nessa linha, é apresentada a média da turma dividindo-se o total somado pelo número de alunos definido através da constante `ALUNOS`. A variável `soma` é multiplicada por 1.0 para forçar o resultado da expressão a ser um número real.

No Programa 5.2, os valores de venda de cinco vendedores são armazenados em uma matriz 5x12. Em cada uma das cinco linhas, há a informação de um dos vendedores e, em cada coluna, há o valor da venda referente a um mês do ano.

> **» IMPORTANTE**
> **Mensagem de erro: variável duplicada.**
> Se, no meio de tantas variáveis, você criar duas vezes a mesma variável dentro do mesmo contexto, o compilador acusará o erro com as seguintes mensagens: **main.c:11:11: error: redeclaration of 'soma' with no linkage main.c:10:38: note: previous definition of 'soma' was here**
> Na mensagem acima, o erro apontado é que a mesma variável foi declarada duas vezes (redeclaração). No erro a seguir, a mesma variável foi declarada duas vezes com tipos diferentes, com conflito de tipos.
> **main.c:11:14: error: conflicting types for 'soma' main.c:10:38: note: previous definition of 'soma' was here**
> Nessas mensagens, o compilador indicará, na primeira linha, onde ele detectou a ocorrência da duplicidade (no exemplo, na linha 11) e indicará a linha onde originalmente a variável havia sido declarada (linha 10).

Linha	Código
01	`int main(int argc, char** argv) {`
02	`    const int VENDEDORES = 5;`
03	`    const int MESES = 12;`
04	`    float vendas[VENDEDORES][MESES], soma=0;`
05	`    int i,j;`
06	`    for(i=0;i<VENDEDORES;i++){`
07	`        for(j=0;j<MESES;j++){`
08	`            printf("Vendedor %d no Mes %2d: ",i+1,j+1);`
09	`            scanf("%f",&vendas[i][j]);`
10	`        }`
11	`    }`
12	`    for(i=0;i<VENDEDORES;i++){`
13	`        for(j=0;j<MESES;j++){`
14	`            soma=soma+vendas[i][j];`
15	`        }`
16	`    }`
17	`    printf("Total de vendas no periodo: %.2f",soma);`
18	`    return (EXIT_SUCCESS);`
19	`}`

Programa 5.2: Exemplo com matriz.
Fonte: Dos autores.

> » **DICA**
> Declarar constantes é uma boa estratégia para facilitar a programação, pois, para fins de teste, podemos alterar a quantidade de vendedores e de meses para valores baixos, como, por exemplo, 3 e 3. Dessa forma, podemos testar com mais facilidade o código, digitando apenas 9 valores de vendas, ao invés de 600, e, posteriormente, alterar as constantes para os valores corretos.

Nas linhas 02 e 03, são declaradas as constantes VENDEDORES e MESES com os respectivos valores de 5 e 12. Na linha 04, é criada a matriz com o nome vendas, utilizando como dimensões as constantes VENDEDORES e MESES, e é criada a variável soma, inicializada com zero. Na linha 05, são criadas variáveis auxiliares para percorrer todos os índices da matriz. Na linha 06, é feito uma estrutura de repetição para percorrer todos os cinco vendedores de 0 a 4. Para cada um dos vendedores é realizada a repetição na linha 07, que varia por todos os 12 meses de 0 a 11.

Na linha 08, é impressa uma mensagem para que o usuário digite os dados do vendedor no referido mês e, novamente na mensagem, é adicionado mais 1 ao valor do índice para que não indique vendedor 0 nem mês 0. Nas linhas 12 a 16, é feito novamente o laço para percorrer as posições da matriz – desta vez para somar todos os valores de venda. Esse processo poderia ter sido incluído no laço das linha 06 a 10, porém, para que o código do exemplo ficasse mais claro, optamos por deixar o processamento separado da leitura.

Há algumas observações importantes sobre matrizes e vetores em C:

- Não esqueça que, em C, os índices iniciam em zero. Esse é um erro comum.
- No índice, deve ser utilizada uma variável ou valor obrigatoriamente do tipo inteiro.
- Os limites dos índices não são verificados pelo compilador. Se você colocar o índice 20 em um vetor de 10 posições, o programa tentará executar como se realmente existisse a posição 20, o que pode ocasionar erro no funcionamento do programa.
- É possível declarar um vetor e inicializar na mesma linha, das seguintes formas:

```
int x[10] = {0,1,2,3,4,5,6,7,8,9};
char a[]={'a','b','c'};
```

- A forma de inicialização anterior só é válida quando ocorre junto da declaração do vetor.
- O nome do vetor sem os colchetes é o endereço de memória da primeira posição, ou seja: se vet é um vetor de *n* posições &vet[0]==vet.

> **» ATENÇÃO**
> Ao acessar uma região de memória que não pertence ao seu programa, usualmente o sistema operacional deverá intervir finalizando o seu programa por executar uma operação ilegal, com a mensagem: "Este programa executou operação ilegal e será finalizado". Esse é um erro difícil de ser detectado, pois não haverá indicação de erro na compilação.

» Agora é a sua vez!

1. Altere o Programa 5.2 para exibir:

   a) Totais mensais de venda.

   b) Venda anual por vendedor.

   c) Média anual do vendedor.

   d) O melhor vendedor de cada mês.

   (continua)

» Agora é a sua vez! *(continuação)*

2. Execute o Programa 5.3 e verifique os erros apontados. O programa irá executar, mas não irá finalizar corretamente.

```
int main(int argc, char** argv) {
    int erro[10], i;
    for (i = 0; i < 1000; i++) {
        erro[i] = i;
        printf("%d\n", erro[i]);
    }
    return (EXIT_SUCCESS);
}
```

Programa 5.3: Erro nos índices de vetor.
Fonte: Dos autores.

3. Faça um programa que crie e preencha automaticamente dois vetores: o primeiro com 10 elementos numéricos e o segundo com 10 caracteres. Imprima o conteúdo desses vetores intercalados. Exemplo: 1a2b3c4d5e...

    Dica: `char c[10]; for(i=0;i<10<i++)c[i]=65+i;`

4. Faça um programa que carregue uma matriz 3x3 de números inteiros. Calcule:

    a) O maior número.

    b) O menor número.

    c) A média dos números.

    d) A soma da linha 1.

    e) O produto (multiplicação) da diagonal principal.

    f) A soma dos valores pares da matriz.

Vetores de caracteres: strings

Como já mencionamos anteriormente, no C puro não existe o tipo **string**. As sequências de caracteres são manipuladas como vetores de char. Para armazenar uma sequência de caracteres, precisamos armazenar os caracteres em um vetor de caracteres. Para indicar o final da sequência de caracteres, é utilizado o caractere nulo representado pelo código \0. Por exemplo, para armazenar a string "casa", precisamos de um vetor de cinco caracteres: quatro para a palavra propriamente dita e mais um para o marcador de final da string.

Conteúdo	c	a	s	a	\0
Posição	0	1	2	3	4

Porém, não é necessário incluir o \0 explicitamente nas atribuições e inicializações. Quando utilizamos uma sequência de caracteres delimitador por aspas duplas, já está implicitamente incluído o caractere de fim de string. Por isso, quando utilizamos variáveis char simples, usamos aspas simples. Por exemplo:

- char str[]="casa";//atribui casa mais o finalizador de string
- char letra = 'c';//atribui apenas a letra c
- char str[10]= "C";//atribui a letra C e o finalizador de string
- char str[2]= "0";// letra 0 (código ascii 48) e o finalizador de string

Linha	Código
01	int main(int argc, char** argv) {
02	char sPalavra[100];
03	printf("Digite uma palavra: ");
04	scanf("%s", sPalavra);
05	printf("Voce digitou % s", sPalavra);
06	return (EXIT_SUCCESS);
07	}

Programa 5.4: Leitura de string com scanf.
Fonte: Dos autores.

No exemplo do Programa 5.4, é realizada a leitura de uma string e, depois, é impressa a palavra digitada. Na linha 02, é criado uma string (vetor de caracteres) que pode armazenar sequências de caracteres de até cem posições. Na linha 04, é feita a leitura do teclado com o comando scanf, utilizando o código de controle %s com a variável de destino sendo sPalavra, sem índice algum.

Conforme mencionamos anteriormente, quando o nome do vetor está desacompanhado de colchetes, este passa a ser o endereço de sua primeira posição e, então, é desnecessário colocar o &. Caso coloque o &, a leitura não se realizará corretamente. O mesmo ocorre para a impressão na linha 05. No comando printf, é colocado apenas o nome do vetor de caracteres, sem os colchetes. Para realizar a leitura de strings que possam conter espaços no meio, a maneira mais simples é utilizar a função gets(nome_string). Para imprimir uma string você pode utilizar, além da função printf a função puts (nome da string). Essas funções não requerem a inclusão de arquivos de cabeçalho (arquivos com extensão .h).

Existem diversas funções para manipulação de strings. A maioria delas requer a inclusão do arquivo de cabeçalho string.h, através do comando #include <string.h> inserido no início do arquivo. Por exemplo:

• Cópia de strings com a função strcpy(str_destino, str_origem). Por exemplo, strcpy(str,"palavra");
• Concatenação de strings com a função strcat(str1,str2) concatena duas strings, copiando a segunda para o final da primeira. Exemplo:
  » char str1[20]="bom ";
  » char str2[10]="dia";
  » strcat(str1,str2);

No exemplo, a str1 ficará com o conteúdo "bom dia".

• Comparação de strings com a função strcmp(str1,str2). Se as duas strings forem iguais, a função devolverá valor 0 (falso). Veja exemplo no Programa 5.5.
• O tamanho do vetor em bytes pode ser descoberto usando a função sizeof, que indicará o número de caracteres disponíveis. Exemplo: sizeof(nome da string); Essa função não requer a inclusão da biblioteca string.h.
• O tamanho ocupado pela string (que pode ser diferente do tamanho disponível) pode ser obtido com a função strlen(nome da string). Veja exemplo no Programa 5.6.

> » **DICA**
> As funções strcpy e strcat não verificam se existe espaço suficiente para realizar a cópia ou concatenação das strings. Isso é responsabilidade do programador.

Linha	Código
01	#include <stdio.h>
02	#include <stdlib.h>
03	#include <string.h>
04	int main(int argc, char** argv) {
05	char s[80];
06	printf("Digite a senha:");
07	gets(s);
08	if (strcmp(s, "segredo")==0)
09	printf("senha ok!\n");
10	else

11	`printf("senha incorreta\n");`
12	`return (EXIT_SUCCESS);`
13	`}`

Programa 5.5: Exemplo `strcmp`.
Fonte: Dos autores.

No Programa 5.5, é feita a leitura de uma string que é comparada com outra previamente definida ("segredo"). Quando a string s, lida na linha 07, é igual a "segredo"[1], a função `strcmp`, na linha 08, retornará 0, o que fará que a linha 06 seja executada. Caso contrário, a linha 11 é executada.

Agora, veja o Programa 5.6 com relação às funções de manipulação de strings.

```
#include <stdio.h>
#include <stdlib.h>
#include <string.h>

int main(int argc, char** argv) {
    char str1[15];
    char str2[10];
    printf("Entre com a primeira string: ");
    gets(str1);
    printf("Entre com a segunda string: ");
    gets(str2);
    if (strcmp(str1, str2)) {
        printf("As strings sao diferentes.\n");
    } else {
        printf("As strings sao iguais.\n");
    }
    printf("A primeira string ocupa %d bytes ", sizeof (str1));
    printf(" de memoria e utiliza %d bytes\n", strlen(str1));
    printf("A segunda string ocupa %d bytes ", sizeof (str2));
    printf("de memoria e utiliza %d bytes\n", strlen(str2));
    if (strlen(str1) + strlen(str2) + 1 > sizeof (str1)) {
        printf("Nao foi possivel concatenar");
    } else {
        strcat(str1, " ");
        strcat(str1, str2);
        printf("Concatenacao OK. Resultado: %s", str1);
    }
    return (EXIT_SUCCESS);
}
```

Programa 5.6: Funções de manipulação de strings.
Fonte: Dos autores.

> **» IMPORTANTE**
> Existem alguns problemas que podem ocorrer dependendo da combinação de comandos que você utilizar. Um exemplo clássico é o problema do programa "pular" a leitura de alguma variável como, por exemplo, quando tentamos realizar a leitura de uma string depois de ler um inteiro, ou a leitura de um caracter usando a função `getchar()`. Diferentes funções de leitura funcionam de maneira diferente, podendo ocorrer que alguma função acabe deixando, na memória do teclado, "lixo", que acaba sendo lido posteriormente como um dado. Para contornar isso, podemos inserir uma chamada para a função `getchar()` para que retire o "lixo" da memória de entrada, principalmente antes de ler uma string ou caracter com `scanf` depois de ler `int` ou `float`.

---

[1] Lembre-se de que o C diferencia maiúsculas de minúsculas. Então "Segredo" é diferente de "segredo".

Agora é a sua vez!

1. Implemente e analise o que faz o Programa 5.6, que basicamente faz a leitura de duas strings e realiza operações com elas.

    a) Que operações são essas?

    b) Como é feita a verificação antes da concatenação?

Vamos criar nossas próprias funções

As funções são blocos de código de um programa que podem ser utilizados várias vezes e, se organizados corretamente, podem ser utilizados em diversos programas. Na linguagem C, as funções proporcionam uma diversidade de possibilidades, pois permitem organizar melhor o código, melhorando a legibilidade do programa e possibilitando o reúso. As funções na linguagem C podem receber parâmetros (valores de entrada) e sempre têm um tipo de retorno (um valor de retorno), mesmo que seja do tipo void (nulo). Veja a Figura 5.1.

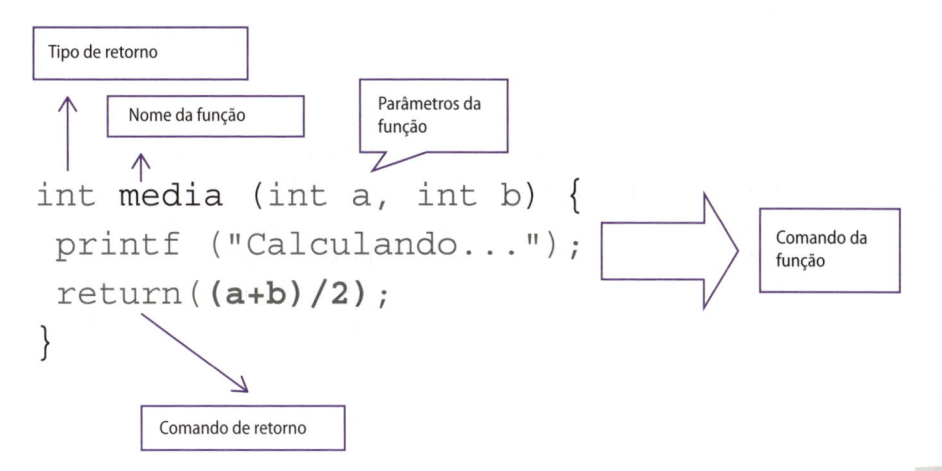

```
int media (int a, int b) {
  printf ("Calculando...");
  return((a+b)/2);
}
```

- Tipo de retorno
- Nome da função
- Parâmetros da função
- Comando da função
- Comando de retorno

Figura 5.1 Estrutura de função.
Fonte: Dos autores.

> ## » PARA REFLETIR
>
> Tente imaginar quantas vezes usamos as funções `printf/scanf`. Imagine se, para cada vez que quiséssemos escrever uma mensagem na tela ou fazer uma leitura do teclado, tivéssemos que implementar um código que manipula a memória de vídeo através de chamadas do sistema. Nós utilizamos essas funções sem realmente saber como funcionam nos bastidores, o que é realmente bom, pois nos preocupamos em resolver outros problemas, sem precisar "reinventar a roda". Da mesma forma que usamos o `printf/scanf`, devemos fazer funções que nos ajudem a simplificar nosso código e que possam ser reutilizadas posteriormente.

As funções sempre devem ter um tipo de retorno, seja um tipo nativo do C, seja um tipo criado pelo usuário. Caso não haja retorno, é utilizado o tipo `void` (nulo). O valor a ser retornado é indicado pelo comando `return`. Exemplo:

```
return (x);
return (10);
return (EXIT_SUCCESS);//retorna uma constante
```

Os parâmetros de uma função são valores que são passados para que a função possa realizar seu processamento. O que veremos agora é a passagem de parâmetros por valor,[2] ou seja, quando apenas os valores são passados. Caso algum valor dos parâmetros seja alterado dentro da função, isso não terá repercussão no valor original. Antes de implementarmos uma função, é importante realizar a declaração da função (também chamada de assinatura da função). Em alguns casos, é possível omitir a declaração da função, mas é uma boa prática sempre fazê-la. Exemplos:

> **» IMPORTANTE**
> Os identificadores em C podem ter até 32 caracteres (sem espaços), podendo ser iniciados por letras ou _ (*underscore*). Após a primeira letra, é possível colocar números. Os identificadores não podem ser iguais a palavras-chave do C (exemplo: `int`, `char`, `const`, `float`, `double`, `long`, `void`, ...).

---

[2] Veremos a passagem de parâmetros por referência juntamente com os ponteiros.

```
float media(int, int);
int um();
void procedimento(char c);
```

Na declaração de funções, indicamos o tipo de retorno, a quantidade e o tipo de parâmetros. O nome dos parâmetros pode ser omitido. No exemplo anterior, temos uma função que recebe dois inteiros como parâmetro e retorna um `float`, uma função que não recebe parâmetros e retorna um inteiro e uma função que recebe um caractere e não tem retorno (`void`). Para facilitar reúso, as assinaturas de funções usualmente ficam agrupadas em um arquivo com a extensão .h (em breve, criaremos um arquivo com essa extensão).

> **» IMPORTANTE**
> **Mensagem de erro: divergência entre declaração e implementação de função.**
> Se houver diferença de tipos entre a declaração e a implementação de uma função, o compilador apontará o seguinte erro:
> main.c:26:5: error: conflicting types for 'media'
> main.c:11:7: note: previous declaration of 'media' was here
> Essa mensagem indica que houve conflito entre a implementação da função na linha 26 e a declaração na linha 11.

Linha	Código
01	`float media(int, int);`
02	`int um();`
03	`void procedimento(char c);`
04	`int main(int argc, char** argv) {`
05	`    float x;`
06	`    int y = 3;`
07	`    media(1, 2);`
08	`    x = media(2, y);`
09	`    printf("Um = %d\n", um());`
10	`    printf("Media de 2 e 3\n", x);`
11	`    procedimento('A');`
12	`    return (EXIT_SUCCESS);`
13	`}`
14	`float media(int a, int b) {`
15	`    printf("Calculando a média...\n");`
16	`    return (a + b) / 2.0;`
17	`}`
18	`int um() {`
19	`    return 1;`
20	`}`
21	`void procedimento(char c) {`
22	`    printf("Realizando procedimento %c", c);`
23	`}`

Programa 5.7: Exemplo com funções.
Fonte: Dos autores.

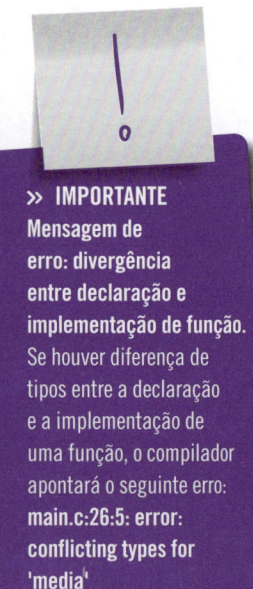

> **» DICA**
> Os parâmetros de funções podem ser valores, variáveis ou constantes.

No Programa 5.7, podemos ver alguns exemplos de funções, chamadas de funções e assinaturas. Nas linha 01, 02 e 03, podemos ver as assinaturas das funções. Na linha 04, temos a função principal. A execução sempre inicia pela função principal, independente da ordem em que as outras funções apareçam no arquivo. As outras funções poderiam vir antes da função principal (`main`), dependendo da forma que se queira organizar o arquivo. Na linha 07, temos a chamada da função `media`, com seus parâmetros.

Nesse caso, a média é apenas calculada, e o seu resultado não é atribuído a uma variável ou escrito na tela. Na linha 08, temos novamente a chamada da função `media` e, desta vez, com um dos parâmetros sendo uma variável, o resultado do cálculo é atribuído à variável `x`. Na linha 09, temos uma chamada de função como parâmetro da função `printf`. Note que podemos utilizar uma chamada de função da mesma forma que utilizaríamos uma variável do tipo retornado (no caso `int`). Na linha 10, utilizamos o resultado da função `media`, calculado na linha 08, e que foi armazenado na variável `x`.

Na linha 11, realizamos uma chamada para a função chamada `procedimento`, que recebe como parâmetro um `char` e não possui retorno. Na linha 14, temos o início da implementação da função `media`, que recebe dois parâmetros inteiros `a` e `b` (na implementação, não se pode omitir os nomes dos parâmetros). Quando ocorre a chamada da função `media` na linha 08, o valor 2 é copiado para a variável `a` e o valor da variável `x` (que contém 3) é copiado para a variável `b`. Assim, qualquer alteração nos valores de `a` e `b` não se refletirá na variável `x`.

Atenção:
Se declaramos uma variável junto com as declarações de funções (isto é, fora de qualquer função), essa será uma variável global e poderá ser acessada de qualquer ponto do programa – ao contrário das variáveis locais, que criamos dentro de uma função é que só podem ser acessadas dentro do contexto em que foram criadas. A grande vantagem da variável global é sua maior desvantagem. O fato de poder ser acessada de qualquer ponto permite ser alterada de qualquer ponto. Dessa forma, perde-se o seu controle, podendo ocasionar um erro lógico que pode ser difícil de localizar. Isso pode ser complicado especialmente quando se trabalha em uma equipe com vários programadores. Evite usar variáveis globais, a não ser que seja realmente necessário. Dê preferência para as variáveis locais e as constantes globais.

> » **IMPORTANTE**
> **Mensagem de erro: número errado de parâmetros na chamada de função.**
> Se a quantidade de parâmetros na chamada de uma função for diferente do número de parâmetros existente na implementação da função, o compilador apontará erro no programa. Se chamarmos a função `media` do Programa 5.7 com apenas um parâmetro, ele apontará o seguinte erro:
> `main.c:18:5: error: too few arguments to function 'media'`
> `main.c:11:7: note: declared here`
> Esse erro indica que estão faltando parâmetros na chamada da função `media`, na chamada no arquivo **main.c** na linha 18. Na mensagem a seguir, o erro apontado é a existência de parâmetros demais.
> `main.c:18:5: error: too many arguments to function 'media'`
> `main.c:11:7: note: declared here`

» Agora é a sua vez!

1. Vamos incrementar o nosso programa da lanchonete virtual. Ele deve apresentar, além do cardápio, opções para o atendimento. O programa deverá apresentar as seguintes opções:

    a) Novo pedido (zerar valor total do pedido).

    b) Incluir item e quantidade (imprimir total do item).

    c) Fechar pedido e imprimir total (apenas valor total, somar total ao total do dia).

    d) Total do dia (apenas valor).

    e) Sair do programa.

O programa deverá ter uma função que receba como parâmetros o código do item e a quantidade. Essa função deverá retornar o valor da quantidade de itens.

O cardápio continua o mesmo:

Código do lanche	Especificação	Preço unitário
100	Cachorro-quente	5,00
101	Hambúrger simples	6,00
102	Hambúrger c/ovo	8,00
103	Hambúrger completo	15,00
104	Cheeseburger	7,50
105	Refrigerante	2,00

Criando seu próprio repositório de funções no NetBeans

Criar seu próprio repositório com suas próprias funções é uma ótima maneira de evitar digitar várias vezes o mesmo código, deixando mais tempo disponível para resolver seus próximos desafios de programação. Para criar seu próprio repositório no NetBeans, vamos criar um novo projeto com um arquivo de cabeçalho (com a extensão .h) e um outro arquivo C em que irá a implementação de suas funções, além do arquivo principal que faça uso da sua biblioteca. Para isso, siga os seguintes passos:

1. Crie um novo projeto.

2. No menu "Arquivo", escolha a opção "Novo Arquivo...".

3. Escolha, na Categoria C, a opção "Arquivo de Cabeçalho C".

4. Na próxima tela, dê o nome "minhaBiblioteca.h" e finalize.

5. Insira no arquivo o código, conforme Programa 5.8. Apague eventuais linhas que o NetBeans tenha colocado.

```
float somaVetor(float vetor[], int tamanho);

float mediaVetor(float vetor[], int tamanho);

const float PI = 3.14159;
```

Programa 5.8: Arquivo **minhaBiblioteca.h.**
Fonte: Dos autores.

6. No menu "Arquivo", escolha novamente a opção "Novo Arquivo...".

7. Escolha, na Categoria C, a opção "Arquivo de Código-fonte C".

8. Na próxima tela, dê o nome "minhaBiblioteca.c" e finalize.

9. Insira no arquivo o código, conforme Programa 5.9. Apague eventuais linhas que o NetBeans tenha colocado.

```c
float somaVetor(float vetor[], int tamanho){
    int i;
    float resultado=0;
    for(i=0;i<tamanho;i++)
        resultado=resultado+vetor[i];
    return resultado;
}
float mediaVetor(float vetor[], int tamanho){
    return somaVetor(vetor,tamanho)/tamanho;
}
```

Programa 5.9: Arquivo **minhaBiblioteca.c.**
Fonte: Dos autores.

10. E, finalmente, volte ao arquivo principal e insira um código para testar a biblioteca.

```c
#include <stdio.h>
#include <stdlib.h>
#include "minhaBiblioteca.h"

int main(int argc, char** argv) {
    float vet[10];
    int pos;
    for (pos = 0; pos < 10; pos++) vet[pos] = pos + 1;
    printf("Constante PI: %f\n", PI);
    printf("Soma dos elementos: %.2f\n", somaVetor(vet, 10));
    printf("Media dos elementos: %.2f", mediaVetor(vet, 10));
    return (EXIT_SUCCESS);
}
```

Programa 5.10: Arquivo **main.c.**
Fonte: Dos autores.

Algumas observações importantes:

• No arquivo principal, precisamos incluir nossa biblioteca através da linha `#include "minhabiblioteca.h"`. Nesse caso, usamos aspas duplas para indicar que o arquivo encontra-se no mesmo diretório e não no diretório padrão de bibliotecas do C.

• Dentro das funções, podemos colocar qualquer tipo de código que colocaríamos na função principal, inclusive chamadas de funções, estruturas de repetição, `if-else`.

• Dentro do arquivo **minhabiblioteca.h** incluímos uma constante global chamada **PI**, que poderá ser acessada por qualquer programa que incluir o arquivo **minhabiblioteca.h**. Caso seja necessário alterar esse valor, basta alterar neste único ponto.

• O código da função `mediaVetor` chamando a função `somaVetor` é uma boa forma de reaproveitar código. Caso se verifique algum erro no processo de soma, basta corrigir na função original.

Agora é a sua vez!

1. Incremente sua biblioteca com funções que você já implementou, como médias e cálculo de preço para produtos. Não se esqueça de incluir as declarações no arquivo com extensão **.h**.

2. Inclua em sua biblioteca uma função que recebe um vetor e seu tamanho e que devolva a quantidade de números pares. Faça também outra função que faça o mesmo para os números ímpares.

Registros/estruturas em C

Conforme vimos no Capítulo 3, uma boa forma de organizar dados e variáveis em grandes quantidades é por agrupá-los de maneira organizada. Na linguagem C, o equivalente aos registros é chamado de `struct`. A definição de uma `struct` é feita da seguinte forma:

Sintaxe da `struct`:	Exemplo de `struct`:
```typedef struct { tipo nome_campo; tipo2 nome_campo2; } tipo_estrutura;```	```typedef struct{ char nome[50]; int idade; } Pessoa;```
Para criar uma variável do `tipo_estrutura`: `tipo_estrutura nome_var;`	Para criar uma variável do tipo `Pessoa`: `Pessoa p;`

Note que, ao definir apenas o tipo `Pessoa`, não teremos uma variável que possa ser manipulada, da mesma forma que não podemos fazer coisas do tipo: `int = 0;` pois precisamos declarar uma variável para poder fazer uso do tipo. Se criarmos uma variável `p` do tipo `Pessoa` e executarmos o comando `sizeof(p)`, a função `sizeof` indicará 54 bytes. Esses 54 bytes ocupados ficam organizados da seguinte forma: os primeiros 50 são para a string `nome` e os últimos 4 são para o inteiro `idade`.

Linha	Código
01	`typedef struct {`
02	`    char cpf[15];`
03	`    char nome[100];`
04	`    int idade;`
05	`    char fone[15];`
06	`} Cliente;`
07	`const int TAM = 10;`
08	`int main(int argc, char** argv) {`
09	`    int i;`
10	`    Cliente agenda[TAM];`
11	`    for (i = 0; i < TAM; i++) {`
12	`        printf("Digite o nome do cliente %d: ", i + 1);`
13	`        gets(agenda[i].nome);`
14	`        printf("Digite o CPF do cliente %d: ", i + 1);`
15	`        gets(agenda[i].cpf);`
16	`        printf("Digite o telefone do cliente %d: ", i + 1);`
17	`        gets(agenda[i].fone);`
18	`        printf("Digite a idade do cliente %d: ", i + 1);`
19	`        scanf("%d", &agenda[i].idade);`
20	`        getchar(); //remove lixo da memoria de entrada`
21	`        printf("\n"); //pula uma linha`
22	`    }`
23	`    for (i = 0; i < TAM; i++) {`
24	`        printf("CLIENTE %d\n\tNOME: %s\n", i + 1, agenda[i].nome);`
25	`        printf("\tCPF: %s\tTELEFONE %s\n", agenda[i].cpf, agenda[i].fone);`
26	`        printf("\tIDADE: %d anos.\n\n", agenda[i].idade);`
27	`    }`
28	`    return (EXIT_SUCCESS);`
29	`}`

Programa 5.11: Exemplo com `struct`.
Fonte: Dos autores.

> **IMPORTANTE**
> Mensagem de erro: campo inexistente na `struct`. Se tentarmos referenciar um campo inexistente ou digitarmos incorretamente um campo em um registro, o compilador apontará o erro da seguinte forma:
> **main.c:34:68: error: 'Cliente' has no member named 'fonee'**
> Nesse erro, na linha 34 do arquivo **main.c** existe um comando tentando acessar o campo `fonee`, que não existe.

No Programa 5.11, é realizado um cadastro de clientes e, posteriormente, são listados os dados de todos os clientes. Nas linhas 01 a 06, é definida a `struct` que define o tipo `Cliente`. Na linha 07, é definida a constante TAM, que define a quantidade de clientes que serão cadastrados no vetor definido na linha 10. Na linha 11, é definido o laço que irá preencher todas as posições do vetor. Nas linhas 11 a 19, são preenchidos os campos de cada registro. Note que cada campo da estrutura é usado como se fosse uma variável simples do mesmo tipo do campo.

Na linha 20, é feita uma chamada para a função `getchar()` realizar a limpeza da memória do teclado, removendo lixo deixado após a chamada `scanf`. Na linha 21, pula-se uma linha para a leitura de um cliente ficar separada da leitura seguinte. Na linha 23, é feito novo laço para imprimir a listagem armazenada. Nas linhas 24 a 26 são impressos os dados armazenados no registro. Note que a forma de recuperar cada campo do registro é feita da mesma forma que as variáveis simples. A única diferença é que se refere como `nome_vetor[indice].campo`.

»» Agora é a sua vez!

1. Uma pré-escola tem cinco alunos.

    a) Crie uma estrutura que armazene nome, telefone de emergência, idade, contato de emergência.

    b) Crie um vetor global de cinco posições em que cada posição contém uma variável desse tipo.

    c) Crie uma função para ler as informações de UM aluno e chame a função cinco vezes.

    d) Crie uma função que recebe como parâmetro o índice do aluno e escreva todos os dados na tela de maneira organizada.

    e) As funções acima recebem o índice do aluno como parâmetro e alteram o vetor global que contém os alunos.

»» Ponteiros

Ponteiros são variáveis que armazenam endereços de memória, sendo variáveis como quaisquer outras. Através da manipulação dos endereços de memória, podemos acessar e alterar valores em diferentes regiões de memória. Mas o recurso mais interessante é poder manipular estruturas dinâmicas e a alocação dinâmica de memória, como veremos no Capítulo 6. Todo ponteiro aponta para um endereço de memória. Para poder manipular corretamente o conteúdo desse endereço de memória, definimos ponteiros específicos para cada tipo de dado. A sintaxe básica de declaração de ponteiros é: `tipo * nome;`. Veja o Quadro 5.2.

Quadro 5.2 » **Exemplos de declaração de ponteiros**

Exemplo	Descrição
`int * ptr;`	Cria variável chamada `ptr`, que é um ponteiro para `int`.
`char * ptChar;`	Cria variável chamada `ptChar`, que é um ponteiro para `char`.
`float *pFloat;`	Cria variável chamada `pFloat`, que é um ponteiro para `float`.
`int * ptrVet[10];`	Cria variável ponteiro chamada `ptrVet`, que é um vetor de 10 posições onde cada uma das posições aponta para um `int`.
`Pessoa * ptr;`	Considerando a `struct Pessoa` criada na seção anterior, cria variável `ptr`, que é um ponteiro para `Pessoa`.

Fonte: Dos autores.

Agora que criamos ponteiros, precisamos inicializá-los para podermos usá-los. Veja no Quadro 5.3 os principais operadores para trabalharmos com ponteiros.

Quadro 5.3 » **Operadores para manipulação de ponteiros**

`&`	Indica o endereço de memória onde está uma variável: `float f; pFloat=&f;`
`*`	Na declaração, serve para indicar que a variável é do tipo ponteiro: `float *pFloat=&f;` Cria uma variável chamada `pFloat`, que é um ponteiro para `float`. Em outras expressões, serve para indicar o conteúdo apontado pelo endereço armazenado: `*pFloat = 10;`

`->`	Quando temos um ponteiro para uma estrutura, podemos acessar um campo com a seta (`->`). No exemplo:
	`Pessoa *ptr = &p;`
	`p->idade=20;` tem o mesmo significado que `(*ptr).idade=20;`

Fonte: Dos autores.

Vejamos, no Programa 5.12 e no Quadro 5.4, como esses operadores funcionam.

Linha	Código
01	`int main(int argc, char** argv) {`
02	`    int x, *px, *py;`
03	`    x = 9;`
04	`    px = &x;`
05	`    py = px;`
06	`    printf("x== %d\n", x);`
07	`    printf("&x== %x\n", &x);`
08	`    printf("px== %x\n", px);`
09	`    printf("*px== %d\n", *px);`
10	`    printf("*py== %d\n", *py);`
11	`    return (EXIT_SUCCESS);`
12	`}`

Programa 5.12: Testando operadores com ponteiros.
Fonte: Dos autores.

Quadro 5.4 » Situação da memória no Programa 5.12

Endereço	var	Após linha 2	Após linha 3: x=9;	Após linha 4: px=&x;	Após linha 5: px=py;
22cc84	x	?	9	9	9
22cd88	px	?	?	22cc84	22cc84
22cc8c	py	?	?	?	22cc84

Fonte: Dos autores.

O Programa 5.12, cria variáveis do tipo ponteiro e apresenta o uso dos operadores & e *. Na linha 02, são criadas as variáveis x (inteiro), px (ponteiro para inteiro) e py (ponteiro para inteiro). Na linha 03, o valor 9 é atribuído à variável x. Note que, até o momento, não existe vinculação entre x e px, apenas a semelhança nos nomes. Na linha 04, a variável x recebe o endereço da variável x (esses endereços foram obtidos em um teste e são apresentados apenas para ilustrar, sendo provável que não se repitam). Na **linha 05**, o endereço armazenado na variável px é atribuído à variável py.

No Quadro 5.4, podemos acompanhar os valores das variáveis após a execução das linhas. O destaque marca a alteração realizada na linha. Na linha 06, é impresso o valor contido na variável x (9). Na linha 07, é impresso o endereço ocupado pela variável x. Na linha 08, é apresentado o endereço que está armazenado na variável px, que será o da variável x. Na linha 09, é apresentado o conteúdo armazenado no endereço apontado por px (conteúdo da variável x). Na linha 10, é apresentado o conteúdo armazenado no endereço apontado por py (conteúdo da variável x).

O programa se encerra na sequência. Utilizando o operador * é possível manipular o conteúdo da variável da mesma forma que faríamos com a própria variável, isto é, é possível usar o ponteiro precedido do operador * em qualquer situação em que é possível utilizar uma variável do tipo apontado. Sendo os ponteiros variáveis comuns que armazenam endereços de memória e considerando que endereços de memória são valores numéricos, é possível realizar operações matemáticas com esses números para alterar/avançar/retroceder nos endereços de memória. Por exemplo:

```
int y,x,*px;
px = &x;
x = 0;
y = *px + 1; //y recebe 0 + 1
y = *(px + 1); // y recebe o valor apontado por px + 1;
```

Na última linha desse exemplo, o endereço é alterado antes, ao contrário do que acontece na penúltima linha, em que o operador * tem precedência sobre o operador de soma. No entanto, os operadores de incremento (++) e decremento (--) têm preferência sobre o *.

> **» DICA**
> Fazemos passagem de parâmetros quando passamos uma variável com o operador & em uma chamada scanf, para que a função scanf possa alterar o valor de nossa variável com o valor lido pelo teclado.

Passagem de parâmetros

Conforme mencionado anteriormente, os ponteiros nos permitem fazer funções que alteram valores de variáveis em diferentes escopos de memória. Então, temos duas formas de passar parâmetros para uma função. Veja o Quadro 5.5.

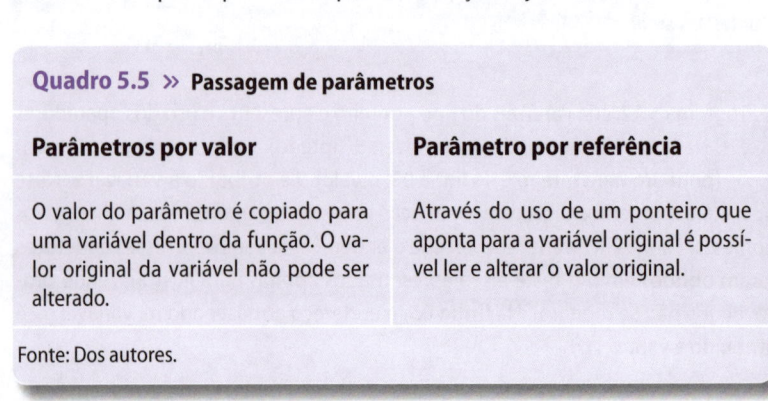

Quadro 5.5 » Passagem de parâmetros

Parâmetros por valor	Parâmetro por referência
O valor do parâmetro é copiado para uma variável dentro da função. O valor original da variável não pode ser alterado.	Através do uso de um ponteiro que aponta para a variável original é possível ler e alterar o valor original.

Fonte: Dos autores.

> **» DICA**
> Em uma mesma chamada de função com dois ou mais parâmetros, podemos ter, na mesma função, passagem de parâmetros por valor e por referência.

Vejamos, no Programa 15.13, a diferença entre a passagem de parâmetros por referência e por valor.

Linha	Código
01	`void troca_valor(int, int);`
02	`void troca_ref(int*, int*);`
03	`void troca_valor(int a, int b) {`
04	`    int temp = a;`
05	`    a = b;`
06	`    b = temp;`
07	`    printf("Dentro troca valor: a=%d e b=%d\n", a, b);`
08	`}`
09	`void troca_ref(int *a, int *b) {`
10	`    int temp = *a;`
11	`    *a = *b;`
12	`    *b = temp;`
13	`    printf("Dentro troca ref.: a=%d e b=%d\n", *a, *b);`
14	`}`
15	`int main(int argc, char** argv) {`
16	`    int a = 7;`
17	`    int b = 9;`
18	`    printf("Inicio: a=%d e b=%d\n", a, b);`
19	`    troca_valor(a, b);`
20	`    printf("Depois troca valor: a=%d e b=%d\n", a, b);`
21	`    troca_ref(&a, &b);`
22	`    printf("Depois troca ref: a=%d e b=%d\n", a, b);`
23	`    return (EXIT_SUCCESS);`
24	`}`

Programa 5.13: Passagem de parâmetros.
Fonte: Dos autores.

No Programa 5.13, nas linhas 01 e 02, são declaradas as funções troca_ref e troca_valor. A primeira recebe dois ponteiros para inteiro e a segunda recebe dois inteiros, sendo que ambas não retornam valor (tipo void). Visto que o programa inicia sempre pela função principal (main), então veremos o funcionamento desse programa a partir do início da função principal (linha 15). Nas linhas 16 e 17, são criadas as variáveis a e b (variáveis locais).

Na linha 18, são impressos os valores das variáveis a e b que ainda mantêm os valores originais (7 e 9). Na linha 19, é feita uma chamada para a função troca_valor(a,b). O fluxo do programa passa para a linha 03, onde os valores de a e b (7 e 9) serão copiados para as variáveis a e b da função troca_valor. Essas variáveis possuem os mesmos nomes, mas são variáveis distintas. As variáveis a e b da função `troca_valor` também são locais e só existem durante a execução da função.

Com o uso de uma variável auxiliar chamada `temp` nas linhas 04, 05 e 06 é realizada a troca entre os valores das variáveis a e b. Os valores de a e b são impressos na linha 07 invertidos (9 e 7). Porém, o que foi invertido foram apenas os valores das cópias dos valores, sem influência nas variáveis a e b da função `main`. Ao final da função, as variáveis a e b da função `troca_valor` deixam de existir, e o fluxo do programa retorna para a função principal na linha 20.

De volta à função principal, na linha 20, são impressos os valores das variáveis a e b, que ainda mantêm os valores originalmente atribuídos (7 e 9). Na linha 21, é feita uma chamada para `troca_ref(&a, &b)`, ou seja, são passados como parâmetros o endereço de memória onde está a variável a e o endereço da variável b. O fluxo do programa passa para a linha 09, onde as variáveis do tipo ponteiro de inteiro recebem os endereços das variáveis a e b da função principal.

Os ponteiros são chamados de a e b e são variáveis locais que existem apenas durante a execução de `troca_ref`. Na linha 10, o conteúdo apontado pelo ponteiro a (7) é copiado para a variável `temp`. Na linha 11, o valor apontado pelo ponteiro b (9) é atribuído para a variável apontada pelo ponteiro a. Nesse momento, temos as variáveis a e b da função principal com o valor 9. Na linha 12, o valor da variável `temp` (7) é atribuído para o endereço de memória apontado pelo ponteiro b, efetivando a troca de valores das variáveis da função principal.

Os valores de a e b são impressos (9 e 7 respectivamente), os ponteiros a e b deixam de existir e o fluxo retorna para a função principal na linha 22. Finalmente, na linha 22, os valores das variáveis a e b são impressos novamente e podemos verificar que a troca realizada dentro de `troca_ref` alterou os valores originais de a e b. O programa encerra na sequência.

Agora é a sua vez!

1. Implemente e o Programa 5.13 e teste.
2. Use o recurso de depuração do NetBeans para conferir o funcionamento do programa.
3. Altere o programa para averiguar outras possibilidades, crie funções alternativas e verifique seu funcionamento.

Ponteiros e matrizes, ponteiros e estruturas

A linguagem C fornece diversas formas de manipular variáveis e informações dispostas na memória de nossos programas, possibilitando que o programador realize diversas operações diretamente na memória, que pode ser acessada diretamente com o uso dos endereços de memória armazenados em ponteiros. Especialmente quando se trata de matrizes e estruturas, pode ser bastante prático fazer uso das propriedades que apresentaremos a seguir.

Ponteiros e vetores/matrizes

Conforme vimos, quando temos uma variável do tipo vetor ou matriz, o nome da matriz sem os colchetes e sem um índice é o endereço de memória do primeiro elemento do vetor. Assim, quando passamos como parâmetro de uma função um vetor ou uma matriz, estamos realizando passagem de parâmetros por referência. Sendo o nome de um vetor/matriz um endereço de memória, esse pode ser atribuído a um ponteiro do mesmo tipo dos elementos do vetor/matriz. Assim, é possível utilizar o ponteiro que recebeu o endereço de um elemento de um vetor/matriz como sendo o próprio vetor/matriz.

Dessa forma, considerando um vetor: `int vet[3]={5,10,15};` e considerando que `int *ptr=vet;` temos a seguintes condições:

- `(ptr+1)` é o endereço do segundo elemento da matriz.
- `(ptr-1)` é o elemento anterior da matriz que, nesse caso é uma região de memória que não pertence ao vetor.
- `(ptr+2)` é o endereço do terceiro elemento do vetor.
- `ptr[0]` é o elemento apontado pelo ponteiro (5).
- `ptr[1]` é o elemento seguinte (10).

Se tivermos que `ptr=&vet[1]`, então teremos:

- `ptr[0]` é o elemento apontado pelo ponteiro (10).
- `ptr[-1]` é o elemento anterior (5).
- `ptr[1]` é o elemento posterior (15).

Lembramos também que uma string é um vetor de caracteres e irá possuir essas mesmas características. Se temos um vetor de `char`, o nome desse vetor (string) é o endereço de sua primeira posição. Por isso, omitimos o operador & nas chamadas scanf com strings.

```c
int main(int argc, char** argv) {
    int vet[10] = {10, 20, 30, 40, 50, 60, 70, 80, 90, 100};
    int *ptr, i;
    ptr = vet;
    printf("%x\n", ptr);
    printf("%x\n", &vet[0]);
    printf("%x\n\n", vet);
    for (i = 0; i < 10; i++) {
        printf("%d\n", *(ptr + i));
        printf("%d\n", ptr[i]);
        printf("%d\n\n", vet[i]);
    }
    return (EXIT_SUCCESS);
}
```

Programa 5.14: Ponteiros e matrizes.
Fonte: Dos autores.

» Matrizes de ponteiros

Assim como outros tipos de variáveis, é possível criar vetores e matrizes de ponteiros. Uma matriz de ponteiro pode ser criada para diversas finalidades como, por exemplo, para organizar um grande número de variáveis. Segue um exemplo simples:

```c
int main(int argc, char** argv) {
    int i;
    char *erro[4];
    erro[0] = "arquivo nao encontrado\n";
    erro[1] = "erro da leitura\n";
    erro[2] = "erro codigo 02\n";
    erro[3] = "erro inesperado\n";
    for (i = 0; i < 4; i++) printf("%s", erro[i]);
}
```

Programa 5.15: Vetor de ponteiros.
Fonte: Dos autores.

No Programa 5.15, é definido um vetor de quatro posições onde cada posição é um ponteiro para char, o qual pode armazenar o endereço de início de strings. Esses ponteiros são inicializados com os endereços das strings definidas e, posteriormente, são impressas as strings de acordo com o índice.

» Ponteiros e estruturas

Também é possível criar ponteiros para as estruturas/registros que definimos. Com isso, podemos fazer funções que manipulam estruturas. No caso de alteração de campos, precisaremos fazer a passagem de parâmetros por referência. Ao manipularmos ponteiros de estruturas, podemos também utilizar o operador (->) para acessar campos de um registro a partir do seu ponteiro. Vejamos no exemplo a seguir como ficaria o Programa 5.11 alterado:

```c
#include <stdio.h>
#include <stdlib.h>
#include <string.h>

typedef struct {
    char cpf[15];
    char nome[100];
    int idade;
    char fone[15];
} Cliente;
const int TAM = 20;

void leitura(Cliente * c, int num);
void imprime(Cliente c);

void leitura(Cliente * c, int num) {
    printf("Digite o nome do cliente %d: ", num);
    gets(c->nome);
    printf("Digite o CPF do cliente %d: ", num);
    gets((*c).cpf);
    printf("Digite o telefone do cliente %d: ", num);
    gets(c->fone);
    printf("Digite a idade do cliente %d: ", num);
    scanf("%d", &c->idade);
    getchar(); //remove lixo da memoria de entrada
}

int main(int argc, char** argv) {
    int i;
    Cliente agenda[TAM];
    for (i = 0; i < TAM; i++) {
        leitura(&agenda[i], i + 1);
        printf("\n"); //pula uma linha
    }

    for (i = 0; i < TAM; i++) {
```

Programa 5.16: Funções manipulando `struct`. (Continua)
Fonte: Dos autores.

```
            printf("CLIENTE %d\n", i + 1);
            imprime(agenda[i]);
            printf("\n"); //pula uma linha
        }
        return (EXIT_SUCCESS);
}

void imprime(Cliente c) {
    printf("\tNOME: %s\n", c.nome);
    printf("\tCPF: %s\tTELEFONE %s\n", c.cpf, c.fone);
    printf("\tIDADE: %d anos.\n", c.idade);
}
```

Programa 5.16: Funções manipulando `struct`. (Continuação)
Fonte: Dos autores.

No Programa 5.16, temos a passagem de parâmetros por referência na função leitura, que recebe um ponteiro para a estrutura. Na função, faz-se uso do operador -> para acessar os campos da estrutura, que é equivalente à forma utilizada para fazer a leitura do CPF, com o operador *. Note também que a função principal ficou mais simples e organizada ao passar o código de manipulação da estrutura para funções. Com a constante TAM, podemos alterar o tamanho da agenda para facilitar o teste ou mudanças na necessidade de registros.

» Ponteiros de ponteiros

Conforme mencionado anteriormente, ponteiros são variáveis como quaisquer outras. Então podemos ter ponteiros de ponteiros. Usualmente, ponteiros de ponteiros são criados quando precisamos passar um ponteiro como parâmetro e esse precisa ser alterado dentro da função. Segue um exemplo simples:

Linha	Código
01	`int main(int argc, char** argv) {`
02	`    int x, *p, **q;`
03	`    x = 10;`
04	`    p = &x;`
05	`    q = &p;`
06	`    printf("%d", **q);`
07	`    return (EXIT_SUCCESS);`
08	`}`

Programa 5.17: Exemplo ponteiro de ponteiro.
Fonte: Dos autores.

O Programa 5.17 apresenta um exemplo simples de ponteiro de ponteiro. Na linha 02, são criados uma variável `int` chamada `x`, um ponteiro para `int` chamado `p` e um ponteiro de ponteiro de inteiro chamado `q`. Na linha 04, o ponteiro `p` recebe o endereço de memória da variável `x`. Na linha 05, a variável `q` recebe o endereço de memória da variável `p`. Na linha 06, com o endereço apontado pela variável `q` (primeiro *), pega-se o conteúdo apontado por esse endereço (segundo *), que é o conteúdo da variável `x` (10). O valor 10 é impresso na tela, encerrando o programa. Além de ponteiros de ponteiros, é possível também ter ponteiros de ponteiros de ponteiros, porém esses têm uso mais restrito e raro.

Agora é a sua vez!

1. Implemente o Programa 5.14 e visualize o funcionamento de ponteiros em conjunto com vetores. Sugestão: antes de rodar no computador, tente fazer o teste de mesa do código, rodando o código com a ajuda de um rascunho.

2. Crie uma função que receba dois inteiros como parâmetros e devolva a média aritmética desses números (`float`).

3. Crie um vetor global de inteiros com 10 posições. Crie uma função sem retorno que recebe como parâmetro o índice (número de 0 a 9) do vetor a ser alterado. Dentro da função, deve ser lido um valor inteiro e armazenado na posição definida.

4. Crie uma função que receba um ponteiro para inteiro como parâmetro e altere o valor dessa variável para zero.

5. Crie outra função que receba dois ponteiros para inteiros como parâmetro e que realize a troca dos valores.

6. Crie outra função que receba um ponteiro para inteiro e um inteiro e atribua o valor do inteiro dentro da variável apontada pelo ponteiro.

7. Crie uma função que receba como parâmetro três variáveis inteiras e devolva o maior valor.

8. Crie uma função que receba como parâmetro três ponteiros para inteiro e devolva um ponteiro que aponte para a variável de maior valor.

9. Crie um programa que demonstre o funcionamento das funções criadas nas questões anteriores, demonstrando que elas funcionam para diversos parâmetros (números positivos, negativos, pequenos, grandes, etc.). Por exemplo: a função da Questão 2 deve retornar a média aritmética de dois números. Portanto, se chamar a função `media(4,2)`, o retorno deve ser 3. Então é possível verificar se:

(continua)

» Agora é a sua vez!

(*continuação*)

```
if(media(4,2)==3))
printf("A media deu certo");
else printf("A media deu errado");
```

Assim, podemos fazer uma série de testes[3] para verificar se nossa função foi bem implementada, passando como parâmetros números grandes, números pequenos e números negativos a fim de comprovar que a função funciona em todos ou em grande parte do cenário para o qual foi projetada. Segue como rascunho para atividade uma sugestão de assinaturas para as funções:

- `float media(int a, int b);`
- `void altera(int pos);`
- `void zerar(int *x);`
- `void troca(int *a,int*b);`
- `void atribui(int*a,int val);`
- `int maior(int a, int b, int c);`
- `int *ptrMaior(int*a,int*b,int*c);`

Sugestão de rascunho para o programa:

```
int main(int argc, char** argv) {
    int x = 10, *ptrX;
    if (media(2, 2) == 2) printf("A media deu certo\n");
    else printf(" A media deu errado");
    if (media(4, 2) == 3) printf("A media deu certo\n");
    else printf("A media deu errado");
    if (media(-2, 8) == 3) printf("A media deu certo\n");
    else printf("A media deu errado");
    ...
    ptrX = &x;
    zerar(ptrX); //ou zerar(&x);
    if (x == 0) printf("Zerar deu certo\n");
    else printf("Zerar deu errado");
    ....
}
```

---

[3] De maneira simplista, isto seria o que se chama de teste unitário.

❯❯ Arquivos

Para armazenar informações de um programa ou acessar posteriormente informações, podemos guardá-las em arquivos. Iremos apresentar como realizar leitura e escrita sequencial em arquivos texto e binário.

❯❯ Acesso a arquivos

O acesso a arquivos inclui seguir alguns passos relativamente simples:

Escrita no arquivo:	**Leitura do arquivo:**
Abrir arquivo	Abrir arquivo
Escrever dados	Ler arquivo até o final
Fechar arquivo	Fechar arquivo

Para abrir o arquivo usamos o comando `fopen`, passando como parâmetro o nome do arquivo e o modo de acesso que iremos usar. A seguir, apresentamos os modos mais simples de leitura:[4]

- r: apenas leitura
- w: leitura e escrita
- a: adicionar
- b: modo binário

Para realizar a escrita utilizamos o comando `fprintf` de maneira bem semelhante ao comando `printf`. O comando `fprintf` pode ser chamado várias vezes para compor o que ficará escrito no arquivo, da mesma forma que fazemos com o comando `printf`. Para realizar uma leitura de um arquivo, usamos o comando `fscanf`, também bastante semelhante ao comando `scanf`. Podemos também usar o comando `fgets`, que é semelhante ao comando `gets`. Como os arquivos podem conter diferentes quantidades de conteúdo, a leitura usualmente é feita em um laço até encontrar o final do arquivo. O Programa 5.18 apresenta a leitura e escrita em um arquivo em modo texto. Acessar um arquivo texto é simples, este programa vai mostrar para você que você já sabe fazer um programa que manipula arquivos.

Linha	Código
01	`int main(int argc, char** argv) {`
02	`    int num, soma = 0;`

Programa 5.18: Escrevendo e lendo arquivo texto. (Continua)
Fonte: Dos autores.

---

[4] Existem outros modos de acesso que não veremos aqui. Além disso, compiladores diferentes podem oferecer modos adicionais de acesso a arquivos.

03	`FILE *fp = fopen("teste.dat", "w");`
04	`printf("Digite numeros para gravar e 0 para sair: ");`
05	`do {`
06	`    scanf("%d", &num);`
07	`    fprintf(fp, "%d ", num);`
08	`} while (num)`
09	`fclose(fp);`
10	`fp = fopen("teste.dat", "r");`
11	`while (!feof(fp)) {`
12	`    fscanf(fp, "%d ", &num);`
13	`    printf("%d\t", num);`
14	`    soma=soma+num;`
15	`}`
16	`fclose(fp);`
17	`printf("\nSoma : %d",soma);`
18	`return (EXIT_SUCCESS);`
19	`}`

Programa 5.18: Escrevendo e lendo arquivo texto. (Continuação)
Fonte: Dos autores.

No Programa 5.18 é feita a leitura de números pelo usuário, e esses números são armazenados em um arquivo. Depois, os números são lidos do arquivo e, então, os números e a soma dos números são escritos na tela. Na linha 03, é declarado um ponteiro para arquivo (`FILE`), e esse ponteiro é inicializado com o ponteiro devolvido pela função `fopen`, que recebeu como parâmetro o nome do arquivo e o modo de acesso w, que irá criar um novo arquivo. Caso esse arquivo já exista, será sobrescrito.

Na linha 07, é escrito no arquivo o número lido na linha 06, utilizando o comando `fprintf`, que recebe como primeiro parâmetro o ponteiro para arquivo (aberto na linha 03), a string de controle e as variáveis, da mesma forma que no comando `printf`. Esse laço é repetido até que o usuário digite o número 0 (o zero também vai para o arquivo), sendo que números negativos também são permitidos. Na linha 09, o arquivo é fechado pela função `fclose`. Na linha 10, o arquivo é aberto novamente, agora com o modo de acesso r (somente leitura).

Na linha 11, é iniciado um laço que será executado até se encontrar o final do arquivo com a função `feof`, que retorna verdadeiro quando encontra o final do arquivo passado como parâmetro. Na linha 12, é lido, a partir do arquivo, um número inteiro, utilizando o comando `fscanf`, que tem como primeiro parâmetro o ponteiro para o arquivo que vai ser lido (aberto na linha 10), a string de controle e o endereço da variável que irá receber o valor lido. Na linha 13, o valor lido é impresso na tela e, na linha 14, os valores lidos são acumulados na variável soma. Na linha 16, o arquivo é fechado pela função `fclose` e, na linha 17, a soma dos valores é apresentada, encerrando o programa nas linhas seguintes.

» Arquivos binários

Os arquivos binários gravam de maneira mais direta os dados armazenados em variável para o arquivo, sem converter os valores em texto. Dessa forma, é necessário saber que tipos de dados estão salvos em um arquivo para poder interpretá-los corretamente. Para facilitar esse processo é interessante salvar apenas um tipo de dado ou definir um tipo `struct` para salvar os dados no arquivo. Por exemplo, um arquivo em que todos os dados são `int` ou todos os dados são do tipo `Cliente`. Vamos apresentar agora um exemplo com acesso sequencial de arquivo binário.

Linha	Código
01	`typedef struct {`
02	`    char nome[50];`
03	`    char fone[12];`
04	`} contato;`
05	`int main(int argc, char** argv) {`
06	`    contato item;`
07	`    int cont=1;`
08	`    FILE *fp;`
09	`    fp = fopen("arquivo.bin", "wb");`
10	`    do {`
11	`        printf("\nEntre com o nome: ");`
12	`        gets(item.nome);`
13	`        printf("Entre com o telefone: ");`
14	`        gets(item.fone);`
15	`        if (strcmp(item.nome, ""))`
16	`            fwrite(&item, sizeof (item), 1, fp);`
17	`    } while (strcmp(item.nome, ""));`
18	`    fclose(fp);`
19	`    fp = fopen("arquivo.bin", "rb");`
20	`    fread(&item, sizeof (item), 1, fp);`
21	`    while (!feof(fp)) {`
22	`        printf("\nContato %d\n\tNome: ", cont++);`

Programa 5.19: Escrevendo e lendo arquivo binário. (Continua)
Fonte: Dos autores.

23	`puts(item.nome);`
24	`printf("\tTelefone: ");`
25	`puts(item.fone);`
26	`fread(&item, sizeof (item), 1, fp);`
27	`}`
28	`fclose(fp);`
29	`return (EXIT_SUCCESS);`
30	`}`

Programa 5.19: Escrevendo e lendo arquivo binário. (Continuação)
Fonte: Dos autores.

O Programa 5.19 define uma struct que possui os campos nome e fone. Realiza a leitura, pelo teclado, de nome e fone até que o usuário digite um nome vazio. Cada registro é armazenado no arquivo. Posteriormente, os registros são lidos do arquivo e exibidos na tela. Nas linhas 01 a 04, é definido o tipo Contato. Na linha 08, é declarada uma variável do tipo ponteiro de arquivo. Na linha 09, o ponteiro de arquivo é inicializado, através do comando fopen, que abriu o arquivo "arquivo.bin"[5] com o modo de acesso wb (escrita binária).

Nas linhas 11 a 14, é solicitado ao usuário que preencha os dados do contato. Na linha 15, é verificado se o nome digitado não é vazio e, caso não seja vazio, os dados são armazenados no arquivo. Se o nome estiver vazio, o laço é interrompido. Para escrever no arquivo, na linha 16 é utilizado o comando fwrite, que recebe como parâmetro o endereço da variável a ser gravada no arquivo, o tamanho ocupado pela variável (indicado pelo comando sizeof), a quantidade de itens e o ponteiro para o arquivo onde será gravado.

Na linha 17, é verificado novamente se o nome foi preenchido e, se estiver em branco, o laço é encerrado. Na linha 18, o arquivo é fechado pelo comando fclose. Na linha 19, o arquivo é aberto novamente, agora com o modo de acesso rb (leitura binária). Na linha 20, é realizada a leitura de um registro do arquivo, utilizando o comando fread. O comando fread recebe como parâmetro o endereço de um bloco de memória onde serão armazenados os dados lidos do arquivo, tamanho de cada item a ser lido, quantidade de itens a serem lidos e ponteiro para o arquivo.

Como a quantidade de itens a serem lidos é desconhecida, é feito um laço que se repete até encontrar o final do arquivo. O laço inicia na linha 21, utilizando a função feof, que indica o final do arquivo. Nas linha 22 a 25, os dados do registro são impressos na tela. Na linha 26, o próximo registro é lido utilizando novamente a função fread. O laço volta para condição para verificar se chegou ao final do arquivo. Na linha 28, o arquivo é fechado com a função fclose, encerrando o programa na sequência.

---

[5] Note que o nome do arquivo não precisa ser definido no programa. Poderia ser realizada uma leitura do teclado solicitando ao usuário para digitar o nome do arquivo.

>> Agora é a sua vez!

1. Implemente o Programa 5.18 da maneira como foi apresentado.

2. Crie três novos projetos:

   a) O primeiro vai ler valores do teclado e escrever no arquivo. Mude o laço para não incluir o zero no arquivo.

   b) O segundo vai ler os valores do arquivo criado no item **a** para somar os valores.

   c) O terceiro vai ler os valores do arquivo criado no item **a** e multiplicar os valores.

   Dica: os três projetos vão precisar acessar o mesmo arquivo texto. Para facilitar, você pode indicar "../teste.dat" como nome do arquivo. Isso fará que o arquivo fique salvo na pasta NetBeansProjects e que possa ser acessado mais facilmente pelos três projetos. Outra possibilidade é, depois de compilar os arquivos, copiar os executáveis (.exe) para um mesmo diretório.

3. Implemente o Programa 5.19, conforme definido.

4. Incremente o contato definido no Programa 5.19 para armazenar *e-mail*, endereço, data de aniversário e um segundo telefone. Crie um projeto para cadastrar contatos e salvá-los em um arquivo. Crie um segundo projeto para listar os contatos. Crie um terceiro projeto que leia o arquivo, pergunte ao usuário o número do contato a ser exibido e imprima apenas o contato indicado.

   Dica: use a variável `cont` (do Programa 5.19) para identificar o contato que deve aparecer.

>> Parâmetros em linha de comando

Assim como as outras funções, a função principal (`main`) também pode receber parâmetros. Os parâmetros recebidos pela função principal são vindos da chamada do programa e podem ser definidos na linha de comando. Existem diferentes formas de definir a assinatura da função principal. O NetBeans, no seu esqueleto padrão, a define da seguinte forma: `int main(int argc, char** argv)`, onde a função principal recebe como parâmetro um `int` e um ponteiro de ponteiro de `char`.

Conforme vimos na seção anterior, existem algumas propriedades de vetores, matrizes e ponteiros que nos permitem receber os mesmos parâmetros e manipulá-los de maneira diferente. Assim, acreditamos ser mais fácil enxergar o significado dos parâmetros da seguinte forma: `int main(int argc, char *argv[])`. Nessa forma, ainda temos o inteiro (`argc`: que indica a quantidade de parâmetros) e um vetor de ponteiros de `char` (`argv`: um vetor de strings). O valor inteiro indica a quantidade de parâmetros e o vetor de strings armazena cada um dos parâmetros recebidos.

Mas, independente da forma escolhida para a declaração da função principal, os parâmetros podem ser acessados da mesma forma. Com a manipulação dos parâmetros em linha de comando, podemos implementar programas com uma entrada mais rápida de dados e também programas de uso automatizado (sem interação com o usuário).

Linha de comando	Resultado
`./soma 1 3`	3
`./calcula 1 + 3`	4

No caso da linha de comando `./calcula 1 + 2` teríamos os seguintes parâmetros, conforme Quadro 5.6.

Quadro 5.6 » Parâmetros em linha de comando

`argc`	4
`argv[0]`	`"./calcula"`
`argv[1]`	`"1"`
`argv[2]`	`"+"`
`argv[3]`	`"2"`

Fonte: Dos autores.

Como podemos ver, o primeiro parâmetro é o nome do comando chamado. Isso pode ser útil em alguns casos, pois o arquivo executável do programa pode ser renomeado. O restante são os parâmetros propriamente ditos, que foram separados de acordo com os espaços na linha de comando – por isso temos três parâmetros (além do nome).

> **» DICA**
> `argc` e `argv` são os nomes dos parâmetros normalmente usados, mas nada impede que você altere esses nomes.

> **» DICA**
> Os parâmetros são recebidos como strings. Caso queira receber números e realizar operações matemáticas, será necessário convertê-los para números (para inteiros pode-se usar a função `atoi`).

```
int main(int argc, char *argv[]){
    int i;
    printf("argc = %d\n",argc);
    for (i = 0; i < argc; i++)
        printf("argv[%d] = %s\n", i, argv[i]);
}
```

Programa 5.20: Acessando os parâmetros.
Fonte: Dos autores.

O Programa 5.20 é apenas um programa exemplo de como acessar os parâmetros recebidos e de como imprimir na tela a quantidade de parâmetros (argc) e os parâmetros propriamente ditos usando o argc como quantidade de repetições do laço. Podemos usar esse programa como base para criar aplicações mais interessantes. Vejamos o Programa 5.21 que calcula a soma de um número indefinido de parâmetros:

```
int main(int argc, char *argv[]) {
    int i, soma = 0;
    for (i = 1; i < argc; i++) soma = soma + atoi(argv[i]);
    printf("Soma: %d\n", soma);
    return (EXIT_SUCCESS);
}
//uso: soma 1 2 3 4 5 6 7
```

Programa 5.21: Programa soma.
Fonte: Dos autores.

> » **DICA**
> No NetBeans, o arquivo executável criado na compilação terá o nome do projeto.

```
int main(int argc, char *argv[]) {
    int a, b, res;
    if (argc < 3)
        printf("Uso incorreto! calcula oper1 operador oper2");
    a = atoi(argv[1]);
    b = atoi(argv[3]);
    switch (argv[2][0]) {
        case '+': res = a + b;
            break;
        case '-': res = a - b;
            break;
        case '*': res = a * b;
            break;
        case '/': res = a / b;
            break;
        case '%': res = a % b;
            break;
        default:printf("USO: calcula oper1 operador oper2\n");
                printf("EXEMPLO: calcula 1 + 2");
    }
    printf("Resultado: %d\n", res);
}
```

Programa 5.22: Programa calcula.
Fonte: Dos autores.

Para converter as strings em números inteiros, o programa faz uso da função `atoi`, que recebe a string e devolve o valor inteiro representado pela string.

>> Agora é a sua vez!

1. Implemente o Programa 5.22. O nome do projeto deve ser "calcula". Verifique o que o programa faz e acrescente outras operações.

2. Combine os diferentes exemplos anteriores e crie programas mais completos. Por exemplo, faça um conjunto de programas que, com base em uma `struct` de cadastro, acrescente, visualize, remova e altere registros de um arquivo binário com seus contatos.

>> Alocação dinâmica de memória

Até o momento, fizemos programas em que o uso de memória era basicamente com a criação de variáveis. Porém, é possível fazer programas que requisitem e usam memória dinamicamente de acordo com a necessidade. A memória é solicitada pelo programa ao sistema operacional e deve ser liberada após seu uso para evitar problemas de falta de memória. Para realizar a alocação dinâmica de memória, precisaremos da função `malloc`, que possui a seguinte assinatura:

```
void* malloc (size_t);
```

A função `malloc` recebe a quantidade de bytes que deve ser solicitado ao sistema operacional e devolve um ponteiro com o endereço de memória onde a memória solicitada se encontra. Caso não seja possível alocar a quantidade de memória solicitada, é devolvido um ponteiro com conteúdo zero. Como é possível verificar pela assinatura da função, a função `malloc` devolve um ponteiro para o tipo `void`, que seria um tipo vazio ou nulo, o qual nesse caso representa um ponteiro genérico. Na maioria dos casos, é necessário converter esse ponteiro para o tipo específico para usá-lo. Veja como fazer isso no Programa 5.23.

Linha	Código
01	`const int TAM = 2;`
02	`typedef struct {`
03	`    char nome[40];`
04	`    char telefone[15];`
05	`} Cliente;`
06	`int main(int argc, char *argv[]) {`
07	`    int i;`
08	`    Cliente * clientes[TAM];`
09	`    for (i = 0; i < TAM; i++) {`
10	`        clientes[i] = (Cliente*) malloc(sizeof (Cliente));`
11	`        printf("\nDigite nome cliente %d: ", i + 1);`
12	`        gets(clientes[i]->nome);`
13	`        printf("Digite telefone cliente %d: ", i + 1);`
14	`        gets(clientes[i]->telefone);`
15	`    }`
16	`    for (i = 0; i < TAM; i++) {`
17	`        printf("Cliente %d: %s", i + 1, clientes[i]->nome);`
18	`        printf("\tFone: %s\n\n", clientes[i]->telefone);`
19	`        free(clientes[i]);`
20	`    }`
21	`    return (EXIT_SUCCESS);`
22	`}`

Programa 5.23: Escrevendo e lendo arquivo binário.
Fonte: Dos autores.

O Programa 5.23 possui uma `struct` para armazenar informações de clientes. Esses dados são inseridos pelos usuários, impressos na tela e, no final, esta memória é devolvida. Na linha 01, é definida uma constante indicando quantos registros serão criados e armazenados no vetor de ponteiros para `Cliente`. Nas linhas de

>> **IMPORTANTE**
Fim da introdução ao C.
Nos capítulos 4 e 5, vimos como programar usando a linguagem C. Estudando esses capítulos, você poderá ter uma boa base para continuar praticando e aprendendo. No capítulo 6, você irá trabalhar a manipulação de estruturas de dados, que irão possibilitar a manipulação de dados para a resolução de diferentes problemas, aplicando os conceitos vistos aqui, como vetores, matrizes, estruturas e alocação dinâmica de memória. Continue praticando a programação.

> **NO SITE**
> Acesse o ambiente virtual de aprendizagem para fazer as atividades relacionadas ao que foi discutido neste capítulo.

02 a 05, é definido a `struct Cliente`. Na linha 08, é criado um vetor de duas posições (definido pela constante) onde cada uma delas é um ponteiro para uma `struct Cliente`.

O tamanho ocupado por uma variável do tipo `Cliente` seria de 55 bytes (onde os primeiros 40 seriam ocupados pelo nome e os ultimos 15 pelo telefone). Na linha 08, foram alocados apenas dois ponteiros, que na versão usada do gcc ocupam 4 bytes cada um. Na linha 10, é feita uma chamada para a função `malloc`, passando como parâmetro o tamanho do tipo `Cliente` (55 bytes) com o uso da função `sizeof`. A função `malloc` irá devolver o endereço onde iniciam a memória solicitada.

Esse endereço é um ponteiro para `void`, que é convertido para um ponteiro para inteiro, o qual é armazenado em uma das posições do vetor `Clientes`, definido na linha 08. Após alocada a memória, o uso do ponteiro é feito normalmente para realizar a leitura dos valores para os campos da estrutura. Na linha 16, inicia-se o laço em que são impressos as informações armazenadas. Após imprimir as informações contidas na memória, a região da memória é devolvida ao sistema operacional através da função `free`, que recebe como parâmetro o ponteiro com o endereço que está sendo devolvido. Após o final do laço, o programa é encerrado.

>> PARA REFLETIR

Uma pequena loja poderia ter um cadastro de clientes em um vetor de 1000 posições (`Cliente agenda[1000]`). Se cada registro ocupa 55 bytes, essa agenda ocuparia 55.000 bytes. Porém, apenas 100 posições estão preenchidas, o que faz a maior parte da memória estar ociosa (49.500bytes). Ao utilizarmos uma solução em que temos um vetor de 1000 posições (`Cliente * agenda[1000]`) e a memória é alocada dinamicamente para cada novo cliente cadastrado, considerando um ponteiro de 4 bytes, teríamos 4.000 bytes usados no vetor. Se apenas 100 posições foram alocadas, teremos mais 5.500 bytes usados, totalizando 9.500 bytes.

>> RESUMO

Nos Capítulos 4 e 5, vimos os fundamentos da programação na linguagem C que possibilitam desenvolver recursos para diversos problemas de solução algorítmica. Além disso, foram introduzidas as bases que permitirão seguir adiante em seu desenvolvimento profissional como programador de linguagem C ou de alguma das diversas linguagens que têm o C como inspiração. No próximo capítulo, veremos como podemos armazenar e processar informações com o uso das estruturas de dados.

LEITURAS RECOMENDADAS

CALLE, J. L. D. *Introdução à Linguagem C*. São Paulo: CENAPAD-SP, 2009. Disponível em: <http://www.cenapad.unicamp.br/servicos/treinamentos/apostilas/apostila_C.pdf>. Acesso em: 19 set. 2013.

HUSS, E. *The C library reference guide*. [S.l.: s.n.], c1997. Disponível em: <http://www.acm.uiuc.edu/webmonkeys/book/c_guide/>. Acesso em: 19 set. 2013.

NETBEANS. [S.l.: s.n.], 2013. Disponível em: <http://netbeans.org/>. Acesso em: 19 set. 2013.

SANTOS, H. J. *Curso de Linguagem C*. Santos: UNISANTOS, [2005]. Disponível em <http://www.ead.cpdee.ufmg.br/cursos/C/Programa_C.pdf>. Acesso em: 19 set. 2013.

UNIVERSIDADE ESTADUAL DE CAMPINAS. Centro de Computação. *Introdução à linguagem C*: versão 2.0. Campinas: GACLI, [2006]. Disponível em: <http://lasdpc.icmc.usp.br/disciplinas/graduacao/linguagens-de-programacao-e-aplicacoes-1/Intro_ling_C.pdf>. Acesso em: 19 set. 2013.

Carlos Fernandes
Fabio Yoshimitsu Okuyama

capítulo 6

Estrutura de dados

Informações são armazenadas na memória temporária de um computador, em locais que denominamos variáveis, enquanto um programa é executado. Essas variáveis armazenam as informações segundo os tipos de dados primitivos que a linguagem de programação suporta. No entanto, nem sempre é possível representar os dados por meio dessas formas elementares, sendo necessário estruturas mais complexas que possuam um disciplinamento específico para o seu funcionamento e que representem os problemas do mundo real.

Algumas dessas estruturas serão vistas neste capítulo, sendo elas: pilhas, filas e listas lineares. Os exemplos utilizados aqui serão descritos na linguagem C, preferencialmente a versão ANSI. Dessa forma, o leitor deverá providenciar as devidas alterações, se forem necessárias, ao utilizar linguagens que não suportam variável ponteiro ou outros recursos específicos da linguagem C.

Objetivos deste capítulo

» Apresentar noções sobre abstração de dados.

» Identificar as características das estruturas de dados pilhas, filas e listas.

» Descrever as formas de representação dessas estruturas.

» Exemplificar os principais algoritmos de manipulação dessas estruturas.

» Exemplificar a criação e manipulação dessas estruturas de dados utilizando alocação dinâmica de memória.

Tipos abstratos de dados (TAD)

> **DICA**
> É possível abordar o tema **Estrutura de Dados** por meio de dois tópicos que se diferenciam pela sua complexidade de compreensão: as listas lineares, com as devidas variações, e as estruturas não lineares – árvores. Dito de outra forma, um nível básico e outro avançado. Este livro abordará as listas lineares.

As linguagens de programação são utilizadas para implementar algoritmos que representam soluções de problemas do mundo real: cadastro de clientes de uma loja, folha de pagamento de uma empresa, resolução de uma fórmula matemática, simulação de um fenômeno físico e assim por diante. Ao codificarmos tais algoritmos utilizando uma linguagem de programação como, por exemplo, C ANSI, salvamos o código em arquivos que formam um programa de computador.

Por sua vez, esses programas devem manusear – armazenar, ordenar, calcular – dados dos objetos que os sistemas computacionais processarão. Por exemplo, em um sistema de crediário de uma loja comercial, gostaríamos de armazenar informações dos clientes dessa loja, como nome, data de nascimento, estado civil, sexo, entre outras. Essas informações são armazenadas na memória temporária do computador, em locais que denominamos variáveis, enquanto o programa é executado.

Essas variáveis armazenam as informações segundo os **tipos de dados primitivos** que a linguagem de programação suporta, como:

- Números inteiros
- Números reais
- Conjunto de caracteres (strings)
- Lógicos
- Vetores

Diferentemente do tipo de dado primitivo, um **tipo abstrato de dado** é uma estrutura que possui um conjunto de dados que só farão sentido quando agrupados e um conjunto de operações que atuem sobre esses dados. Os dados são armazenados em uma estrutura, e as operações em funções que operam sobre os dados. No exemplo da loja comercial, os dados do cliente podem ser codificados em um programa como um TAD (Tipo abstrato de dado).

Essa é uma forma de implementação muito específica, pois representa claramente o problema que se está pretendendo informatizar e que nos leva, obrigatoriamente, a compor um conjunto de dados e operações somente relevantes ao problema estudado. No exemplo a seguir, um conjunto de dados sobre o cliente poderia ser representado em linguagem C da seguinte forma:[1]

---

[1] O compilador utilizado para testar os códigos foi o Dev-C++, versão 4.9.9.2, executado em um computador com sistema operacional Windows 7 Ultimate, 32-bit.

```c
typedef struct {
      char rua[41];
      char complemento[11];
      char bairro[41];
      char cep[11];
      char cidade[41];
} endereco;

typedef struct {
int dia;
int mes;
      int ano;
}data;
typedef struct {
      char nome_cliente[51];
      endereco endereco_cliente;[2]
      data data_nascimento;
      data data_admissao_emprego;
      float salario_bruto;
      float salario_liquido;
} cliente;
```

Nesse exemplo, `struct endereco` e `struct data` são estruturas previamente construídas pelo programador, quer dizer, declaradas antes da estrutura cliente. Além das estruturas de dados, um conjunto de operações seria representado, em programação C, por códigos de funções, como inserir um cliente, remover um cliente, listar todos os clientes, calcular margem de comprometimento de parcelamento de compra, entre outras.

No entanto, existem TADs com funcionalidades genéricas que podem auxiliar na representação de soluções de problemas do mundo real de forma muito fiel e mais abrangente. Listas, filas, pilhas e árvores são as estruturas abstratas de dados mais utilizadas na programação de computadores, pois encontram similaridades com muitas classes de problemas: simulação de uma fila de caixa eletrônico de um banco, implementação da notação polonesa reversa em uma calculadora, simulação de um parque de estacionamento, entre muitos outros problemas que costumamos modelar.

Porém, nos TADs genéricos, como listas, filas e pilhas, as operações básicas não devem ser implementadas sem critério. Existe uma vasta literatura solidamente aceita e que podemos resumir, com alguma variação, nas seguintes operações:

---

[2] Em programação C, é necessário prever uma posição a mais na definição de uma string. Dessa forma, `char nome_cliente[51]` deverá armazenar no máximo 50 caracteres, e não 51.

- Criar
- Inserir
- Remover
- Buscar
- Percorrer
- Destruir

Nas próximas seções, trataremos dos principais tipos de listas lineare: filas, pilhas e listas ligadas, os quais diferem entre si pelo disciplinamento de suas operações.

Pilhas e filas

Pilhas e filas são duas estruturas lineares de dados que estão entre as mais importantes na programação de sistemas, pois são estruturas que representam, de forma análoga, um número elevado de problemas do mundo real. Além disso, essas estruturas, por serem um espelho de situações do dia a dia das pessoas, são concepções bastante intuitivas, sendo de fácil compreensão, embora nem sempre fáceis de implementar em sistemas computacionais.

Vemos filas o tempo inteiro: filas em banco, em caixa eletrônico, em supermercado, em engarrafamento de trânsito, etc. Da mesma forma, pilhas podem ser percebidas todos os dias: de livros, de um baralho de cartas em um jogo, de operações matemáticas em uma calculadora, entre outras tantas situações cotidianas.

Como já foi dito na seção anterior, o que caracteriza os TADs são suas operações, e as pilhas e filas possuem a inserção e a remoção como operações básicas, embora a literatura especializada apresente o acesso (consulta e alteração) como outras possibilidades de operações. Isso é discutível, pois uma operação de consulta, por exemplo, pode ser vista como duas operações básicas em sequência: remover o elemento para mostrar e, em seguida inserir o mesmo elemento.

Apesar de parecer sem sentido numa primeira avaliação, essa operação faz todo sentido se pensarmos em um mínimo de operações elementares para o disciplinamento de acesso à estrutura de dados. Alguns textos apresentam algoritmos para consulta e alteração diretamente no n-ésimo elemento da pilha. No entanto, para nós isso deve ser desencorajado, pois descaracterizaria as regras que compõem a estrutura propriamente dita, ou seja, não estaríamos na presença de uma fila ou pilha.

As pilhas só podem ter seus elementos inseridos em seu topo e retirados de seu topo, sendo por isso chamadas de LIFO – *Last In First Out* (o último elemento que entra é o primeiro elemento que sai). As filas só podem ter seus elementos inseridos no fim e retirados do começo da estrutura, ou seja, é uma estrutura do tipo FIFO – *First In First* Out (o primeiro elemento que entra é o primeiro elemento que sai). Pilhas, assim como filas, podem ser representadas por vetores ou por alocação dinâmica, conforme veremos em seguida.

» Pilhas

As operações permitidas nas pilhas ocorrem obrigatoriamente no topo da estrutura. As operações de inserção costumam ser chamadas de **push** ou de **empilhar**, e as de remoção, de **pop** ou de **desempilhar**. Consultas e alterações devem, também, ser realizadas no topo da pilha. As variáveis de controle são denominadas **top** e **bottom**, ou **topo** e **base**. Veja a Figura 6.1.

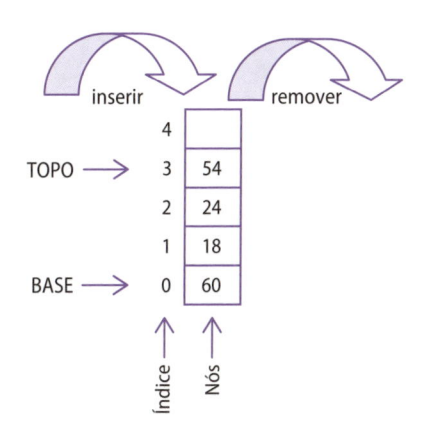

Figura 6.1 Esquema de representação de uma pilha.
Fonte: Dos autores.

Um exemplo prático para compreender o funcionamento de uma pilha é o de um estacionamento de automóveis em que somente um veículo pode entrar ou sair de cada vez.

Só existe vaga no estacionamento na última posição, e somente o último veículo que entrou é que pode sair. Para movimentar outros veículos, somos obrigados a movimentar o último que entrou. Dessa forma, por exemplo, para que o penúltimo veículo possa ser retirado é necessário retirar o último antes e recolocá-lo novamente no estacionamento. A partir de sucessivas operações de remoção e inserção, é possível obter combinações diferentes na disposição dos veículos. Agora imagine o seguinte problema: quatro carros estão no estacionamento, existe uma vaga e o Carro 3 tem que sair. A situação está representada na Figura 6.2.

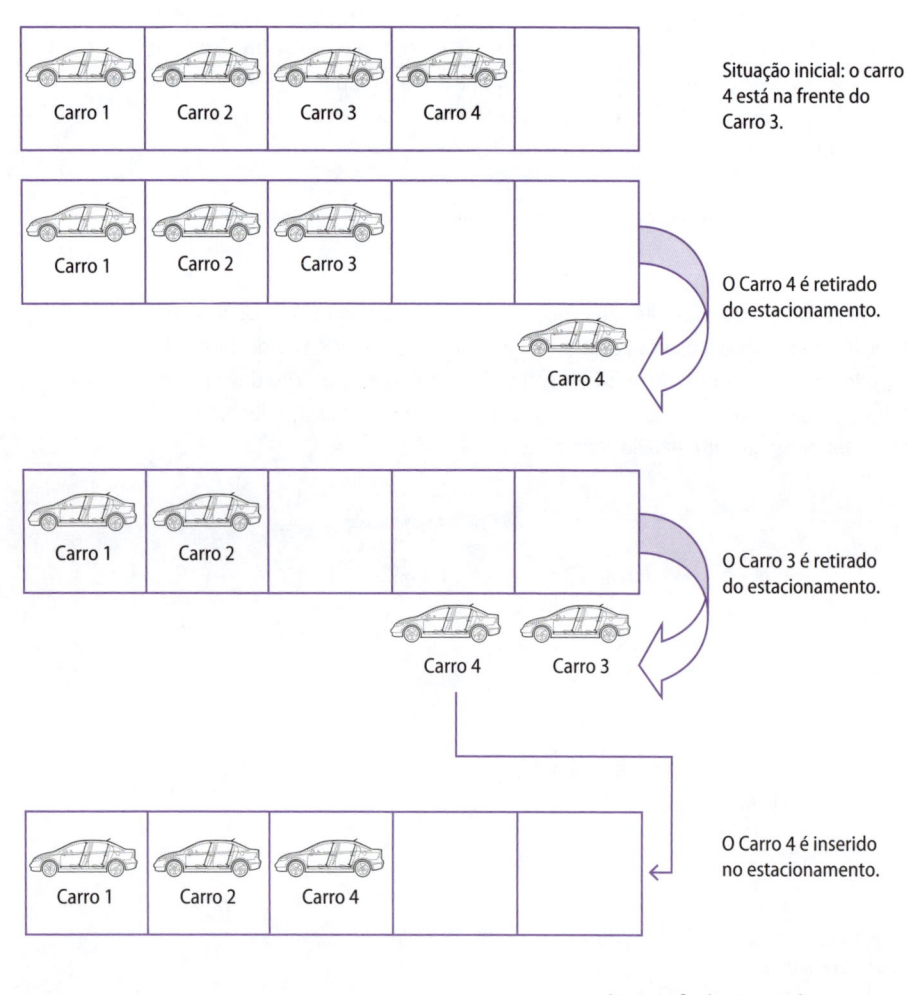

Situação inicial: o carro 4 está na frente do Carro 3.

O Carro 4 é retirado do estacionamento.

O Carro 3 é retirado do estacionamento.

O Carro 4 é inserido no estacionamento.

Situação final: o Carro 3 foi retirado, embora o Carro 4 estivesse na frente.

Figura 6.2 Representação do problema do estacionamento com entrada/saída únicas.
Fonte: Dos autores.

A escolha correta de qual TAD deverá modelar o mundo real é fundamental para o bom funcionamento do código, sob pena de produzirmos erros graves que não serão detectados, pois nesse caso não é a lógica interna das operações que está em julgamento, mas sim o seu disciplinamento. Para entender melhor, tomemos como exemplo um sistema de ordens de serviço cujas regras de funcionamento consistem em:

• Toda ordem de serviço é atendida pela ordem de chegada.
• Não existe prioridade de atendimento.

Se o programador escolher armazenar as informações utilizando uma pilha, o sistema não funcionará corretamente, pois, à medida que as ordens de serviços forem chegando, serão empilhadas e, por conta disso, será atendida primeiro a última ordem, que está no topo da pilha, ficando as primeiras junto à base (talvez por isto que é tão difícil as empresas de manutenção atenderem corretamente seus clientes, pois utilizam uma bandeja de madeira que simula uma pilha e não uma fila).

Implementações prováveis das operações de **push** (inserção), **pop** (remoção) e **peek** (consulta) de uma pilha poderiam ser as seguintes, supondo um vetor pilha, contendo N elementos, com a primeira posição de índice do vetor em 0 (zero) e a última em N-1, e com variáveis de controle **topo** e **base**:

Código push – inserção de item no topo

```
int push(Pilha *p, int valor) {
    if (p->topo >= N - 1) {
        printf("erro: overflow");
        return 0; //indica erro
    }
    (p->topo)++;
    p->conteudo[p->topo] = valor;
    return 1; //ok
}
```

Código pop – remoção de item do topo

```
int pop(Pilha *p, int *status) {
    int valor;
    if(p->topo < 0){//pilha vazia
        *status = 0;//indica erro
        printf("erro: underflow");
        return 0;
    }
    valor = p->conteudo[p->topo];
    (p->topo)--;
    *status = 1;//deu certo
    return valor;
}
```

> **» DICA**
> O exemplo mostra uma pilha de inteiros, porém a pilha poderia armazenar qualquer outro tipo, bastando alterar o tipo do vetor para outro tipo primitivo ou um tipo registro definido que você poderia definir.

> **» NO SITE**
> Faça o download do exemplo "pilha com vetor" completo em nosso ambiente virtual de aprendizagem: www.bookman.com.br/tekne

Código peek – consulta do topo

```
int peek(Pilha *p, int *status) {
    int valor;
    if(p->topo < 0){//pilha vazia
        *status = 0;//indica erro
        printf("erro: underflow");
        return 0;
    }
    valor = p->conteudo[p->topo];
    return valor;
}
```

A operação de consulta no topo é facilmente implementada, pois é semelhante à operação de **pop** sem remover o topo. No entanto, as operações de consulta e alteração do *n*-ésimo elemento da pilha devem ser tratadas com o auxílio de pilhas auxiliares e de operações básicas. Uma pesquisa mais detalhada mostrará basicamente quatro abordagens para a implementação de uma pilha:

• Utilizando vetor como variável global.
• Utilizando vetor como parâmetro passado às funções que representam as operações:

• Utilizando vetor como item de um registro (struct em C), passado como parâmetro das funções que representam as operações.
• Utilizando uma lista encadeada (apresentado na seção de listas encadeadas).

Código de definição da pilha

```
typedef struct{
    int topo;
    int conteudo[N];//N: maximo de elementos
} Pilha;
```

A primeira abordagem tem um viés didático importante que esconde do programador iniciante alguns detalhes que poderiam dificultar a compreensão do processo caso fossem utilizados os demais métodos. É importante lembrar que o uso de variáveis globais em códigos definitivos deve ser sempre evitado. As duas últimas implementações são as mais utilizadas, dando preferência à terceira solução quando a pilha é pequena e quando conhecemos previamente a quantidade de elementos. A última abordagem (listas encadeadas) é normalmente utilizada quando não é possível determinar previamente a quantidade necessária de nós para a pilha.

>> Agora é a sua vez!

Uma operação que não está prevista na implementação de pilhas é "listar todos os elementos". No entanto, é muito útil para o programador iniciante monitorar o que está acontecendo durante o processo de desenvolvimento de um sistema, mesmo que a função seja descartada ao final.

1. Implemente uma função `listar_pilha()` para o exemplo apresentado na seção "Pilhas".

2. Reúna todas as funções descritas na seção "Pilhas" e elabore um programa para simular uma pilha através de um vetor.

>> Filas

Outra importante classe de listas lineares é aquela que somente permite a inserção de um elemento no final e a retirada no início da estrutura. A fila, como é denominada, tem suas informações processadas na mesma ordem em que são inseridas, ou seja, é uma estrutura FIFO – *First In First Out*. Na literatura em inglês, as operações de inserção e remoção denominadas *enqueue* e *dequeue* respectivamente. No entanto, no Brasil, o mais comum entre os programadores é utilizar as expressões **inserir** e **remover**. As variáveis de controle normalmente utilizadas são **front** e **rear**, ou ainda, **início** e **fim**, **frente** e **traseira** ou **cabeça** e **cauda**. Veja a Figura 6.3.

A operação de acesso (consulta ou alteração) é facilmente implementada, pois é semelhante à operação de retirada, porém ocorrendo no início da fila e sem remover o elemento. No entanto, as operações de consulta e alteração do *n*-ésimo elemento da fila devem ser tratadas com o auxílio de filas ou pilhas auxiliares e de operações básicas.

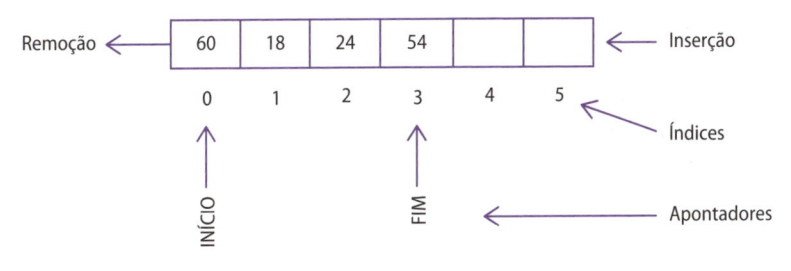

Figura 6.3 Representação de fila em um vetor.
Fonte: Dos autores.

Algoritmos prováveis das operações de inserção, remoção e consulta de uma fila poderiam ser os seguintes, supondo um vetor fila, contendo N elementos, com a primeira posição de índice em 0 (zero) e a última em N-1. As variáveis de controle poderiam ser denominadas **início** e **fim**:

Código de definição da fila

```c
typedef struct{
   int inicio;
   int fim;
   int conteudo[N];//N:maximo de elementos
}Fila;

Fila f;
```

Código para inserir um elemento no fim da fila

```c
int inserir(tFila *f, int valor) {
   if(f->fim >= N-1) { //Testa fila cheia
     printf("erro: fila cheia");
     return 0;//indica erro
   } else{
     (f->fim)++;
     f->conteudo[f->fim] = valor;
     if(f->inicio < 0){ //testa fila vazia
        f->inicio = 0;
     }
     return 1; //indica sucesso
}
```

Código para remover um elemento do início da fila

```c
int remover(tFila *f, int *status) {
   int ret;
   if (f->inicio == -1) {
     *status = 0; //indica erro
     printf("erro: fila vazia");
     return 0;
   } else{
      ret = f->conteudo[f->inicio];
      if (f->fim == f->inicio) {//condicao de 1 elemento
         f->fim = f->inicio = -1;
```

```
    } else {//condicao >1 elemento
       (f->inicio)++;
    }
    *status = 1; //indica sucesso
    return ret;
  }
}
```

Código para consultar um elemento do início da fila

```
int consulta(tFila *f, int *status) {
   int ret;
   if (f->inicio == -1) {
    *status = 0; //indica erro
    printf("erro: fila vazia");
return 0;
   } else{
      ret = f->conteudo[f->inicio];
      *status = 1; //indica sucesso
      return ret;
   }
}
```

O método de inserção e remoção pode tornar o gerenciamento da fila ineficiente em termos de uso da memória, pois se o problema modelado apresentar muitas inserções e remoções, o FIM da fila alcança o fim do vetor. Essa situação que é representada na Figura 6.4, em que ocorre overflow mesmo ainda existindo espaço disponível no início do vetor.

Uma solução que poderia ser adotada é a mesma apresentada para listas lineares quando se reorganiza o vetor a cada remoção. De certa forma, é isto que ocorre no mundo real. Quando, em uma fila de cinema, alguém compra o ingresso e sai da fila, por exemplo, esta não fica com o lugar vago. A fila anda, como diz o ditado popular. Mas, em programação, isso tem um custo computacional que às vezes não compensa. Além do mais, não é esta a característica da implementação de uma fila. Outra solução adotada é o conceito de fila circular (FC), representado na Figura 6.5. A fila circular é composta de oito elementos, com seus algoritmos de inserção e remoção respectivamente.

Assim, para inserção e remoção deve-se ter:

- As variáveis de controle INÍCIO e FIM representando frente e traseira.
- Um vetor para armazenamento denominado fila.

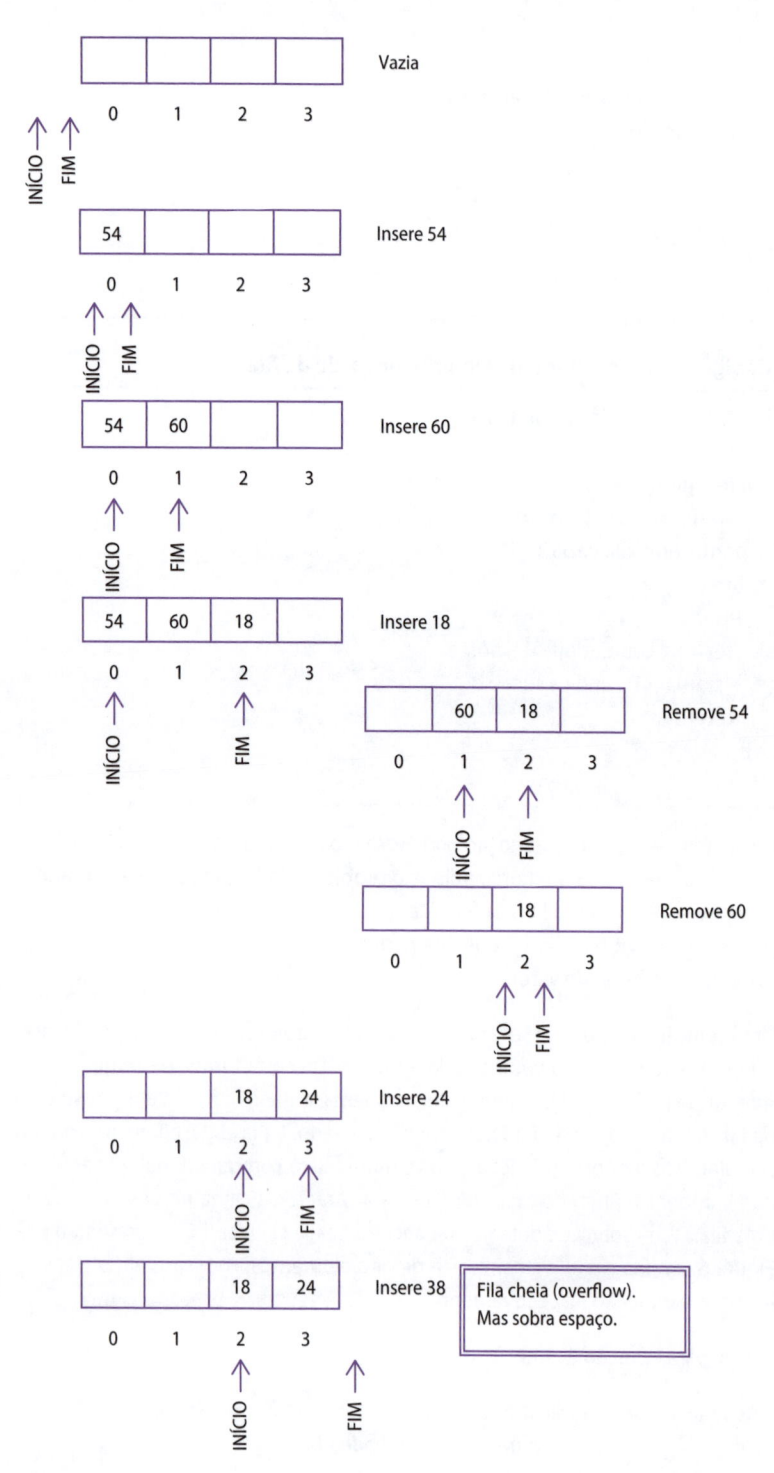

Figura 6.4 Esquema de uma situação em que aparenta ocorrer overflow.
Fonte: Dos autores.

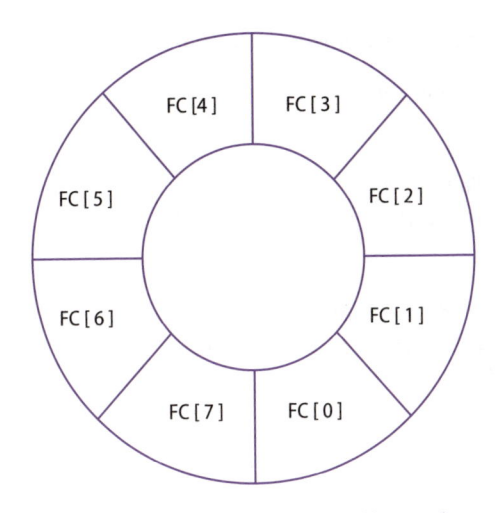

Figura 6.5 Esquema de representação de uma fila circular.
Fonte: Dos autores.

- Um máximo de *N* elementos acessados por um índice que varia de 0 a *N*-1, representado pela constante TAMANHO.

Temos os seguintes códigos possíveis implementados para as operações válidas:

Código para inserir um elemento no fim da fila circular

```
int inserir(tFila *f, int valor) {
   if(f->fim == N-1)
      f->fim = 0;
   else
      (f->fim)++;
   if(f->fim == f->inicio) { //Testa fila cheia
      printf("erro: fila cheia");
      return 0;//indica erro
   } else{
      f->conteudo[f->fim] = valor;
      if(f->inicio < 0){ //testa fila vazia
         f->inicio = 0;
      }
      return 1; //indica sucesso
}
```

Código para remover um elemento do início da fila circular

```
int remover(tFila *f, int *status) {
  int ret;
  if (f->inicio == -1) {
    *status = 0; //indica erro
    printf("erro: fila vazia");
    return 0;
  } else{
    ret = f->conteudo[f->inicio];
    if (f->fim == f->inicio) {//condicao de 1 elemento
      f->fim = f->inicio = -1;
    } else {
      if (f->inicio == N-1){
        f->inicio = 0;
      else{
        (f->inicio)++;
      }
    }
    *status = 1; //indica sucesso
    return ret;
  }
}
```

Fila dupla

Existem problemas que podem ser representados mais facilmente se estendermos o conceito de inserção e remoção para ambas as extremidades da fila. Na verdade, uma **deque** (*double-ended queue*) é uma estrutura mais geral que as pilhas e filas, porque pode ser representada por uma fila dupla. A Figura 6.6 mostra o esquema de uma fila dupla e sugerimos que o leitor escreva o código das operações válidas para este TAD.

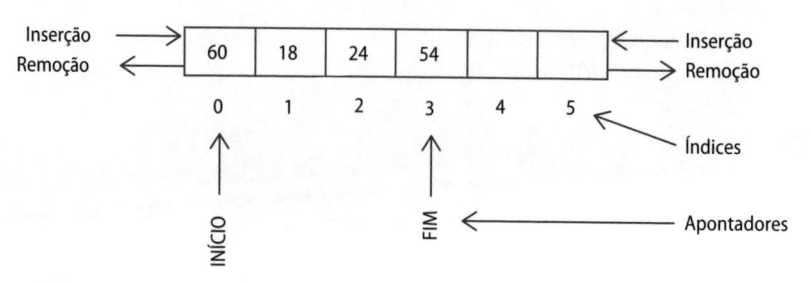

Figura 6.6 Deque ou fila dupla.
Fonte: Dos autores.

Fila de prioridades

Uma fila de prioridade é um TAD em que cada elemento possui um critério de prioridade associado, disciplinando as operações de inserção e remoção. Embora não seja uma restrição necessária, elementos são removidos do início da fila, seguindo a regra geral para as filas. Uma estratégia para gerenciar a prioridade pode ser feita através da inserção por um campo chave, inserindo os elementos em ordem ascendente ou descendente segundo o critério necessário.

Podemos pensar em uma implementação utilizando vetores de tal maneira que um campo de prioridade separado da informação mantém o disciplinamento de acesso, como mostra a Figura 6.7.

Pode-se pensar ainda num conjunto de vetores de prioridades, como mostra a Figura 6.7. Assim, se, por exemplo, temos três níveis de prioridade – 1, 2 e 3 – e o nível 1 é o mais prioritário, a inserção ocorrerá no vetor correspondente à prioridade, ou seja: prioridade 1, no vetor 1; prioridade 2, no vetor 2 e prioridade 3, no vetor 3. A remoção ocorrerá primeiramente no vetor 1 (prioridade 1). Elementos do vetor 2 (prioridade 2) só poderão ser removidos caso não tenha mais elementos no vetor 1 (prioridade 1), e, logicamente, só poderá ocorrer remoção do vetor 3 (prioridade 3) quando não houver mais elementos no vetor 1 (prioridade 1), e no vetor 2 (prioridade 2). Veja a Figura 6.8.

Vamos tomar o seguinte exemplo prático para discutir uma provável implementação de fila de prioridades: um sistema de atendimento de uma emergência médica de um hospital em que os pacientes devem dar entrada, passando pelo processo de triagem segundo os critérios relacionados na Tabela 6.1 a seguir.

Os atendimentos serão classificados, por exemplo, com as prioridades 1, 2, 3 e 4, do maior para o de menor risco segundo as cores da Figura 6.9. Nesse caso, nossa fila poderia ser representada por um conjunto de filas individuais, como mostra a Figura 6.10.

Percebe-se, no problema proposto, que deve existir um mecanismo garantindo que os níveis de menor prioridade sejam atendidos em algum momento, pois, se ocorrer a inserção constante de prioridade alta, os demais podem não ser atendidos. A terceira coluna da Tabela 6.1 (Reavaliação do enfermeiro) garante a possibilidade de mudança de prioridade para algum paciente que, even-

A_1	A_2	...	A_n	B_1	B_2	...	B_n	C_1	C_2	...	C_n	Valor
1	1	1	1	2	2	2	2	3	3	3	3	Prioridade
0	1	2	3	4	5	6	7	8	9	10	11	Índice

Figura 6.7 Fila de prioridade.
Fonte: Dos autores.

Prioridade 1:

fila_1 | A_1 | A_2 | ... | A_n | | | | | | | Valor
         0   1   2   3   4   5   6   7   8   9   Índice

Prioridade 2:

fila_2 | B_1 | B_2 | ... | B_n | | | | | | | Valor
         0   1   2   3   4   5   6   7   8   9   Índice

Prioridade 3:

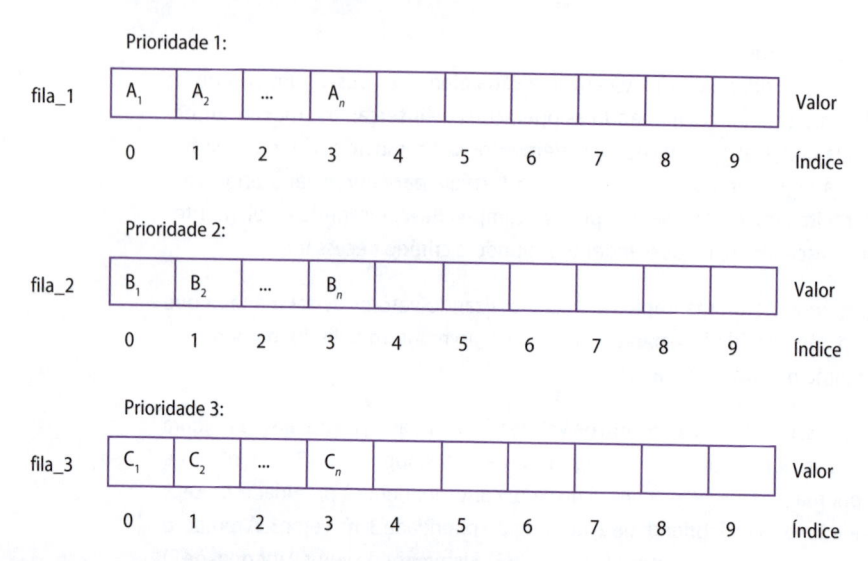

fila_3 | C_1 | C_2 | ... | C_n | | | | | | | Valor
         0   1   2   3   4   5   6   7   8   9   Índice

Figura 6.8 Fila de prioridade representada por vários vetores.
Fonte: Dos autores.

Classificação	Código da cor
Vermelho (emergência)	1
Amarelo (urgência)	2
Verde (semiurgência)	3
Azul (não urgência)	4

Figura 6.9 Tabela de codificação de cores.
Fonte: Dos autores.

Tabela 6.1 » Níveis de gravidade por cor e tempo de atendimento

Classificação	Intervenção médica	Reavaliação do enfermeiro	Prioridades
Vermelho (emergência)	Intervenção médica imediata	Cuidados contínuos	Tratamento médico imediato
Amarelo (urgência)	Avaliação médica < 30 minutos	A cada 30 minutos	Aguardam atendimento médico prioritário
Verde (semiurgência)	Avaliação médica < 1 hora	A cada 60 minutos	Aguardam consulta com prioridade em relação ao azul
Azul (não urgência)	Avaliação médica < 2 horas	A cada 2 horas	Atendimento por ordem de chegada

Fonte: Nishio e Franco apud Guras, Veber e Huggler (2011).

Prioridade Vermelha

fila_vermelha	Paciente Vermelho 1	Paciente Vermelho 2	Paciente Vermelho 3	
	0	1	2	3

Prioridade Amarela

fila_amarela	Paciente Amarelo 1	Paciente Amarelo 2		
	0	1	2	3

Prioridade Verde

fila_verde	Paciente Verde 1	Paciente Verde 2		
	0	1	2	3

Prioridade Azul

fila_azul	Paciente Azul 1	Paciente Azul 2	Paciente Azul 3	Paciente Azul 4
	0	1	2	3

Figura 6.10 Fila de prioridade representada por quatro vetores.
Fonte: Dos autores.

tualmente, possa ter a sua classificação alterada. Outra estratégia poderia ser a medição temporal dos eventos. Essa medição seria feita automaticamente pelo sistema aumentaria a prioridade de elementos da fila após um intervalo de tempo predefinido. Podemos, ainda, representar filas de prioridade por meio de lista encadeada. No entanto, a forma mais eficiente é usando **heap**, que não será discutido aqui.

Listas lineares

Uma lista linear é um conjunto de elementos, ordenados ou não, que possui uma organização própria, relacionados entre si pela posição que ocupam no conjunto.

Tais valores podem se repetir na lista e são considerados **instâncias distintas**. Na literatura técnica, um elemento da lista pode aparecer também pelas designações **item** ou, ainda, **nodo** ou **nó** como tradução para a palavra *node* em inglês.

Um nó não precisa, necessariamente, ser um valor individual, um tipo de dado primitivo. Na maioria das vezes, são estruturas complexas como registros ou mesmo um TAD. Um exemplo de lista linear poderia ser uma tabela contendo os dados sobre a precipitação de chuva em um determinado local, conforme Figura 6.11. Outro exemplo poderia ser o de uma lista de convidados para uma festa e uma lista de itens alimentícios para essa festa, como mostra a Figura 6.12.

Pode-se perceber nesses exemplos, que listas são **estruturas de armazenamento** e que representam o mundo real, o qual deve ser modelado pelo programador de computador. Programadores implementam listas lineares basicamente de duas formas: **vetores e matrizes** (alocação estática) ou **ponteiros** (alocação dinâmica).

Em relação à forma como será representada a lista, a maioria dos programadores adota aquela que lhe é mais familiar ou natural. No entanto, essa nem sempre é a melhor estratégia, pois há critérios bem definidos na literatura para escolher a forma de implementar de acordo com seu uso. No caso dos arranjos (vetores e matrizes), a principal vantagem está no acesso direto ao nó, porque o acesso é feito através de um índice e, portanto, o tempo para acessar cada elemento é constante para todos os outros. A principal desvantagem é a necessidade de rearranjar os elementos da lista cada vez que ocorre uma inserção ou remoção. Outra desvantagem importante consiste na necessidade de definir previamente o tamanho da estrutura de armazenamento, ou seja, do vetor.

Quando utilizamos alocação dinâmica, denominamos lista encadeada ou lista ligada. Não existe uma garantia de alocação de memória contígua nesse processo e, por isso, surge a necessidade de manter campos de ligação entre os elementos da lista. Se perdermos um dos elos, a lista será perdida, ou parte dela. Na alocação dinâmica, o uso de memória é otimizado, pois só é alocado o nó enquanto está em uso, liberando-o quando não é mais necessário. Portanto, não é preciso saber previamente a quantidade de elementos que a lista armazenará. Obviamente, o tempo de acesso a um determinado nó passa a ser o ponto fraco dessas implementações, pois é necessário percorrer a lista do início até o ponto desejado.

Encontramos na literatura, bem como na prática de programação, um consenso em adotar o que está a seguir como operações básicas em listas:

- Criar lista.
- Inserir um nó: no início, no fim ou após um nó da lista.
- Remover um nó: no início, no fim ou após um nó da lista.

> **» DICA**
> Em problemas que envolvem pouca inserção e remoção, o ideal a adotar é o uso de vetores.

> **» DICA**
> É mais adequado o uso de listas encadeadas em aplicações que envolvem muita inserção e remoção.

Índices de precipitação pluviométrica, ano 2010, na cidade de Porto Alegre	
Mês	Em mm
Janeiro	175,5
Fevereiro	84,8
Março	104,4
Abril	71,6
Maio	119,9
Junho	204,8
Julho	170,2
Agosto	95,4
Setembro	191,5
Outubro	57,8
Novembro	71,9
Dezembro	87,6

Figura 6.11 Exemplo de lista linear.
Fonte: 8º Distrito de Meteorologia – INMET (2013).

Relação dos convidados

NOME
Aline
Bibiana
Carlos
Pedro
Roberto
Tânia
Walter

Relação de compras

ITEM
Carne
Salada
Sobremesa
Refrigerante
Cerveja
Copos
Guardanapos

Figura 6.12 Exemplos de listas lineares.
Fonte: Dos autores.

- Buscar[3] um nó: pela posição ou por um valor de um campo.
- Percorrer a lista mostrando todos os nós.
- Testar lista vazia e lista cheia.
- Liberar a lista: remover todos os nós.

Lembre que uma lista é um TAD e, portanto, possui um conjunto de operações sobre os dados armazenados. As operações sobre esses dados garantem o conceito de abstração, caso contrário, não seria uma lista. Em outras palavras, o programador poderá até codificar outras operações sobre esta estrutura de dados; porém, não será mais uma lista linear. Normalmente, o programador ficará feliz em ter em sua biblioteca de programas um arquivo contendo as operações mais utilizadas: criar, inserir, remover, percorrer e destruir.

Tais operações são comuns em implementações de sistemas computacionais. No entanto, devemos ter em mente que as operações são codificadas normalmente em forma de funções para uso posterior em sistemas distintos. Alguns sistemas não as utilizarão na totalidade, outros precisarão de operações mais específicas como por exemplo, operar sobre duas listas fazendo comparação entre elas.

» Listas lineares: implementação em vetor

Podemos implementar listas lineares utilizando vetores, um para cada lista ou, ainda, duas ou mais listas em um mesmo vetor, que fatalmente transformará o código mais complexo. As variáveis de controle para a implementação da lista costumam ser início do vetor, fim do vetor, início da lista e fim da lista, dependendo da forma adotada para implementar, (veja a Figura 6.13).

Uma questão importante a ser definida é se pretendemos rearranjar os elementos a cada nova operação que normalmente é utilizada. Isso otimiza o uso do vetor, mas aumenta o tempo de execução.

Outros arranjos podem ser vistos na composição de listas. Embora cada arranjo tenha as mesmas operações básicas, a codificação certamente será diferente. As Figuras 6.14 e 6.15 mostram duas novas combinações possíveis.

Uma possível implementação de uma lista linear simples pode ser acompanhada no código a seguir:

---

[3] É comum os programadores utilizarem as expressões **buscar**, **consultar** ou **pesquisar** como sinônimos para a mesma operação.

Código para criar estrutura da lista linear

```
typedef struct {
      char INFO[51];
}LISTA_LINEAR;
```

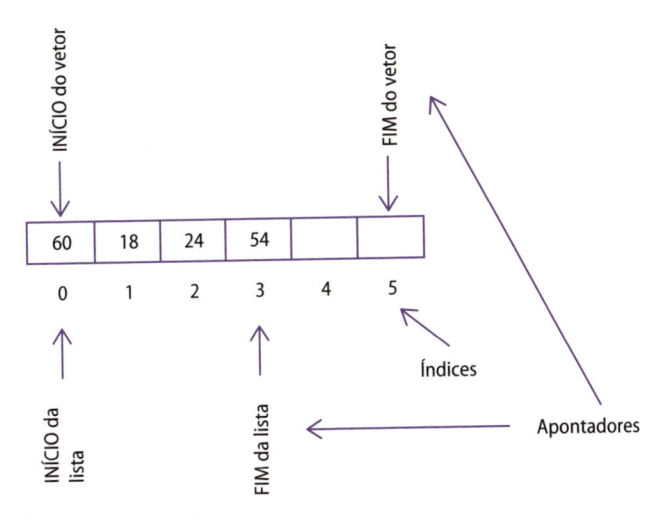

Figura 6.13 Esquema de lista linear e seus componentes.
Fonte: Dos autores.

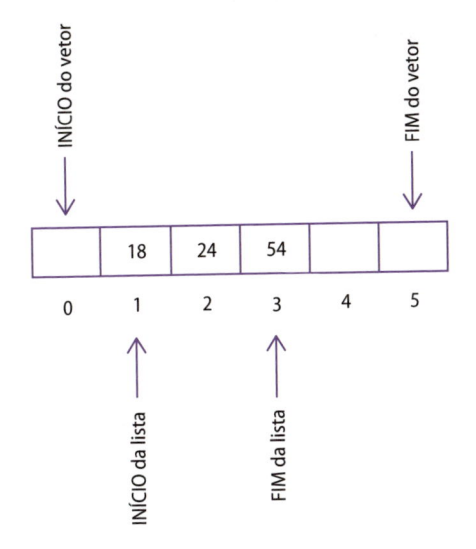

Figura 6.14 Esquema de lista linear com início do vetor diferente do início da lista.
Fonte: Dos autores.

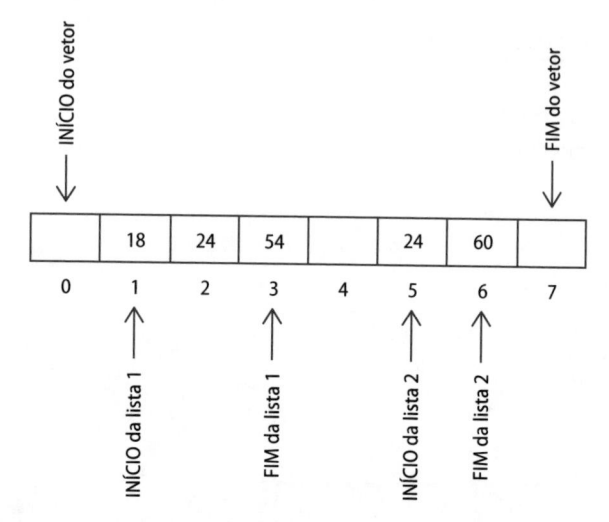

```
                    INÍCIO do vetor                              FIM do vetor
                          ↓                                            ↓
                    ┌────┬────┬────┬────┬────┬────┬────┬────┐
                    │    │ 18 │ 24 │ 54 │    │ 24 │ 60 │    │
                    └────┴────┴────┴────┴────┴────┴────┴────┘
                      0    1    2    3    4    5    6    7
                           ↑         ↑         ↑    ↑
                      INÍCIO    FIM da    INÍCIO  FIM da
                      da lista 1 lista 1  da lista 2 lista 2
```

Figura 6.15 Esquema de duas listas lineares em um vetor.
Fonte: Dos autores.

>> Inserir um nó

A inserção pode ser feita informando a posição na lista. Portanto, é importante estar atento para o fato da posição não existir no vetor ou estar ocupada. Outra possibilidade é utilizar as operações tradicionais de inserção no início, no meio ou no fim da lista. Também deve haver definição quanto à duplicação de valores (permitido ou não) e em relação à ordenação dos valores (permitida ou não). Finalmente, deve ser testado se a lista está cheia.

Código para inserir nó no fim da lista

```c
int insere_no(LISTA_LINEAR lista[], char *s, int FIM){
if (FIM == MAXIMO - 1){
        printf("Lista CHEIA. ");
        return FIM;
        }
FIM++;
strcpy(lista[FIM].INFO, s);
return (FIM);
}
```

» Remover um nó

A remoção pode ser feita informando a posição na lista. Portanto, é importante estar atento para o fato da posição não existir no vetor ou estar vazia. Outra possibilidade de fazer a remoção é informando o conteúdo de um campo de informação da lista. Nesse caso, deve-se atentar para o fato do valor procurado não existir, da lista estar vazia, de existir duplicação de valores e, finalmente, de a lista ser rearranjada.

Código para remover nó com determinado conteúdo

```c
int remove_no(LISTA_LINEAR lista[], char *s, int FIM) {
    int i, j;
    if (FIM == -1) {
        printf("Lista vazia. ");
        return FIM;
    }
    for (i = 0; i <= FIM; i++) {
        if (strcmp(lista[i].INFO, s) == 0) {
            printf("Removido %s da posicao %d\n", lista[i].INFO, i + 1);
            if (i < FIM) // rearranjar a lista
                for (j = i + 1; j <= FIM; j++)
                    strcpy(lista[j - 1].INFO, lista[j].INFO);
            return (FIM - 1);
            // se a lista permitir repetições tem que continuar a pesquisa
        }
    }
    printf("INFO nao encontrado.");
    return FIM;
}
```

» Buscar um nó

A busca também pode ser feita a partir de uma posição informada e, portanto, deve-se atentar para a possibilidade da posição não existir no vetor ou de a posição estar vazia, uma vez que isso é diferente da lista estar vazia. Outra possibilidade para fazer a busca pode ser informando o conteúdo de um campo da lista. Aqui se deve atentar para o fato de o valor procurado não existir, da lista estar vazia, de existir duplicação de valores.

Código para buscar nó com determinado conteúdo

```c
void busca_no(LISTA_LINEAR lista[], char *s, int FIM) {
    int i;
    if (FIM == -1) {
        printf("Lista vazia. ");
        return;
    }
    for (i = 0; i <= FIM; i++) {
        if (strcmp(lista[i].INFO, s) == 0) {
            printf("Encontrado %s na posicao %d\n", lista[i].INFO, i + 1);
            return;
            // se a lista permitir repetições tem que continuar a pesquisa
        }
    }
    printf("INFO nao encontrado.");
}
```

» Percorrer a lista

Para mostrar a lista, devemos atentar somente para o caso em que a lista está vazia.

Código para mostrar toda a lista

```c
void mostra_lista(LISTA_LINEAR lista[], int FIM) {
    int i = 0;
    if (FIM == -1) {
        printf("Lista vazia. ");
        return;
    }
    for (i = 0; i <= FIM; i++) {
        printf("INFO: ");
        printf("%s\n", lista[i].INFO);
    }
}
```

Todas as operações mencionadas até aqui devem levar em conta se implementaremos uma lista em um vetor, várias listas em um vetor ou ainda se faremos uso de listas circulares. Com base nas funções até aqui descritas, acesse o ambiente virtual de aprendizagem para visualizar um exemplo completo de implementação de uma lista linear com as seguintes especificações:

Quantidade de nós: até 100 elementos

Campo informação:

- String contendo nomes de pessoas (tamanho máximo de 50 caracteres).
- Não há controle de duplicação de nó.
- A lista não é mantida ordenada.

Operações permitidas:

- Inserção no fim da lista.
- Remoção em qualquer parte, por conteúdo do nó, com rearranjo do vetor.
- Busca por conteúdo do nó.
- Mostrar lista completa.

Existem outras operações que não foram contempladas nesse exemplo de código e que o programador poderia implementar, como: inserção, remoção ou busca pela posição; inserção no início ou no meio da lista; remoção no início, no meio ou no fim da lista; e, finalmente, com ou sem rearranjos dos nós.

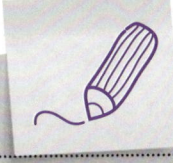

>> Agora é a sua vez!

1. Reúna todas as funções descritas até aqui e elabore um programa para simular uma lista linear através de um vetor.

>> Listas encadeadas

Nesta seção, descreveremos os aspectos relativos à representação de listas encadeadas. As principais operações apresentadas na seção anterior sobre listas lineares serão estendidas às listas encadeadas utilizando um exemplo trivial: uma lista encadeada de valores inteiros, que poderá ser facilmente transposta para exemplos mais complexos pela substituição do campo inteiro por uma estrutura tipo **registro**.

Listas encadeadas são estruturas muito flexíveis e eficientes, que permitem emular outros tipos de TADs, como fila e pilha. É preciso ter um cuidado especial em relação à disponibilidade de memória, uma vez que o computador não possui memória infinita. Listas encadeadas, também denominadas listas ligadas, são classificadas em:

- Simplesmente encadeadas
- Duplamente encadeadas
- Circulares
- Ordenadas

Um nó de uma lista encadeada é composto por dois campos, nomeados **info** e **link**, que também pode ter outros nomes similares como, por exemplo, **dado** e **elo**. O nó de uma lista encadeada pode ser graficamente visualizado conforme as Figuras 6.16 e 6.17, em que:

- **info** pode ser um tipo de dado primitivo, um vetor, um registro ou mesmo um TAD.
- **link** é o endereço de memória para o próximo nó (também pode ser denominado **elo, ligação, próximo,** entre outras expressões).
- Endereço é o valor de endereçamento da memória que foi alocada no momento da criação do nó.

A primeira tarefa é a criação da estrutura de armazenamento, que deve conter os campos relativos às informações do problema em si e um campo de ligação ao próximo nó. Esse campo é autorreferenciado, pois é uma variável do tipo ponteiro, que deverá armazenar o endereço do próximo elemento da lista. No nosso exemplo, utilizaremos um campo informação simples (inteiro) para simplificar o código. Então, a descrição do nó[4] ficará assim:

> » **DICA**
> O uso de vetores para representar listas encadeadas não consiste em uma abordagem usual, pois não costuma ser eficiente em aspecto algum. No entanto, será proposto como exercício, pois auxilia de forma didática na compreensão dos conceitos envolvidos, uma vez que acompanhar a execução de um código com alocação dinâmica pode ser frustrante. Em contrapartida, os índices de um vetor podem ser facilmente visualizados.

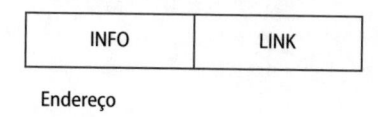

INFO	LINK

Endereço

Figura 6.16 Representação de um nó.
Fonte: Dos autores.

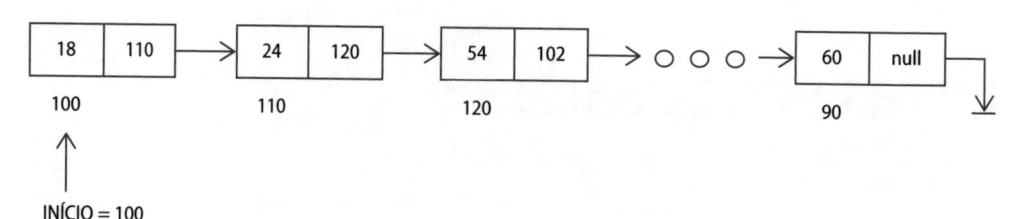

| 18 | 110 | → | 24 | 120 | → | 54 | 102 | → ○ ○ ○ → | 60 | null |

100   110   120   90

INÍCIO = 100

Figura 6.17 Esquema de uma lista encadeada.
Fonte: Dos autores.

---

[4] A maioria dos autores utiliza a nomeação do nó como uma estrutura **lista** da seguinte forma: `struct lista`. Preferimos dar uma conotação de que a lista é composta por vários nós. Dessa forma: `struct tipo_no`.

Código para criar a estrutura

```
typedef struct {
    int Valor;
    struct tipo_no *proximo;
}tipo_no;
```

» Criar uma lista

A operação de criar a lista tem por objetivo permitir que uma lista seja criada genericamente. Isso garante que a função **criarLista** possa ser utilizada por qualquer aplicação e não somente pelo código escrito em um programa específico. Ao retornar um ponteiro para **null**, a lista estará vazia, pois não aponta para um endereço válido.

Código para criar uma lista

```
tipo_no *criaLista(void){
    return NULL;
}
```

> » **ATENÇÃO**
> O processo de alocação é crítico porque estamos trabalhando direto com os endereços, sendo responsabilidade do programador tomar as devidas precauções

» Testar se a lista está vazia

Da mesma forma que é importante testar se é possível alocar espaço na memória para um novo nó quando ocorre *overflow* (estouro de memória, memória cheia), é importante testar se a lista está vazia. Essa operação é importante, pois será utilizada por outras operações. Ao tentar remover ou percorrer uma lista, temos que identificar se existe pelo menos um nó presente ou se a lista está vazia (*underflow*).

Código: Função para identificar se uma lista está vazia

```
int ListaVazia(tipo_no *lista){
    if (lista == NULL)      // Se VAZIA retorna 1
        return 1;
    else
        return 0;           // Senão retorna 0
}
```

» Inserir um nó

No processo de inserção, apresentamos três possibilidades distintas: inserir no início, no fim ou no meio de uma lista. É possível codificar uma função genérica para inserir um nó em qualquer posição, incluindo o início e o fim. Um caso especial de lista encadeada é quando precisamos manter a lista em uma determinada ordem como, por exemplo, em ordem ascendente do campo **info** ou de um campo **chave**. Nesse caso, a inserção será à direita de um nó específico, percorrendo a lista enquanto o campo **chave** do novo nó for menor que o da lista, conforme mostra a Figura 6.18.

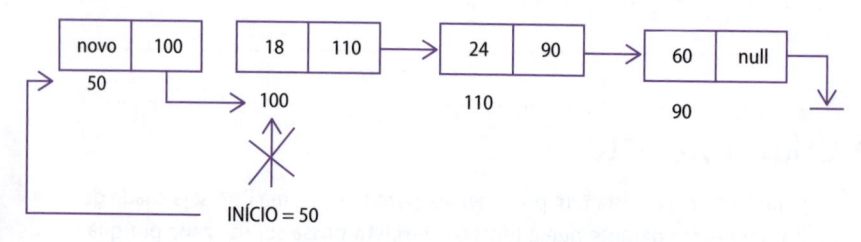

Figura 6.18 Representação de uma inserção no início da lista.
Fonte: Dos autores.

Código: Função para inserir um nó no início da lista

```
tipo_no *inserirNoInicio(tipo_no *lista, int x) {
    tipo_no *novoNo;
    novoNo = (tipo_no *) malloc(sizeof (tipo_no));
    if (novoNo == NULL) {
        printf("Falta memoria. O programa sera encerrado.\n");
    }
    novoNo->Valor = x;
    novoNo->proximo = lista;
    return novoNo;
}
```

» Remover um nó

No processo de remoção, também apresentamos três possibilidades distintas: remover no início, no fim ou no meio da lista. Também é possível codificar uma função genérica para remover um nó em qualquer posição, incluindo o início e o fim. Um cuidado deve ser tomado em relação à tentativa de remover um nó quando a lista está vazia, o que denomina-se *underflow* (veja a Figura 6.19).

Código: Função para remover um nó da lista a partir do valor do nó

```
tipo_no *removerNo(tipo_no *lista, int x) {
    tipo_no *aux; // Ponteiro auxiliar para percorrer
    tipo_no *anterior;
    if (ListaVazia(lista)) {
        printf("\nLista Vazia.\n");
        return lista;
    }
    else {
        aux = lista;
        anterior = NULL;
        //enquanto nao é o final da lista, nem valor encontrado
        while (aux != NULL && aux->Valor != x) {
            anterior = aux;
            aux = aux->proximo;
        }
        if (aux == NULL) // Testa se achou o NO procurado
            return lista;
        //Testa se o NO é o primeiro da lista ou se está no meio da lista
        if (anterior == NULL)
            lista = aux->proximo;
        else
            anterior->proximo = aux->proximo;
    }
    free(aux); // Libera a posição de memória "aux"
    return lista;
}
```

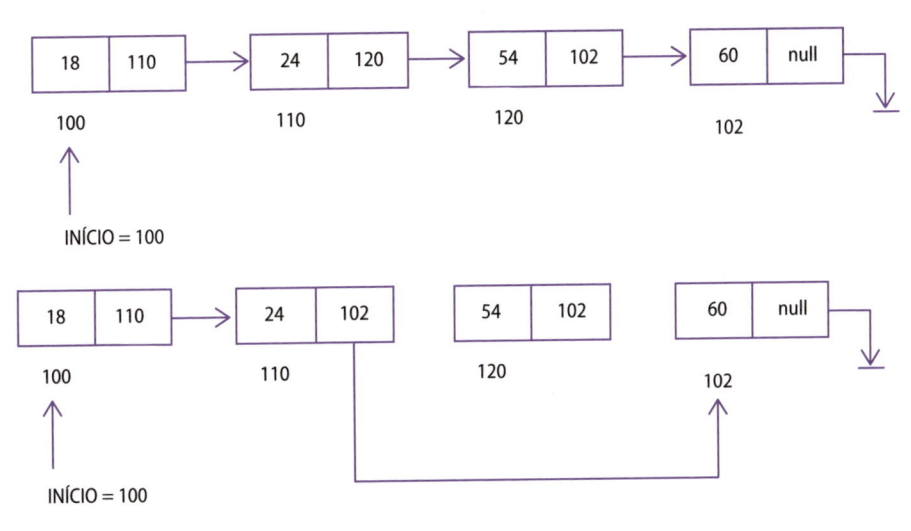

Figura 6.19 Esquema de remoção de um nó da lista.
Fonte: Dos autores.

❯❯ Buscar um nó

Para buscar (consultar, pesquisar) um nó específico, devemos ter um cuidado especial no que se refere a duas possibilidades: a lista estar vazia ou o nó procurado não estar presente. A lista deverá ser percorrida desde o início até a posição encontrada e, então, mostrar o campo **info** ou informar que a lista está vazia ou, ainda, que não existe o nó procurado.

Essa operação pode ser escrita da seguinte forma:

Código: Função para buscar um nó na lista

```
void buscarNo(tipo_no *lista, int x) {
    int cont = 0;
    tipo_no *aux; // Ponteiro auxiliar para percorrer a lista
    if (ListaVazia(lista))
        printf("\nLista Vazia.\n");
    else {
        aux = lista;
        while (aux != NULL){ // enquanto não é o final da lista
            cont++;
            if (aux->Valor == x) // Testa valor do NO buscado
            {
                printf("Valor %d na posicao %d.", aux->Valor, cont);
                return;
            }
            aux = aux->proximo;
        }
        printf("\nValor nao encontrado.");
    }
}
```

❯❯ Percorrer a lista

Ao implementar a função percorrer (mostrar, listar, imprimir) a lista, deve-se ter o cuidado de verificar se a lista está vazia. A lista deverá ser percorrida desde o início até o fim, que é determinado pelo campo de **link** com valor **null**.

Código: Função para imprimir toda a lista

```c
void imprimirLista(tipo_no *lista) {
    tipo_no *aux; // Ponteiro auxiliar para percorrer
    aux = lista;
    if (ListaVazia(lista))
        printf("\nLista Vazia.\n");
    else {
        printf("\nImprimindo a Lista\n");
        while (aux != NULL){ //enquanto nao é o final da lista
            printf("%d", aux->Valor); //imprimindo o valor
            aux = aux->proximo; //apontando a lista para o próximo NO
            printf("\n\n");
        }
    }
}
```

» Liberar a lista

A ideia de liberar uma lista é uma necessidade, pois o processo de alocação mantém os nós na memória. Assim, deve ser liberada explicitamente.

Código: Função para liberar a lista

```c
void liberarLista(tipo_no *lista) {
    tipo_no *aux = lista;
    tipo_no *prox;
    while (aux != NULL) {
        prox = aux->proximo;
        free(aux);
        aux = prox;
    }
}
```

» Lista encadeada circular

Na seção anterior, trabalhamos com lista simplesmente encadeada, a qual contém um ponteiro **null** no último nó. Quando uma lista, em seu último nó, aponta para o início, ou seja, para o primeiro elemento da lista, nós a classificamos como uma lista encadeada circular. Essa lista tem sua capacidade de representação melhorada, pois será possível acessar a lista a partir de qualquer nó. Veja a Figura 6.20.

As funções que implementam as operações sobre listas circulares devem ser revistas em relação às listas simplesmente encadeadas, pois somente a função de criação permanece a mesma. O maior risco que poderá surgir na implementação de listas circulares está relacionado à detecção do fim da lista. Caso não seja detectado o fim da lista, pode ocorrer um loop infinito. Esse problema pode ser minimizado com uma abordagem utilizando um nó cabeça (head) que não contém dado algum no campo **info**, conforme mostra Figura 6.21.

O seguinte código pode servir para a inserção de um nó em uma lista circular com head:

Código: Função para inserir nó no início da lista circular

```
tipo_no *inserir (tipo_no *lista, int x) {
    tipo_no *novoNo;
    novoNo = (tipo_no *) malloc(sizeof (tipo_no));
    if (novoNo == NULL) {
        printf("Falta memoria.\n");
        return NULL;
    }
    novoNo->Valor = x;
    novoNo->proximo = lista->proximo;
    lista->proximo = novoNo;
    return novoNo;
}
```

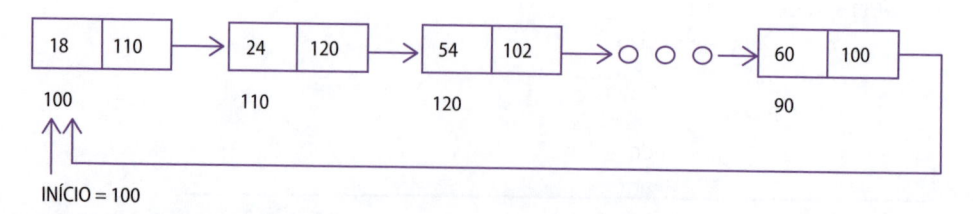

Figura 6.20 Esquema de representação de uma lista circular.
Fonte: Dos autores.

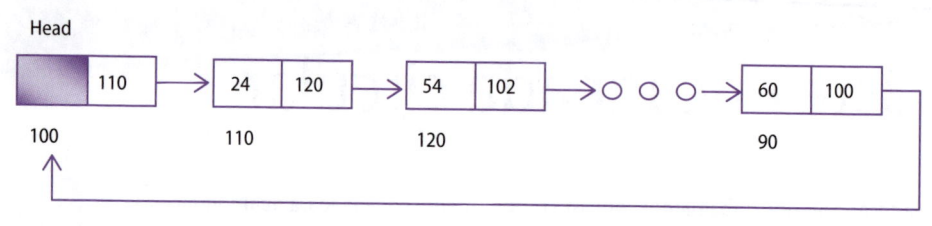

Figura 6.21 Esquema de representação de uma lista circular com head.
Fonte: Dos autores.

Agora é a sua vez!

Operações de concatenação (juntar duas ou mais listas) e divisão (separar uma lista em duas ou mais listas) não foram vistas em nosso texto. No entanto, são mais eficientes quando implementadas com listas circulares.

1. Escreva o código para uma função `concatena()` utilizando listas circulares.
2. Codifique uma função `divida_lista()` que utilize listas circulares.

Listas duplamente encadeadas

Listas simplesmente encadeadas só podem ser percorridas em uma única direção. Em alguns problemas, é muito importante percorrer a lista em ambas as direções, direta e inversamente. Para que isso seja possível é necessário que os nós possuam dois campos de **link**. Esses campos ponteiros são denominados **anterior** e **posterior**, também aparecendo com designações de **predecessor** e **sucessor**, respectivamente. Eles armazenam os endereços dos nós anterior e posterior ao elemento atual. Essas estruturas são denominadas listas duplamente encadeadas. Graficamente, essa lista pode ser representada conforme mostrado na Figura 6.22, em que:

- INÍCIO, FIM são ponteiros que apontam para os nós mais à esquerda e mais à direita da lista, ou seja, para o início e o fim da lista.
- **anterior** é o campo **link** para o nó anterior.
- **posterior** é campo **link** para o nó posterior.

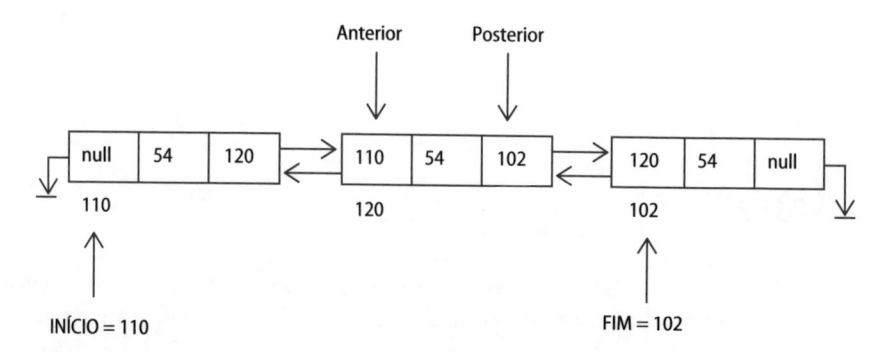

```
                    Anterior        Posterior
                       ↓                ↓
  ┌─────────────┐    ┌─────────────┐    ┌─────────────┐
←─│ null │ 54 │120│⇄ │110 │ 54 │102│⇄ │120 │ 54 │null│─→
  └─────────────┘    └─────────────┘    └─────────────┘
        110                120                102
         ↑                                     ↑
    INÍCIO = 110                          FIM = 102
```

Figura 6.22 Esquema de representação de uma lista duplamente encadeada.
Fonte: Dos autores.

Código: Definição da estrutura para lista duplamente encadeada

```c
typedef struct {
    int dado;
    struct tipo_no *posterior;
    struct tipo_no *anterior;
} tipo_no;

typedef struct{
    tipo_no *inicio;
    tipo_no *fim;
}lista;
```

» Inserir um nó

A operação de inserção na lista ocorre em três situações distintas:

- Em uma lista vazia quando as variáveis INÍCIO e FIM estão com **null**.
- No meio da lista.
- Em uma das extremidades.

Uma possibilidade de código para essa operação pode ser o seguinte:

Código: Função para inserir nó

```c
int inserir(lista *lista, int dado, int posicao) {
    tipo_no *novo, *aux, *ant;
    novo = (tipo_no*) malloc(sizeof (tipo_no));
    if (novo == NULL) {
        printf("Erro na alocacao.");
        return 0; //indica erro
    }
    novo->dado = dado;
    //se lista vazia
```

```c
    if (lista->fim == NULL) {
        lista->inicio = lista->fim = novo;
        novo->anterior = novo->posterior = NULL;
    } else {
        aux = lista->inicio;
        //procura posicao ou final da lista
        while ((aux != NULL) && (posicao > 1)) {
            posicao--;
            aux = aux->posterior;
        }
        //se insercao na primeira posicao
        if (aux == lista->inicio) {
            novo->anterior = NULL;
            novo->posterior = lista->inicio;
            lista->inicio->anterior = novo;
            lista->inicio = novo;
        } else {
            //se insercao no final
            if (aux == NULL) {
                novo->anterior = lista->fim;
                novo->posterior = NULL;
                lista->fim->posterior = novo;
                lista->fim = novo;
            } else {//insercao entre itens
                ant = novo->anterior = aux->anterior;
                novo->posterior = aux;
                ant->posterior = novo;
                aux->anterior = novo;
            }
        }
    }
    return 1; //sucesso.
}
```

❯❯ Remover um nó

A variável **velho** armazena o endereço do nó a ser removido. A escolha do nome da variável **velho** é para manter uma relação com a escolha da variável **novo** na função de inserção. Um exemplo de função para essa operação pode ser o seguinte:

> **DICA**
>
> O exemplo mostra como remover um elemento a partir do endereço. Para obter o endereço do elemento a ser removido, podemos implementar uma função que retorna ao endereço do *n*-ésimo elemento ou do elemento que possui um determinado valor.

Código: Função para remover um nó da lista a partir do endereço

```
tipo_no *removerNo(tipo_no *lista, tipo_no *velho) {
  if (ListaVazia(lista)) {
    printf("\nLista Vazia.\n");
    return lista;
  }
  //situacao de 1 elemento
  if (lista->inicio == lista->fim) {
    if (velho == lista->inicio) {
      lista->inicio = lista->fim = NULL;
    }
  } else {
    //removendo primeiro
    if (velho == lista->inicio) {
      lista->inicio = lista->inicio->proximo;
      lista->inicio->anterior = NULL;
    } else {
      //removendo ultimo
      if (velho == lista->fim) {
        lista->fim = lista->fim->anterior;
        lista->fim->proximo = NULL;
      } else {
        //removendo do meio
        velho->anterior->posterior = velho->posterior;
        velho->posterior->anterior = velho->anterior;
      }
    }
  }
  free(velho); // libera a memoria
  return lista;
}
```

Pilhas e filas representadas com listas encadeadas

Como já foi dito, listas encadeadas são muito versáteis e com elas podemos emular outras estruturas, como pilhas e filas. Uma pilha pode ser implementada por uma lista encadeada em que as operações de inserção e remoção ocorrem **sempre** no início da lista. Isso acontece porque as operações na pilha ocorrem no topo, que é o INÍCIO da lista encadeada. Portanto, é o mesmo algoritmo nos dois casos. Veja a Figura 6.23.

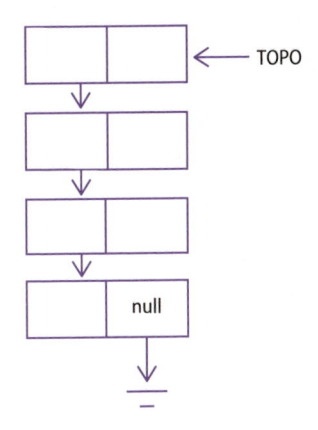

Figura 6.23 Pilha como lista encadeada.
Fonte: Dos autores.

Uma função para inserção (push) pode ser escrita como segue, onde **novo** é um ponteiro auxiliar representando o novo topo da pilha e a descrição da estrutura nó é a seguinte:

Código: Definição de estrutura para pilha encadeada

```
typedef struct{
   int valor;
   struct no *proximo;
}no;

typedef no *lista;

typedef struct {
    lista topo; //APONTADORES PARA TOPO
}Topo;

Topo pilha;
```

Código: Insere nó no topo

```
void push(pilha *p, int val){
   lista novo;
   novo = (lista)malloc(sizeof(struct no));
   novo->proximo = p->topo;
   novo->valor = val;
   p->TOPO = novo;
}
```

De forma similar, uma função para remover (pop) pode ser escrita como segue, onde **valor** é uma variável que receberá o dado retirado do **topo** da pilha e **auxiliar** é uma variável ponteiro apontando para **topo** atual que será liberado:

Código: Remove nó do topo

```
int pop(pilha *p) {
    lista auxiliar;
    int retorno;
    if (!vazia(p)){ //verifica pilha vazia
        auxiliar = p->topo;
        retorno = p->Valor;
        p->topo = auxiliar->proximo;
        free(auxiliar);
        return retorno;
    } else
        //PILHA_VAZIA é código pré-definido
        return PILHA_VAZIA;
}
```

Uma função para representar a operação **mostrar o topo da pilha** sem remover o elemento poderá ser importante. Normalmente essa função é designada por **peek** e pode ser facilmente implementada de forma similar à função **pop**, como no exemplo a seguir:

Código: Mostra topo da pilha

```
int peek(pilha *p) {
    lista auxiliar;
    int retorno;
    if (!vazia(p)){ //verifica pilha vazia
        return retorno;
    } else
        //PILHA_VAZIA é código pré-definido
        return PILHA_VAZIA;
}
```

A pilha deve ser "destruída", ou seja, todos os nós deverão ser liberados explicitamente um a um, percorrendo a estrutura da lista completa. O ponteiro para a pilha também deverá ser liberado. Na fila implementada por lista encadeada, a situação é um pouco diferente, uma vez que a inserção ocorre no FIM e a remoção no INÍCIO da fila, além de ser necessário armazenar um ponteiro para cada uma das posições de acesso. Veja a Figura 6.24.

INÍCIO   FIM

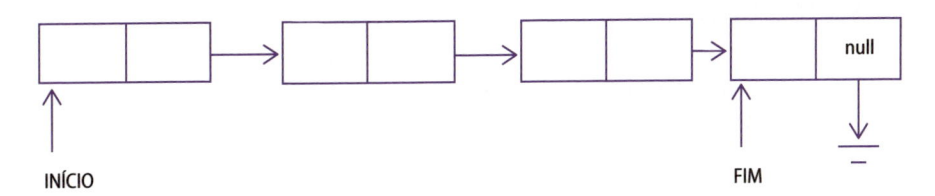

Figura 6.24 Fila como lista encadeada.
Fonte: Dos autores.

Uma função para inserção pode ser escrita como segue, onde **novo** é um ponteiro auxiliar representando o novo nó da fila:

Código: Insere nó no fim

```c
void insere(fila *f,int val){
    lista auxiliar;
    auxiliar = (lista)malloc(sizeof(no));
        auxiliar->proximo = NULL;
        auxiliar-> valor = val;
        if(vazia(f))
            f->inicio = auxiliar;
        else
            f->fim->proximo = auxiliar;
        f->fim = auxiliar;
}
```

De forma similar, uma função para remover pode ser escrita como segue, onde **valor** é uma variável que receberá o dado retirado do início da fila e **auxiliar** é uma variável ponteiro apontando para INÍCIO que será liberado:

Código: Remover nó do início

```c
int remover(fila *f) {
    lista auxiliar;
    int retorno;
    if (!vazia(f)) {
        auxiliar = f->inicio;
        retorno = f->inicio->valor;
        f->inicio = f->inicio->proximo;
        free(auxiliar);
        if (f->inicio == NULL)
            f->fim = NULL;
        return retorno;
    } else
        return LISTA_VAZIA;
}
```

> » **NO SITE**
> Acesse o ambiente virtual de aprendizagem para fazer as atividades relacionadas ao que foi discutido neste capítulo.

> **NO SITE**
> Faça o download do exemplo "fila encadeada" completo em nosso ambiente virtual de aprendizagem.

A fila deve ser "destruída", ou seja, todos os nós deverão ser liberados explicitamente um a um, percorrendo a estrutura da lista completa. O ponteiro para a fila também deverá ser liberado. No código abaixo, temos uma possível implementação para liberar uma fila:

Código: Libera fila

```
void libera_fila(fila *f) {
    lista aux_A, aux_B;
    aux_A = f->inicio;
    while (aux_A != NULL) {
        aux_B = aux_A->proximo;
        free(aux_A);
        aux_A = aux_B;
    }
    free(f);
}
```

REFERÊNCIAS

8º DISTRITO DE METEREOLOGIA – INMET. *Média de precipitação pluviométrica*. Porto Alegre: PMPA, [2013]. Disponível em: <http://www2.portoalegre.rs.gov.br/codec/default.php?p_secao=73>. Acesso em: 19 set. 2013.

GURAS, C. L.; VEBER, D. A.; HUGGLER, T. M. *Classificação de risco por cores:* uma ferramenta de avaliação em emergência. Brasília: Proficiência COFEN, 2011. Disponível em: <http://www.programaproficiencia.com.br/index.php?option=com_content&view=article&id=354:classificacao-de-risco-por-cores-uma-ferramenta-de-avaliacao-em-emergencia&catid=39:blog&Itemid=65>. Acesso em: 19 set. 2013.

LEITURAS RECOMENDADAS

CELES, W; CERQUEIRA, R; RANGEL, J. L. *Introdução a estrutura de dados*: com técnicas de programação em C. Rio de Janeiro: Campus; Elsevier, 2004.

EDELWEISS, N.; GALANTE, R. *Estruturas de dados*. Porto Alegre: Bookman, 2009.

KNUTH, D. E. *Selected papers on analysis of algorithms*. Stanford: Center for the Study of Language and Information, 2000.

KNUTH, D. E. *The art of computer programming*. [S.l.]: Addison-Wesley, 1997. (Fundamental Algorithms, v. 1).

LAFORE, R. *Aprenda em 24 horas estrutura de dados e algoritmos*. Rio de Janeiro: Campus, 1999.

LOPES, A. V. *Estruturas de dados para a construção de software*. Canoas: ULBRA, 1999. (Nível Básico, v. 1).

LOPES, A. V. *Estruturas de dados para a construção de software*. Canoas: ULBRA, 1999. (Nível Intermediário, v. 2).

TENENBAUM, A. M.; LANGSAM, Y.; AUGENSTEIN M. J. *Estruturas de dados usando C*. São Paulo: Pearson Makron Books, 1995.

César Augusto Hass Loureiro
Mariano Nicolao

capítulo 7

Sistema de banco de dados

Armazenar e manipular grandes quantidades de informação em uma empresa é tarefa crucial para sua sobrevivência. Um banco de dados é uma coleção de informações relacionadas de forma a cria um sentido num contexto computacional. Neste capítulo, você aprenderá os conceitos necessários para a modelagem de um banco de dados, a fim de que, ao final de sua leitura, você possa criar seu próprio modelo Entidade Relacionamento (ER).

Objetivos deste capítulo

» Saber o que compõe um sistema gerenciador de banco de dados.

» Conhecer as propriedades de uma transação.

» Reconhecer quais as etapas necessárias para uma modelagem de dados.

» Compreender como funcionam os relacionamentos entre tabelas.

>> Conceitos básicos

Entidade é qualquer objeto, evento, fato que seja passível de representação. No momento que reunimos as características desta entidade, nós possuímos **dados**, isto é, elementos reais ao seu respeito (evento, estado, fato, etc.) que podem ser apresentados através das mais diversas formas possíveis (imagens, textos, vídeos, fotos, etc.). Representando os dados de uma suposta entidade **cliente**, teríamos:

- Orlando
- Celso
- Rua Dinamarca, 252
- SP
- R$132,56
- 01/01/2012

Observe que esses dados não permitem elaborar conclusões sobre o cliente. Por exemplo, "Orlando" corresponde ao primeiro nome ou ao sobrenome do cliente? "Rua Dinamarca, 252" corresponde ao endereço residencial ou ao endereço profissional do cliente? A que se refere o valor R$132,56? E a data "01/01/2012" corresponde ao aniversário do cliente? No momento que reunimos esses dados de forma estruturada, eles possibilitam novas interpretações e, dessa forma, passamos a possuir **informações**. Exemplo:

- Nome: Celso
- Sobrenome: Orlando
- Endereço residencial: Rua Dinamarca, 252
- Estado: SP
- Valor da compra: R$ 132,56
- Data da compra: 01/01/2012

Essa representação se torna relevante, uma vez que a maioria dos bancos de dados possui uma estrutura de armazenamento rígida dos dados. Uma vez tendo essa estrutura predefinida, os dados podem ser armazenados no banco de dados e, dessa forma, consultas a essas informações podem ser feitas. Por exemplo: Quais clientes fizeram compras com valores acima de R$ 1.000,00 em 2012? Em qual Estado e em que mês foi realizado o maior número de vendas?

A partir dessas perguntas, são feitas consultas a um banco de dados, o qual retorna informações como:

- No ano de 2012, Mariana Oliveira comprou R$2.543,05, sendo uma das 10 melhores clientes.
- Em janeiro, 60% das vendas foram do Estado de São Paulo.

Essas informações são chamadas de semiestruturadas por não terem uma estrutura rígida e por serem autodescritivas. A partir desses conceitos, podemos entender que um banco de dados é um conjunto de **dados** relacionados de forma lógica e coerente, armazenados em um dispositivo em que seja possível a obtenção de **informações**.

SGBD: sistema gerenciador de banco de dados

Um banco de dados, de maneira genérica, é um local onde se armazenam dados. A agenda de nomes existente em um telefone celular, por exemplo, pode ser considerada um banco de dados. Contudo, para realizarmos consultas e outras operações de maior complexidade em um banco de dados, necessitamos de um **sistema gerenciador de banco de dados (SGBD)**, pois, apesar dos bancos de dados armazenarem as informações, eles não fornecem serviços específicos, próprios de um sistema gerenciador de banco de dados, como:

- Compartilhamento de informações.
- Backup online (cópia de segurança).
- Controle de transações.
- Controle de acesso aos diferentes bancos de dados de um SGBD.
- Visões parciais dos dados.
- Linguagem para manipulação de estruturas, controles e dados.

Das características apresentadas, o conceito de **transação** é o mais importante, pois através dele é possível garantir integridade aos dados de um Banco de Dados. Essa integridade é composta por quatro propriedades, conhecidas pelo acrônimo ACID. Essas propriedades estão descritas no Quadro 7.1.

> **» DEFINIÇÃO**
> **Transação** representa uma unidade lógica de processamento do banco de dados que deve ser concluída por inteiro para garantir sua exatidão. Uma transação normalmente é implementada por um programa de computador, que inclui comandos de banco de dados como recuperações, inserções, exclusões e atualizações.

Quadro 7.1 » Propriedades de integridade dos dados

Atomicidade	É a garantia de que as transações sejam atômicas, isto é, indivisíveis: ou a transação é executada integralmente ou não será executada. Por exemplo: imagine que você deseja sacar dinheiro de um terminal eletrônico em uma agência bancária. A transação de saque consiste na retirada total do valor que você digitou no terminal e no consequente débito em sua conta bancária. Não existe "meio saque", assim como não existe "meio débito". Para que a transação seja íntegra, ou a transação de retirada ocorre com sucesso (você recebe o valor monetário solicitado) ou ela não ocorre. Portanto, podemos considerar esta transação como atômica.
Consistência	É a garantia da integridade dos dados, pois uma transação necessita respeitar as regras já definidas em outras instâncias do banco de dados, como a definição de tipos de dados. Por exemplo: imagine que você deseja realizar uma compra em um site da Web. Para realizar esta compra você terá que preencher um cadastro online oferecido por esse site. Observe que, no campo telefone, devem ser digitados os números do telefone. Caso você digite algo diferente de números (letras, por exemplo), o site avisará que os dados informados estão incorretos, pois, no banco de dados, o local utilizado para o armazenamento dos dados do telefone está definido para receber valores numéricos e não letras.
Isolamento	A propriedade de isolamento assegura que, durante a execução de uma transação, nenhuma outra poderá interferir em seu funcionamento, inclusive no acesso aos dados do banco de dados, que podem ficar parcialmente ou completamente indisponíveis. Por exemplo: imagine que você deseja sacar dinheiro de um terminal eletrônico em uma agência bancária. De maneira genérica, enquanto você estiver fazendo a retirada, nenhuma outra pessoa poderá fazer retirada de valores na sua conta. A transação de retirada ativa bloqueará outras transações de retirada para esta conta.
Durabilidade	A durabilidade garante que os dados sejam persistidos, isto é, salvos no banco de dados e só possam ser alterados por uma ação ou transação posterior a que está sendo executada. Por exemplo: imagine que você deseja sacar dinheiro de um terminal eletrônico em uma agência bancária. A transação de saque consiste na retirada total do valor que você digitou no terminal e no consequente débito em sua conta bancária. Se, no momento em que você recebeu o dinheiro, faltar energia elétrica, o sistema de banco de dados precisa garantir que, ao retornar a energia elétrica, a transação apareça com o estado de concluída. Ou seja, o valor de saque deverá aparecer como débito em sua conta bancária.

Fonte: Dos autores.

» Arquitetura de um SGBD

Um SGBD possui uma arquitetura de três níveis, conforme mostram o Quadro 7.2 e a Figura 7.1.

Quadro 7.2 » **Níveis de arquitetura de SGBD**

Nível conceitual (lógico)	Neste nível, são definidos quais dados serão armazenados no banco de dados e qual o relacionamento entre eles. Exemplo: uma entidade **cliente** possui os dados de **Nome** e **Endereço** e está relacionada com outra entidade chamada **nota fiscal**, a qual possui os dados de uma determinada compra.
Nível interno (físico)	Refere-se a como os dados são armazenados fisicamente. Exemplo: a entidade **cliente** possui um campo **Nome**, o qual é definido para armazenar somente textos de, no máximo, 50 caracteres (50 bytes).
Nível externo	É o nível apresentado aos usuários do SGBD, ou seja, é como os dados serão visualizados. Exemplo: relação dos dados de um cliente com suas compras existentes na nota fiscal.

Fonte: Dos autores.

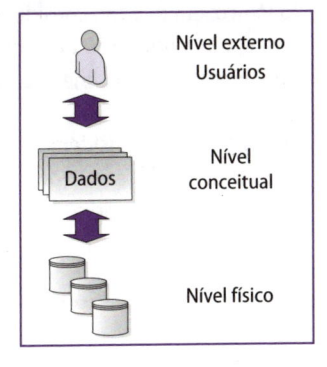

Figura 7.1 Arquitetura de um SGBD.
Fonte: Dos autores.

Modelagem de dados

Para projetar e implementar um banco de dados, busca-se utilizar algumas técnicas de modelagem de dados. Com a modelagem de dados realizamos uma representação mais próxima possível do mundo real através de elementos com propriedades predefinidas. A partir dessa representação, passamos a implementar o banco de dados. Para chegar a esse objetivo, a modelagem é dividida em fases, conforme mostra o Quadro 7.3.

Quadro 7.3 » Fases da modelagem de dados

Análise de requisitos	Nesta fase, é realizado o levantamento das necessidades e a definição de quais conteúdos serão armazenados no banco de dados. Esta fase não será abordada neste livro.
Projeto conceitual	No projeto conceitual, representamos o problema a ser definido pelo nosso banco de dados, desenvolvendo o modelo Entidade Relacionamento (ER), que será abordado no próximo tópico.
Projeto lógico	Com o modelo conceitual definido, criamos o modelo lógico, em que são considerados itens tecnológicos, como a utilização de bancos de dados relacionais, hierárquicos ou orientados a objetos.
Projeto físico	Nesta fase, são consideradas as características impostas pelo SGBD escolhido, como os tipos de dados existentes, a forma de criação das estruturas, etc.

Fonte: Dos autores.

» PARA SABER MAIS

A análise de requisitos consiste em um tópico da engenharia de software que você deve conhecer antes de realizar uma modelagem de dados. Você pode encontrar mais informações sobre isso em nosso ambiente virtual de aprendizagem: www.bookman.com.br/tekne.

» Projeto conceitual

Nesta fase, obtemos como resultado o modelo Entidade Relacionamento (ER), que é uma modelagem independente do banco de dados escolhido. Nesse modelo, são representados minimamente três tipos de elementos:

- As entidades, as quais representam elementos que necessitam ser armazenados em nosso banco de dados, como: clientes, produtos, vendas realizadas, etc.
- Os atributos, que são propriedades, características ou estados das entidades. Cada entidade vai possuir atributos. Exemplo: a entidade **produto** poderia possuir como atributos: nome, cor, peso, validade, etc.
- Os relacionamentos, que é a associação entre as entidades.

A Figura 7.2 apresenta um pequeno modelo ER conceitual, contendo duas entidades com seus atributos e um relacionamento entre elas.

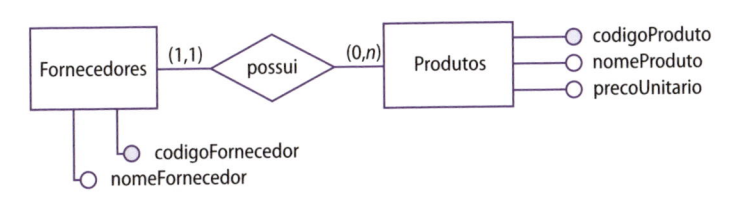

Figura 7.2 Exemplo de ER.
Fonte: Dos autores.

Como podemos observar nessa figura, cada entidade possui um atributo, colorido em azul. Este atributo em azul serve para identificar unicamente uma entidade. Por exemplo, no caso de desejarmos realizar um cadastro de clientes para uma loja, a entidade que teria as informações sobre o cliente poderia se chamar **clientes**. Como você diferenciaria um cliente do outro? O mais interessante seria utilizar um atributo que identificasse unicamente esse cliente. Dessa forma, no caso de cliente pessoa física, poderia ser o CPF.

Na entidade **produtos**, o atributo **codigoProduto** é o identificador único. Esse atributo recebe o nome de atributo **identificador**, também conhecido como **chave primária**, atributo que, além de único, não pode estar vazio. Na relação entre as entidades **produtos** e **fornecedores**, possuímos uma associação em que cada produto da entidade **produtos** possui no mínimo um e no máximo um fornecedor (relacionamento um para um). Analisando inversamente, cada fornecedor possui zero ou mais produtos. Assim, podemos dizer que o relacionamento é descrito através de cardinalidade. Os tipos possíveis de cardinalidades são:

- Zero para um (0,1)
- Um para um (1,1)
- Um para muitos (1,n)

- Zero para muitos (0,*n*)
- Muitos para muitos (*n*,*n*)

A palavra "possui" escrita no meio do relacionamento é opcional, pois serve apenas para facilitar o entendimento do relacionamento. Além desse relacionamento associativo, existem outros, como generalização/especialização e autorrelacionamento. No relacionamento do tipo especialização/generalização, agregamos os atributos incomuns para diversas entidades em uma única e criamos outras entidades com seus conteúdos específicos.

Conforme a Figura 7.3, a entidade **clientes** contém atributos comuns a todos os tipos de clientes, enquanto as entidades **pessoa física** e **pessoa jurídica** armazenam os atributos específicos desses dois tipos de clientes.

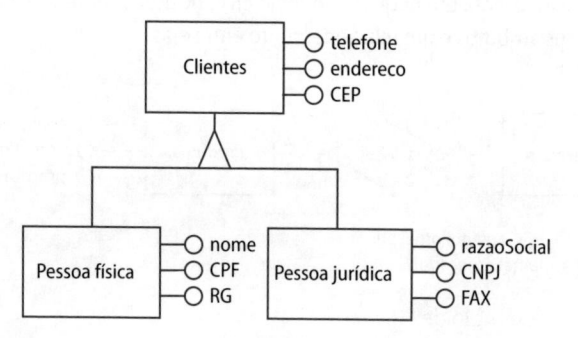

Figura 7.3 Relacionamento de especialização/generalização.
Fonte: Dos autores.

No autorrelacionamento, uma entidade é relacionada com ela mesma. Imagine que você queira saber quando um cliente foi indicado por outro cliente. Você vai precisar ter uma relação entre os clientes, a qual está representada na Figura 7.4.

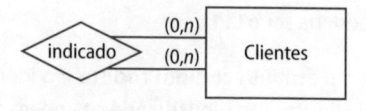

Figura 7.4 Autorrelacionamento.
Fonte: Dos autores.

Para facilitar o entendimento das próximas etapas, será utilizado o modelo ER de uma loja virtual, conforme mostra a Figura 7.5. Neste modelo, **clientes** podem realizar **pedidos** que contém **produtos**, que por sua vez possuem **fornecedores**. Já estão definidos neste modelo os atributos de cada entidade e seus relacionamentos.

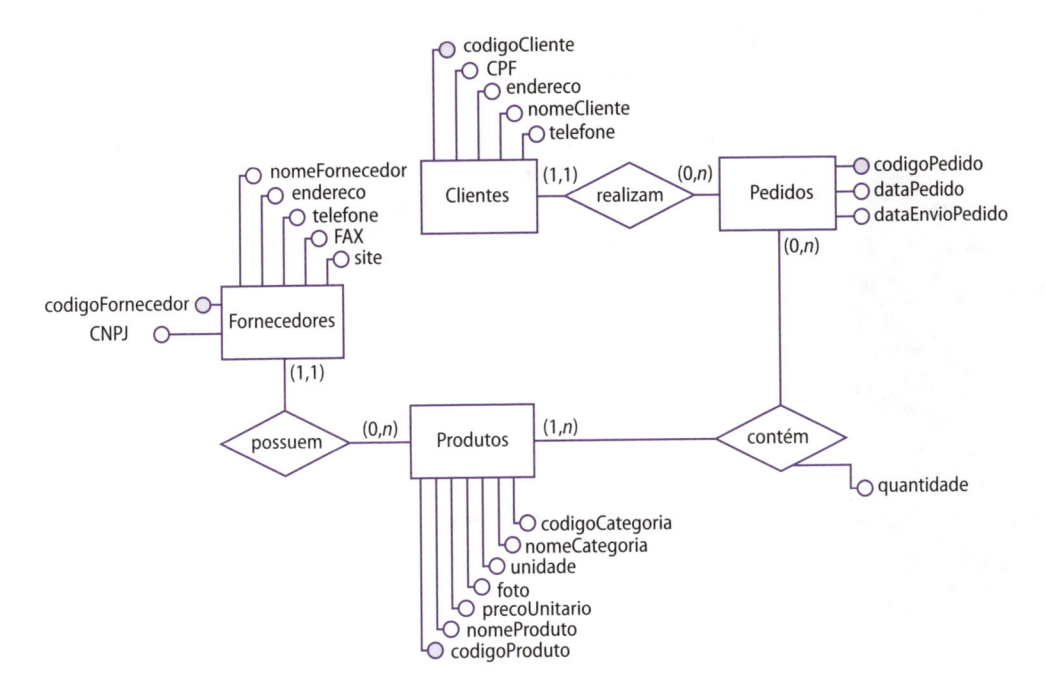

Figura 7.5 Modelo conceitual – loja virtual.
Fonte: Dos autores.

>> Agora é a sua vez!

Crie o modelo Entidade Relacionamento conceitual para uma biblioteca. Você deverá definir os atributos e os relacionamentos com os quais seja possível controlar a retirada e a devolução dos livros. Para esse exercício sugerimos você iniciar criando as entidades **livro, empréstimo, usuário**.

>> Projeto lógico

No modelo conceitual, apresentamos o domínio do problema a ser resolvido. Contudo, para transformar esse modelo em uma estrutura relacional, devemos considerar os recursos oferecidos pelos SGBDs. Para isso, podemos seguir as seguintes práticas:

> **DEFINIÇÃO**
> **Chave estrangeira**, é o que mantém a ligação entre duas tabelas e possibilita o controle de integridade dos dados, pois a tabela que contém um atributo do tipo chave estrangeira só permite que sejam inseridos dados já existentes na tabela referenciada.

- Transformar as entidades em tabelas.
- Transformar relacionamentos que possuam atributos próprios, ou relacionamentos muitos para muitos (*n,n*) em tabelas.
- Atribuir apenas uma chave primária (PK– *Primary Key*) composta para entidades que possuírem mais de um atributo identificador.
- Mapear os relacionamentos (1,*n*) entre as entidades, criando a chave primária no lado "1" como atributo do lado "*n*", chamada de **chave estrangeira** (FK- *Foreign Key*).

Aplicando essas práticas, teremos o modelo lógico apresentado na Figura 7.6. Observe que:

- As entidades foram transformadas em tabelas com atributos, contudo seus tipos ainda não foram definidos.
- Do relacionamento entre **pedidos** e **produtos** foi gerada uma nova tabela, a qual foi nomeada como **ItensPedidos**.
- A chave primária de **clientes**, foi incluída como chave estrangeira (FK) na tabela Pedidos.

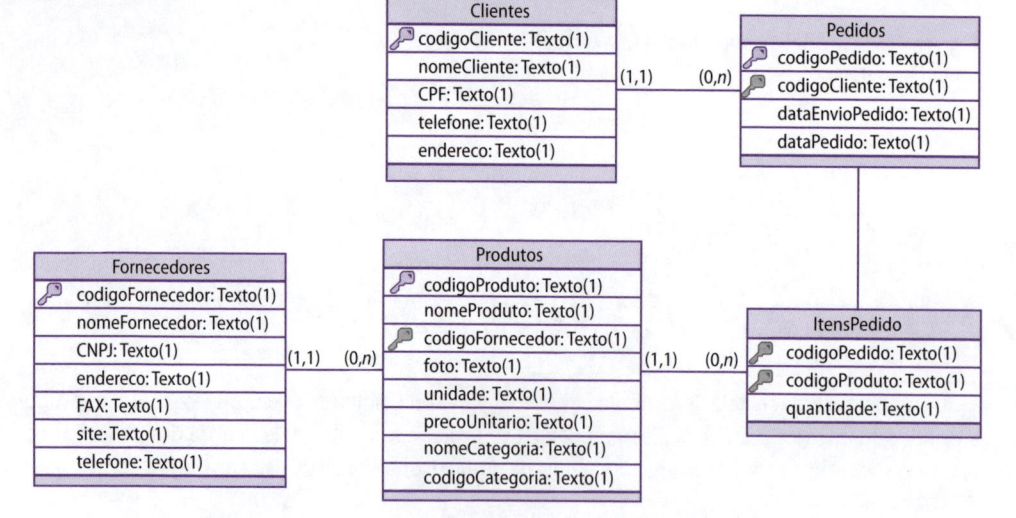

Figura 7.6 Primeiro modelo lógico – loja virtual.
Fonte: Dos autores.

Depois de gerada a primeira versão do modelo lógico, é realizada a normalização das tabelas, que se caracteriza por um processo de verificação do modelo lógico, o qual é dividido em três etapas:

Primeira forma normal (1FN)

Nesta etapa, devemos separar todos os atributos compostos em atributos atômicos, e todos atributos multivalorados (que seu conteúdo é formado por mais de um valor) devem ser separados. Observe que um atributo multivalorado é diferente de um atributo composto. O conteúdo do atributo composto é formado por vários itens menores.

Na Figura 7.6, o atributo **endereço** é um atributo composto e deve ser dividido para formar atributos atômicos. Assim, ele deve ser decomposto em logradouro, número, complemento, bairro, cidade, estado e CEP. Já o atributo **telefone** pode ser multivalorado, pois os fornecedores e os clientes podem ter mais de um telefone. Assim, devemos dividi-los, por exemplo, em telefone fixo e telefone celular.

Segunda forma normal (2FN)

Nesta etapa, são verificados os atributos que possam ter seu conteúdo aplicado a vários registros, eliminando informações textuais redundantes. No nosso exemplo, o atributo **unidade** conterá informações como litro, metro, peças, dúzias, etc. Essas informações, além de se repetirem em diversos registros, podem ser utilizadas em futuras tabelas do nosso banco dados, possibilitando então a criação de uma nova tabela de unidades. Conforme a Figura 7.7, a tabela Unidades contém os atributos **codigoUnidade** e **descricaoUnidade**, que possui uma chave estrangeira na tabela Produtos.

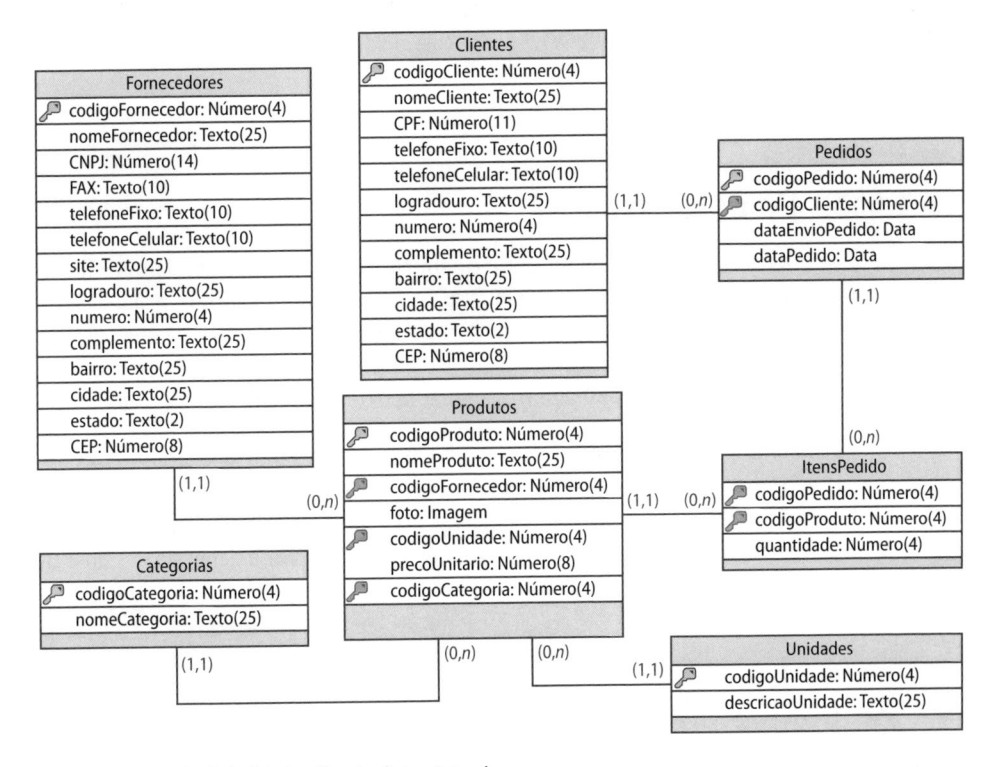

Figura 7.7 Modelo lógico final – loja virtual.
Fonte: Dos autores.

> **DICA**
> Observe que existem outros atributos que não estão na 2FN. Esses atributos foram gerados após a aplicação da 1FN.

Terceira forma normal (3FN)

Por fim, na 3FN eliminamos das tabelas atributos que não possuam dependência funcional direta com a tabela em que se encontram, isto é, atributos que não dependam da chave da tabela. Em nosso exemplo da Figura 7.6, a tabela Produtos possui os campos **nomeCategoria** e **codigoCategoria** que não dependem diretamente da chave **codigoProduto**. Assim, poderiam ser retiradas da tabela de Produtos, dando origem a uma nova tabela referenciada através de chave estrangeira, conforme apresentado na Figura 7.7.

» Agora é a sua vez!

1. Crie o projeto lógico de sua biblioteca, definindo as chaves primárias e as chaves estrangeiras.
2. Realize a normalização de seu projeto lógico da biblioteca. Sugerimos que, durante esse procedimento, sejam criadas no mínimo as entidades: **autor** e **editora**.

» Projeto físico

Depois de criado o projeto lógico e normalizadas as tabelas e os relacionamentos até a 3FN, é necessário implementar o banco de dados modelado em algum SGBD disponível. Para tanto, é necessário estudar o SGBD escolhido para que seja possível criar o projeto físico de banco de dados. Isso é necessário porque diferentes fabricantes de SGBDs utilizam diferentes tipos de dados em suas estruturas.

Por exemplo, conforme a Figura 7.7, a tabela Produtos possui o atributo **codigoProduto** definido como número de tamanho 4. Em um SGBD MySQL, esse atributo seria criado com o tipo inteiro (*integer*). Já em um SGBD Oracle esse atributo seria definido como número de 4 posições (*number(4)*). Assim, a definição dos tipos de dados é uma atividade do projeto físico.

» CURIOSIDADE

O tipo de dados *inteiro* possui a capacidade de armazenar 32 bits de dados, isto é, 2^{32}, que corresponde a um número entre –2.147.483.648 e 2.147.483.647.

Independente do SGBD escolhido e das peculiaridades referentes aos tipos de dados utilizados por cada banco de dados, atualmente todos os bancos de dados relacionais são compatíveis com a linguagem SQL (*Structured Query Language*), utilizada para definir e manipular a estrutura e os dados existentes nos bancos de dados.

Este capítulo apresentou uma visão geral sobre sistema de banco de dados, suas características e importância para o desenvolvimento de aplicações computacionais que necessitam manipular grandes quantidades de dados. Um bom projeto de banco de dados passa necessariamente por um processo de modelagem de dados, o qual permite o desenvolvimento adequado dos projetos lógico e físico. Conhecer as propriedades de uma transação, reconhecer as etapas necessárias para uma modelagem e compreender como funcionam os relacionamentos entre tabelas de um banco de dados são aspectos fundamentais para a implementação de um banco de dados eficaz. Esperamos que, após a leitura deste capítulo, você tenha adquirido um conhecimento inicial para seguir seu aprendizado em bancos de dados. Nesse sentido, sugerimos ampliar seus estudos em linguagem SQL e em uma linguagem de programação para Web como, por exemplo, PHP, as quais permitem a aplicação integral dos conceitos aqui apresentados.

> **» DICA**
> Para avançar em seus estudos, já sabendo como realizar a modelagem de um banco de dados, pesquise sobre comandos SQL.

LEITURAS RECOMENDADAS

DATE, C. J. *Introdução a sistemas de bancos de dados*. 8. ed. Rio de Janeiro: Campus, 2004.

ELMASRI, R. E.; NAVATHE, S. B. *Sistemas de banco de dados*. 4. ed. Rio de Janeiro: Addison-Wesley, 2005.

KORTH, H. F.; SILBERCHATZ, A.; SUDARSHAN, S. *Sistema de banco de dados*. 5. ed. Rio de Janeiro: Campus, 2006.

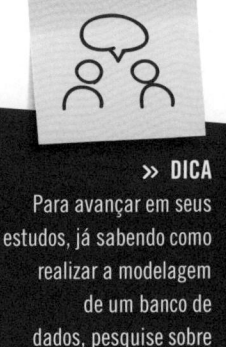

> **» NO SITE**
> Acesse o ambiente virtual de aprendizagem para fazer as atividades relacionadas ao que foi discutido neste capítulo.

IMPRESSÃO:

Pallotti

Santa Maria - RS - Fone/Fax: (55) 3220.4500
www.pallotti.com.br